国外语言学译丛
经典著作

LANGUAGE UNIVERSALS
·
AND
·
LINGUISTIC TYPOLOGY

语言共性和语言类型
（第二版）

〔英〕伯纳德·科姆里 著

沈家煊 罗天华 译

陆丙甫 校

Language Universals and Linguistic Typology

Second Edition

Bernard Comrie

ISBN 978-7-301-16524-9

Oxford: Blackwell publishing Ltd,1989

© Bernard Comrie,1989

本书根据布莱克维尔出版社1989年英文版译出

© The Commercial Press Ltd,2023

The copyright of the Chinese edition

is granted by the Proprietor.

国外语言学译丛编委会

主　编：
沈家煊（中国社会科学院语言研究所）

编　委：
包智明（新加坡国立大学）
胡建华（中国社会科学院语言研究所）
李　兵（南开大学）
李行德（香港中文大学）
李亚非（美国威斯康星大学）
刘丹青（中国社会科学院语言研究所）
潘海华（香港中文大学）
陶红印（美国加州大学）
王洪君（北京大学）
吴福祥（中国社会科学院语言研究所）
袁毓林（北京大学）
张　敏（香港科技大学）
张洪明（美国威斯康星大学）
朱晓农（香港科技大学）

总　　序

商务印书馆要出版一个"国外语言学译丛",把当代主要在西方出版的一些好的语言学论著翻译引介到国内来,这是一件十分有意义的事情。

有人问,我国的语言研究有悠久的历史,有自己并不逊色的传统,为什么还要引介西方的著作呢?其实,世界范围内各种学术传统的碰撞、交流和交融是永恒的,大体而言,东方语言学和西方语言学有差别,这固然是事实,但是东方西方的语言学都是语言学,都属于人类探求语言本质和语言规律的共同努力,这更是事实。西方的语言学也是在吸收东方语言学家智慧的基础上发展起来的,比如现在新兴的、在国内也备受关注的"认知语言学",其中有很多思想和理念就跟东方的学术传统有千丝万缕的联系。

又有人问,一百余年来,我们从西方借鉴理论和方法一直没有停息,往往是西方流行的一种理论还没有很好掌握,还没来得及运用,人家已经换用新的理论、新的方法了,我们老是在赶潮流,老是跟不上,应该怎样来对待这种处境呢?毋庸讳言,近一二百年来西方语言学确实有大量成果代表了人类语言研究的最高水准,是人类共同的财富。我们需要的是历史发展的眼光、科学的观念,加上宽广平和的心态。一时的落后不等于永久的落后;超过别人,就要先把人家的(其实也是属于全人类的)好的东西学到手,至少学到一个合格的程度。

　　还有人问,如何才能在借鉴之后有我们自己的创新呢?借鉴毕竟是手段,创新才是目的。近一二百年来西方语言学的视野的确比我们开阔,他们关心的语言数量和种类比我们多得多,但是也不可否认,他们的理论还多多少少带有一些"印欧语中心"的偏向。这虽然是不可完全避免的,但是我们在借鉴的时候必须要有清醒的认识,批判的眼光是不可缺少的。理论总要受事实的检验,我们所熟悉的语言(汉语和少数民族语言)在语言类型上有跟印欧语很不一样的特点。总之,学习人家的理论和方法,既要学进去,还要跳得出,这样才会有自己的创新。

　　希望广大读者能从这套译丛中得到收益。

沈家煊
2012 年 6 月

中译本序

长期以来,在美国对句法的理论研究几乎一直限于对英语的分析。从 20 世纪 80 年代起,无论从形式语法、语言类型还是功能语法的研究方面看都开始出现重大转折,不再依循以英语为中心的观点。人们已经认识到不同的语言在一些对一般语法理论很重要的方面都有差异,而且任何一种语言,如果不能鉴别它在这些方面跟其他人类语言的异同,就不可能对它的结构有完整的认识,不管它是英语、汉语还是其他什么语言。我在这本书里介绍的是探索语言之间异同的一条途径,其目的也在于得出一些有理论意义的结论。衷心希望中国的语言学研究者能得益于这个中文译本,从中意识到世界语言的变异范围,从而能把汉语置于这个变异范围之内来考察。

伯纳德·科姆里

1987 年 12 月于洛杉矶

目 录

第二版前言 ·· i
第一版前言 ·· iii
第一版第二次印刷前言 ······································ vii

1 语言共性 ·· 1
  1.1 研究语言共性的方法 ··································· 1
      1.1.1 两种主要方法 ··································· 1
      1.1.2 数据库 ··· 6
      1.1.3 抽象程度 ······································· 15
  1.2 语言共性的分类 ······································· 18
      1.2.1 形式共性和实质共性 ····························· 18
      1.2.2 蕴含共性和非蕴含共性 ··························· 20
      1.2.3 绝对共性和倾向性 ······························· 23
  1.3 语言共性的解释 ······································· 29
      1.3.1 单一祖语说 ····································· 29
      1.3.2 外部解释 ······································· 30
  1.4 小结 ··· 36
  注释和参考文献 ·· 36

2	**语言类型** ·································	**41**
2.1	类型和共性 ·································	41
2.2	类型参项 ·································	47
2.3	形态类型 ·································	52
2.4	一些其他类型参项 ·······················	65
	注释和参考文献 ·······························	68
3	**理论前提** ·································	**71**
3.1	语义角色 ·································	71
3.2	语用角色 ·································	77
3.3	语法关系 ·································	82
3.4	词形格 ·····································	89
3.5	示例:英语和俄语的小句结构 ············	93
	注释和参考文献 ·······························	109
4	**词序** ··	**111**
4.1	词序参项 ·································	112
4.2	词序参项间的相互联系 ···················	119
	4.2.1 Greenberg 确定的相互联系 ······	119
	4.2.2 对 Greenberg 结论的概括 ········	123
	4.2.3 对以上概括的批判 ···············	128
4.3	词序类型研究的价值 ·····················	132
	注释和参考文献 ·······························	133
5	**主语** ··	**135**
5.1	主语问题 ·································	135
5.2	定义和范畴 ·······························	139
5.3	作格性 ·····································	143

目 录

	5.4 语义和语用因素	152
	注释和参考文献	160
6	**格标记**	**162**
	6.1 格的区别功能	162
	6.2 及物结构的自然信息流向	166
	6.2.1 逆向形式	168
	6.2.2 A 和 P 的标记区别	169
	6.3 小结	177
	注释和参考文献	178
7	**关系小句**	**179**
	7.1 英语关系小句的一些类型特点	179
	7.2 关系小句的类型	185
	7.2.1 关系小句概念的定义	185
	7.2.2 词序和关系小句类型	188
	7.2.3 中心名词在关系小句中的角色	191
	7.2.4 中心名词在主要小句中的角色	199
	7.3 关系小句构成的可及性	202
	7.3.1 简单句	202
	7.3.2 复杂结构	210
	7.3.3 关系小句类型的分布	213
	注释和参考文献	214
8	**使成结构**	**216**
	8.1 使成结构研究中的参项	218
	8.1.1 形式参项	218
	8.1.2 语义参项	224

	8.2 形态型使成式中的价变	228
	注释和参考文献	240
9	生命度	**242**
	9.1 引言:生命度的性质	242
	9.2 受生命度支配的现象	246
	9.3 概念上的生命度区别	254
	9.4 结论:生命度的性质	259
	注释和参考文献	261
10	类型和历史语言学	**263**
	10.1 共性和类型的历时方面	263
	10.2 区域类型学	267
	10.3 类型和构拟	276
	10.3.1 词序类型	276
	10.3.2 词序和语素顺序	283
	10.4 类型研究和历时解释	286
	注释和参考文献	295
11	结论和前景	**297**

参考文献	304
语言索引	320
人名索引	334
术语索引	338
译者后记	349

第二版前言

读者对本书的持续需求使得本书又需要一次重印。在以前几次重印时,我只是对初版中的一些印刷等小错误作一些改正,并对参考书目进行更新。但是,1980 年(当我完成本书第一版文稿)以来的具体层面的语言共性和语言类型学的进展,以及总体层面的语法理论的进展,都使得本书需要做一些实质上的修订。主要的改动包括:第 1 章里,对不同数据库的过时比较已经用新的材料来替换;第 11 章则是全新的。其他各章的内容大体不变,但第 2 章有新增内容;和第一版的主要差别是对部分内容的阐释以及对参考书目的大幅更新。

感谢对本书第一版作书评以及以各种方式向我提出意见的人们,特别是我在南加利福尼亚大学的学生们。

跟第一版一样,本书的主要目的仍然是对语言共性和语言类型学研究作一个引论,研究的视角是 Greenberg 式的(尽管有一些不同)。我无意跟其他研究路子的倡导者作过多的讨论,也不想对其他研究路子作太多评价,因为这与本书的导论性质不符。本书第二版的论题范围与第一版基本一样,但是,读者应该认识到之所以选择这样的论题来阐释语言共性和语言类型学很大程度上跟我个人的研究重点有关。

这里或许应该强调一下贯穿本书的我对语言共性和语言类型

学的主要观点。世界语言给了我们丰富的语言材料来研究人类语言的所有潜在可能性的一般特征。(虽然语言材料很丰富,但我们不应该对语言的脆弱视而不见;语言正以惊人的速度消亡,但公众很少对这个问题予以关注,甚至那些警示我们生活环境中其他部分在被破坏的人对此也不予关注。)为了理解人类语言的潜在可能性,必须改进语言描写和分析的方法,这些方法不仅要能充分让我们对语言共性作出有趣的描述,而且也应该能便利我们对语言间的差异作出有洞察力的概括。语言比较应该建立在跨语言材料的基础上;虽然任何比较,实际上任何描写,都需要一定程度的抽象表述。但是,依靠对语言描写的过于抽象的路子就增加了这样的可能:即我们实际上是在比较语言学家的观念(或错误观念)而不是在比较各种语言。这并不意味着我们采取一种反理论的姿态,但它确实意味着一种态度,即对当今主流语法理论至少需要保持谨慎。以本书倡导的研究方法来研究语言共性和语言类型学的语言学家必须对他们提出的跨语言概括作出解释;先验地采取某种特定解释(特别是像天赋论那样很大程度上无从验证的解释)只会阻碍语言学家看到其他解释途径的可能性。本书所采用的研究路子就是对人类语言本质提供解释的一种尝试。

伯纳德·科姆里
1988 年 8 月,洛杉矶

第一版前言

语言研究在经历其前沿领域似乎主要涉及英语句法分析的一个时期后,在过去十年里,利用一系列广泛语言的材料研究语言共性和语言类型的兴趣已显著高涨。尽管在这种框架内已经开展大量的研究,迄今为止还没有一本适合语言学学生的综合这种研究方法主要特征的一般导论著作,他们因而只能几乎一开始就去查阅个别论题的论文形式的专门文献。本书旨在填补这个空白,为高年级大学生和研究生提供一种看法,综合当前几种主要的研究语言共性和类型的方法,具体说明这类方法取得的成就——但也预告存在的某些危险。

面对在较短时期内就出现如此大量文献的一个领域,本书在所选论题的范围内必然又有选择,宁可对某些论题作深入探讨,不愿对整个领域作肤浅的综述。我还让讨论的范围大多限于对共性和类型的最近研究,而不企图对这一领域的早期研究作一历史陈述,虽然也提到早期研究,特别是提及近期研究还没有包括在内的早期研究。有些选择必然反映我自己的偏向,即偏向于我自己研究过的那些方面或者我感到正即将出现最令人兴奋的成果的方面。本书关心的几乎全是句法–语义共性,虽然有时音系共性也用作举例说明的材料。我相信对少数几个方面带批判性的讨论比不加注解地罗列已经提出的有关共性和类型的主张更有价值,不管这种罗列多么全面。

　　头两章属于概论性质，提出并论证我的观点，即研究语言共性最有成效的方法是根据对一系列广泛语言材料的考察，并把句法-语义共性的研究纳入对语言综合研究的范围。在这种综合研究中，对共性的解释主要不是从语言形式特性的范围里去寻找，而是要把语言各个层面（包括句法层面和音系层面）的形式特性跟语言发挥其功能的语言以外的环境联系起来去寻找。以后各章大多是考察个别结构类型或其他结构现象，如词序、关系小句、使成结构和格标记等，也是从综合研究范围内利用广泛的语言材料研究共性和类型的观点出发的。具体论题的选择很大程度上是任意的，反映我自己的兴趣，但如果这种选择一点不比某些其他选择好的话，我认为它也一点不比其他选择差。

　　对所有曾对这本书的形成和其中包含的思想做出过贡献的人，我很难一一列出致谢的名单；共性和类型研究必然跟语言和语言学几乎每一个其他方面的研究相互联系，我只能遗憾地放弃一一列出每一个曾经影响我语言思想的人。因此，除了在各章注释部分专门致谢的语言学家外，以下的致谢是针对那些曾经影响我对共性和类型的思考和那些曾经影响本书采纳的具体论述方式的人。

　　本书几乎每一页都将体现出我得益于 Joseph H. Greenberg（斯坦福大学）的影响：主要是他而不是任何其他一位语言学家最初激发了我根据广泛语言研究语言共性的兴趣，也主要是他即使在这种方法远未流行的时期也坚持提倡这种方法。Edward L. Keenan（加利福尼亚大学洛杉矶分校）曾帮助我认识到对广泛语言的兴趣跟对理论和形式问题的兴趣并非不相容。在南加利福尼亚大学语言学系的同事在较早时候看到我转向对环境中语言的综合研究后,曾为我创造了一个充分激励这种兴趣发展的氛围。

虽然我在本书时常对转换-生成语法的主流所采用的研究语言共性的方法,尤其对 Noam Chomsky 的方法必然持批判态度,我不能也不愿否认我受惠于我在这个模式内所受的训练和在这方面训练我的人。不管自那时以来我对那种描写模式的某些原则及其思想基础已经形成哪些不同意见,那种模式显然已把句法分析提高到严格和有洞察力的水平,没有这种提高也就不可能有这本书。类似的说明也适用于关系语法建议的句法模式:虽然我不同意强调从结构内部来解释句法概括,也不同意强调许多其他具体和一般的问题,但这种句法研究已向我提供大量洞察句法结构的见解,这些见解不然很可能还没有被我注意到。另外我承认,就句法的各种形式模型而言,关系语法在我看来是走在最前面的,这是真心的赞扬而不是明褒暗贬。

同各个机构从事语言共性和类型研究的语言学家的讨论使我得益匪浅,我得以向他们介绍我自己的部分研究,他们也向我介绍他们的某些研究。我特别要提到以下一些机构的参加者:美国语言学会设奥斯威戈纽约州立大学语言学院(1976 年),该学院以类型学为重点研究项目之一;斯坦福大学研究项目;科隆大学语言学系的共性研究项目(Universalien-Project);苏联科学院语言研究所列宁格勒分部结构类型学小组。

本书包含的材料大部分来自我给听我的语言共性和类型各门课和参加研究班的学生试验过的材料。因此我还要感谢所有有关的学生、教员和访问学者,他们曾在剑桥大学、美国语言学会设伊利诺伊大学香槟分校语言学院(1978 年)、南加利福尼亚大学以及澳大利亚国立大学听过这些课程。此外,本书还得益于受请巴兹尔·布莱克韦尔出版社和芝加哥大学出版社的匿名读者提出的意见。

  最后,我希望表达对许多实地调查工作者和说本族语的语言学家的感激之情,他们的工作往往远离大家惯走的路,也远离理论语言学的主流,但他们不仅为我的研究提供了非常宝贵的材料,而且用他们的关心和我们之间可能进行的建设性对话鼓励我从事这项研究。我希望他们意识到我的目的并不是从他们的语言中窃取一种关系小句或一种使成结构,而是把我的信仰付诸实践,那就是一般语言研究和具体语言描写之间最大的共同利益将产生于这两个方面最大程度的结合——每一方离开了对方都不能兴盛。总之,换句话说,语言学研究语言,而语言是民众实际所讲的语言。

伯纳德·科姆里

1981年1月,洛杉矶

第一版第二次印刷前言

第二次印刷给了我一个机会来更新参考书目,纠正一些印刷错误和内容上的小错误(所幸这些小错误没有影响到要点的阐述),以及修改一些不明晰的表述。除了感谢本书书评者提供观点之外,我还要感谢以下对本书提出意见的人:Winfried Boeder, Peter Cole, R. M. W. Dixon, Andrew Goodson, Kim Jong-mee, Herbert H. Paper, William Rutherford, Sandra A. Thompson.

伯纳德·科姆里
1982 年 10 月,洛杉矶

1 语言共性

这一章讨论与语言共性研究相关的一系列问题,并倡导一种与其他研究方法大相径庭的研究语言共性的方法。对总观点的阐释必然涉及一些具体论题,这将在本书主体部分讨论。对相关问题背景知识不熟悉的读者可能会觉得第 1 章的一些地方读了一遍仍然不甚了了;我建议这些读者在初读第 1 章的时候速度相对放快一些,等到对本书主体部分内容较为熟悉之后再回过头来细读本章的一些主张。

1.1 研究语言共性的方法

1.1.1 两种主要方法

这一节,我们对近来语言学论著中采用的两种主要的研究语言共性的方法加以对比。这两种方法的差异表现在许多方面,最重要的是以下几个方面:研究语言共性的数据库(是广泛的语言还是极其有限的语言);为表述语言共性在分析中要达到的抽象程度(例如,是按照具体句法分析还是按照抽象句法分析);对语言共性的存在做出的解释的种类。对这三个方面和其他方面以下各节将一一论述。虽然这些方面的参项在逻辑上是各自独立的,事实上近来采用的两种主要方法都是这些参项的凝聚。一方面,有一些语言学家认为,要开展对语言共性的研究,必须具备广泛种类的语言材料;赞成这种方法的语言学家一般致力于用比较具体而不很抽象的分析来表述共性,在对语言共性的存在做出各种可能的解释时一般留有讨论的余地,至少是折中的。而另一方面,也有一些语言学家认为,了解语言共性的最好方法是对少量语言做详尽的研究;这类语言学家还提倡用抽象的结构来表述语言共性,并且倾向于用天赋性来解释语言共性。这两种方法中,第一种方法也许跟 Joseph H. Greenberg 的研究及其鼓励下开展的研究有最密切的联系,本书也反映这种倾向。第二种方法跟 Noam Chomsky 和在他直接影响下进行的研究有最密切的联系,可以看作正统的生成语法的立场。

初看起来,至少在研究语言共性所用的数据库方面,似乎 Greenberg 的方法必然是正确的,因为为了确定某种性质是语言的共性,肯定需要考察广泛种类的语言,如果不是全部语言的话。然而,这种立论绝不是如此简单,这一点我们在 1.1.2 节中还要说明。下面,我们在这一节将略述采纳 Chomsky 的方法研究语言共性的动机。虽然下面的讨论将表明,这一立论在好几个方面,包括观念方面和经验方面,都是脆弱的,但它毕竟代表了一种有关语言共性的前后一致的立场,不能简单地置之不理。

对一种语言的生成描写,或者更具体地说,对一种语言的句法的生成描写(虽然类似论点可以移用于诸如生成音系的描写)强调,句法表达是相当抽象的,很难从可观察到的语言材料中得出。承认句法结构或至少一些句法表达层次的抽象性,是大多数生成语法的特点,管辖和约束理论尤其如此。

在讨论儿童习得第一语言的方式时,考虑这些抽象表达后可能产生一个问题。如果描写语言结构特性的最好方式涉及抽象的底层结构,那么假设儿童习得语言时使这些抽象结构内在化就很可能是合理的。由此又可以推断,儿童还必须使一些规则内在化,他们把那些抽象的结构转换成比较具体的分析层次。继续推论下去,根据我们现有的关于学习能力的知识,由于儿童只获得周围成人使用的语言材料,儿童根本不可能从这些数据推导出那些抽象原则。还可以推断,那些使深层结构转换成表层结构所需要的规则要受若干很具体的制约的支配:儿童如何能从成人言语所提供的原始数据推导出那些高度抽象的制约,这一点仍然不清楚。概括地说,如果只是把儿童看作一张白纸,没有任何按某种形式系统而不是任何其他形式系统分析数据的天资,那就很难甚至不可能解释儿童怎么会事实上在较短的一段时间内习得他的第一语言。

但是,如果我们提出正统的生成语法在研究语言共性时所依据的假说,这个习得能力的问题就不再存在。儿童之所以能毫不费力地习得第一语言是因为生成语法的那些重要的抽象原则是天赋的:它们是儿童生来具有的(也许是作为成熟过程的一部分在出生不久后某一段时间内具有的,不管怎样,是出生时已预先制定的),因此儿童不必学习那些抽象原则,而只需使用它们作出推断,在生成语法的一般理论所允许的那些语言中,他所在的言语社团所说的是哪一种特定语言:虽然那种一般理论(或者说,儿童生来具有的那套内在的抽象原则)承认可能有的语言数量是无限的,语言的类型只限于那种理论施加的各种制约所允许的范围。

根据儿童如此容易地习得第一语言这种简单观察,有人也许会问,难道不能提出一种更强化的主张,即第一语言作为一个整体是天赋的。这一主张将假设：一个出生于一个特定言语社团的儿童已经具备预先制定的该言语社团的语言的知识，也许是从他双亲那儿继承来的。但是，进一步的观察立即表明，这种设想显然简化了习得能力的问题，不可能是正确的。按这种设想推论，儿童只能习得他双亲的语言，或者至少比习得其他语言容易得多，而不管他所处的社团使用哪种语言。根据观察现在得知，不管儿童成长偶然所处的是哪个言语社团，儿童习得语言大致一样容易，跟他双亲或祖先说哪种语言没有关系；这一点可以从不是由亲生父母而是由说其他语言的人抚养大的儿童身上看得最清楚。因此，语言作为一个整体是天赋的这种情形是不可能的——注意，这一点是根据经验观察而不是根据推测确定的。充其量只有所有人类语言共有的某些原则是天赋的，从而使儿童不论碰巧接触哪一种语言，都能容易地完成习得任务，绝不会一种语言优先于另一种语言。现在可以引入这种推论的最后一环：既然那些认为是天赋的抽象原则对所有儿童是一样的，不管其民族背景如何，它们对于语言间的差异必定是中性的，也就是说，它们必定有普遍性。我们因此可以在语言共性和天赋观念之间画上等号：语言共性就是那些使儿童容易地完成语言习得任务的天赋的语言学原则。

事实上，只要看一下主流生成语法在过去十年的发展道路就可知道问题并没有这么简单。生成语法学家除了认为天赋的原则在所有的语言里都一样之外，还认为存在天赋的一组参项。每个参项都有一系列可能的设定，而各语言可以在某个特定参项的设定上有所不同；我们将在2.4节回到这个问题上来。不同语言具有不同的参项设定（即所谓的参项变化）的可能性就解释了语言之间的系统性变异。当然，如果问语言之间的类型变化究竟有多大，那就是一个经验主义的问题了,而生成语法通常也认为这样的变异是受到极大限制的。尽管在这种方法的内部要求检验不同类型的语言以便发现参项变化的内在原则,但这种方法仍然极大地偏好于对少量语言进行详尽的研究;相反,Greenberg式的研究倡导:为了得到跨语言的类型变异情况,对广泛语言的研究是一个前提条件。

一经建立以上等式,要证明Chomsky采用的研究语言共性的方法的合理性就只差一小步了。既然人们感兴趣的共性是一些抽象原则,对广泛语言的表层结构的分析根本不可能提供任何有关的数据。相反,为了分解出制约语言结构的抽象原则(它们因此也是语言共性,或者说是天赋观念),应该探究抽象的和比较具体的表达层次之间的关系。从研究语言的广度和深度的权衡来看,本节概述的立场显然赞成致力于深度,宁可只对少量语言做详尽的抽象研究,而不愿广泛撒网而缺乏深度。由此得出本节开头概括的那些总的方法论原则:研究语言共性最可取的方法是对少量语言做深入研究,也就是对这些少量语言做抽象分析——因此共性本身属于抽象性质(对一个涉及抽象表达层次的系统施加的抽象制约);由于语言共性等同于天赋观念,后者因而是对前者的一种明显解释,因此人们也许需要进一步考虑各种解释原则的唯一方面是转而提出这样的问题:是否存在一种对天赋观念的解释?

在1.1.2—3节中我们将讨论一些实际理由,说明为什么这种研究语言共性的方法,尽管有内在的一致性,还是有若干严重的缺陷,因此本书决定不采取这种方法。作为本节的结束语,我们还要考察这种研究模式所依据的推论的几个比较一般的弱点。这些弱点主要来自这样的事实,即那种推论几乎完全是先验的,其实没有借助任何实际材料来支持所辩护的立场；相反,唯一直接借助的事实,即儿童比较容易地习得任何语言,恰恰证明了一点非共性(具体语言作为一个整体不可能是天赋的)。当然,任何科学在初始阶段都有必要确定一些基本上是先验的假设,但重要的是接着检验这些假设,看它们在多大程度上符合有待解释的一批材料。本节概括的那种先验的推论存在的真正问题是,在当前的技术条件下,它不能付诸任何种类的经验检验,也就是说,它是根本无法证实的。更具体地说,关于学习对象有固有难易程度的观点没有以任何对习得能力大小的实际研究为依据,因此人们也只能暂且相信有的东西容易学会,有的不太容易,还有的也许不可能学会。最后,如1.1.3节将详细说明的,任何从抽象分析得出的论断绝不会比抽象分析本身更有力。譬如,面对许许多多互相竞争的对英语句法的抽象分析,我们仍然只能暂且相信某一种分析而不是另外一种是符合心理现实的分析(或者至少在我们现有的知识状况下,尽量提出一种心理上正确的分析)。总而言之,本节概述的研究模式突出地表现为一些对推论至关重要却是存在问题的假设。至少在目前,这些假设大部分是不可验证的,因此,是否接受这种模式只不过是一个信仰问题。

1.1.2 数据库

这一节,我们将提出一些比较实际的理由,说明研究语言共性必须有广泛种类的语言数据,然后将考察这一点对实际进行语言共性研究的若干意义。按照推理,似乎没有理由假设语言共性研究是否应该根据广泛种类的语言,我们也很容易从其他研究中为这两种立场各自找到类似的情形。譬如,要想研究铁的化学特性,人们大抵只集中分析铁的一种样品,而不会对大量的铁块进行分析,更不会试图获取一种代表地球上全部铁的样品。这只是反映了我们这样的知识(多半是根据经验获得的):同一物质的所有物体,它们的化学特性相同。相反,如果想要研究在紧张情境下的人类行为,人们大抵不会只集中分析一个人的行为,因为我们从经验知道,在相似的紧张条件下不同的人有不同的行为。也就是说,要想对紧张情境下人类行为的总倾向作出概括,必须研究一批有代表性的个人(即使这种研究只限于一个社会,更不用说作跨文化的研究)。

由于我们研究语言共性要想发现的事情之一是各种语言表现的变异范围以及对这种变异施加的限制,在我们的研究计划中确立一些关于变异范围的先验性假设将是一个严重的方法论上的失误。而且,我们将从以下各段中看出,对语言共性的相当基本的研究已提供证据表明,在迄今为止研究中发现的某些极其重要的情形里,要有相当的把握证实某一语言共性,事实上必须掌握广泛语言的数据。

首先,有些语言共性根据一种语言根本无法预言。具体地说,蕴含共性就属于这一类。我们在 1.2.2 节还要更细致地考察蕴含共性,这里只需要说明蕴含共性总是涉及至少两个语言特性,可以分别用 p 和 q 表示,两者间有一种蕴含(条件)关系:"如果 p,那么 q"。举一个简单的实例:如果一种语言有第一或第二人称反身代词(即区别于非反身代词),那么该语言就有第三人称反身代词。在这个例子中,特性 p 是"有第一或第二人称反身代词",特性 q 是"有第三人称反身代词"。例如,这两个特性的结合见于英语,既有 I hit myself(我打我自己)的结构,又有 he hit himself(他打他自己)的结构。但是要注意,英语并不能证明这种共性是一种蕴含关系;事实上,如果我们只研究英语,我们也许会最终得出任何语言必定都具有所有人称的反身代词的结论。然而,对其他语言的研究即刻表明这种概括是不真实的。例如,法语有第三人称反身代词,但没有第一、第二人称反身代词,参考 je me frappai[我打我](比较 il me frappa[他打我])和 il se frappa[他打他自己](比较 je le frappai[我打他])。盎格鲁-撒克逊语没有任何人称的反身代词,比如 ic slog me(比较 he slog me)和 he slog hine,后者的意思可以是"他打他"("他"指两个不同的人)或者"他打他自己"。第四种逻辑可能——一种语言有第一或第二人称反身代词但没有第三人称反身代词——就被蕴含共性排除了。

如果我们的研究真的只根据任何一种语言,我们就会最终做出一种比蕴含共性分量更强的论断,如上面对英语材料所作的说明那样。只有考查广泛语言的材料我们才能发现,在四种逻辑组合中——(a)既有第一/第二人称反身代词,又有第三人称反身代词;(b)有第一/第二人称反身代词,但没有第三人称反身代词;(c)有第三人称反身代词,但没有第一/第二人称反身代词;(d)没有第一/第二人称代词,也没有第三人称反身代词——有一种总是不存在,那就是(b)。

当然,每一种语言必须都符合蕴含共性,不然就形成反例,但是单靠任何一种语言不能为设定的蕴含共性提供所需要的那类证据。(唯一的例外是,某一种语言在某一区域内有不止一种结构,在这种情形里或许有可能根据同一种语言内部两种结构式的数据建立蕴含关系;这种可能性在第 7 章有关系小句的例子。)

以上例子表明,广泛语言的数据对于确定语言共性,即使是先验的确定,也是绝对必要的。除此之外,还有一些例子表明,未能考察广泛的语言将导致设定的语言共性一面临其他语言的材料就马上失效。为了说明这一点,我们举 $\bar{\bar{X}}$ 理论的例子,该理论是生成语法"扩展的标准理论"的一部分。该理论提出,如果我们把 $\bar{\bar{X}}$ 作为表示各种短语(如名词短语、动词短语、形容词短语)的总符号,那就存在一条普遍的(即不受语言约束的)扩展规则"$\bar{\bar{X}} \to$ 指定成分 $\bar{x} \bar{X}$",也就是说,一个短语 $\bar{\bar{X}}$(中心语为 X 的短语,如名词短语用 $\bar{\bar{X}}$ 表示)由 $\bar{\bar{X}}$ 的指定成分和 $\bar{X}$ 两个直接成分构成。按实际短语类型,如果 X 是名词,指定成分 $\bar{x}$ 可以是一个冠词(限定词);如果 X 是动词,指定成分 $\bar{x}$ 将是一个助动词。上面给出的这个不受语言约束的 $\bar{\bar{X}}$ 扩展公式没有对指定成分 $\bar{x}$ 和 $\bar{X}$ 的相对次序作出说明,而是把它作为一个可以随语言变化的参项。但是,这个公式对一特定语言内部各种短语类型的指定成分 $\bar{x}$ 和 $\bar{X}$ 的相对次序倒确实作出断言。它断言,在一特定语言里,各种类型的短语的指定成分要么都在前要么都在后,也就是说,要么限定词在名词前,助动词也在动词前;要么限定词在名词后,助动词也在动词后。这一断言被解释成绝对的、无例外的共性(见 1.2.3 节)。也有把这一断言解释成一种倾向的,就是说各种语言倾向于遵循这种概括,虽然不可避免有个别语言违反这一共性。

这个共性最初是根据英语材料提出的,在英语里确实是限定词在名词前(如 the book[那本书]),助动词也在动词前(如 must go[必须去])的情形。但是,这条作为绝对共性的原则存在明显的反例:例如,在马来语里,限定词在名词后(如 surat itu[那封信],字面上是"信那封"),而助动词却在动词前(如 sedang membaca[在看书], akan membaca[将看书])。事实上,当前在

"扩展的标准理论"范围内的论著通常说明,或至少承认一种可能性,那个公式可以代表一种倾向,而不是绝对共性。然而,即便是这种试图突出语言间变异的说明也被证明是无效的。那些限定词在名词后、助动词也在动词后的语言,其数量是很小的,而有许多语言——包括分布很广的典型的 SOV 型语言的大多数语言(见第 4 章)——限定词在名词前而助动词在动词后,如日语里的 kono hon(这本书),aisite iru(爱)(字面上相当英语"loving is")。换句话说,从这两个参项(限定词对名词,助动词对动词)看词序类型的实际分布,以上公式作出的断言是不正确的,即使这种断言只是对一种倾向的说明。

需要指出,以上举例说明的仅仅靠一种语言研究语言共性的方法,其弱点并不只是设定的语言共性被证明有误。不管采用什么数据库研究语言共性,这几乎是不可避免的情形,因为某些业已证实的语言类型是极其罕见的,即便是对世界语言全面的取样也很可能被遗漏;例如,吸气辅音作为常规音位只限于南部非洲的克瓦桑语系和邻近的班图诸语言;很少几种语言,也许只限于亚马孙盆地,以宾语-动词-主语(OVS)为基本词序。问题主要在于,一经用公式表示设定的关于指定成分 $\bar{x}$ 和 $\bar{X}$ 次序的共性后,就有必要确定他们的概括究竟有没有某些可能成为适用各种语言的概括,例如,哪怕是考察几种可能有不同词序的其他语言。

既然试图只根据一种语言研究语言共性有这些理论上和实践上的缺陷,人们也许认为理想的方法是把语言共性研究置于同时调查全世界语言的基础上。但是,有两个十分明显的理由说明这是做不到的。首先,我们知道许多语言已经消亡,没有留下任何记录,或者没有足够详细的记录,因而对我们的研究计划没有价值,另外，由于语言的演变，将来还会产生许多新的语言；显然这两类语言我们都无法利用，因此有大量的实际人类语言（其定义是过去、现在和将来所说的全部语言）我们无从调查。其次，当今全世界所说语言的估计数极其庞大，如果我们真的等到调查完每一种语言后再开始研究共性的话，很可能这项主要任务连开个头都永远实现不了。对不同语言数量的估计差别较大，但一般认为有4000种左右。

实际上，我们面临的任务是为开展语言共性研究确定一批代表人类各种语言的样品，使研究既实际可行又能大致避免由于不适当地集中研究一种语言或一个语言群而造成的偏差。我们取样的总体限于当今实际所说的语言，加上一些已经消亡但有较好记录的语言（当然，由于说本族语的人已不存在，关于消亡语言的某些问题肯定无法回答）。在这种主张背后有两个假设是这种语言共性研究的前提，有必要加以说明。一个假设是，至少在前后各数千年的时间跨度内，人类语言没有任何重大意义上的变化，也就是说，还谈不上当今人类语言作为一个整体在本质上有别于10000年前的人类语言；具体一点说，这个假设是，当今所说的所有人类语言都处于同一演进水平上。这个较具体的假设看来是合理的，因为迄今还没有发现任何语言结构特征能明确地跟社会结构的文明程度（不管它如何定义）相联系。那个较抽象的假设倒是无法用经验加以证实或否定的，但它是所有把人类语言看作一种同质现象进行研究的基础，不管研究的具体方向是什么。

第二个假设是，当今全世界所说的人类语言各种各样，数量极大，足以提供人类语言可能有的几乎全部种类的结构样品。这第二个假设比第一个假设更有问题，特别是因为我们知道在某些方面世界的语言无疑是有倾向性的，偏好某些结构而嫌弃另一些结构：例如，吸气辅音只限于南部非洲的一小部分，词序以宾语起头的语言似乎只限于南美洲的一个部分，而词序以动词结尾的语言在每个大洲都能发现。那么，如果这个假设被证明是错的，那会怎么样呢？在这种情况下，根本无法进行语言共性的研究，而实际上凡是按照本书介绍的研究语言共性的模式进行研究的人只能假设业已证实的语言已有足够的广泛程度。在实践中，根据这个假设已经获得了一些重要成果。此外，虽然在某些参项上表现出倾向性，还有一些参项（例如关系小句句法的参项；见第7章）的不同类型的代表散见于世界各地，因此，至少在某些方面，我们能有相当的把握认为，世界语言的总体确实代表了一个适量的取样总体——这不仅仅是因为它是我们唯一具有的取样总体。

假定我们有一个适量的总体后，接着的问题是决定从这个总体中选用哪种样品，既然试图研究全世界的语言是无法实行的。在确定样品时必须避免某些偏差，虽然不是所有语言共性研究都一定有这些偏差。首先，用作样品的语言必须选自各个不同的发生语系，这是基本的。因为根据定义，属于同一语系的成员有某些共同的特点，这是它们从其原始母语继承而来的，因此只限于一种语系的取样会使我们不能区分两类共同特性，一类是真正的语言共性，一类是该语系的偶然特性。同样，偏向于一个语系的取样会给人以该语系共有的随机结构特性实际上比它们的分布更广泛的印象。关于如何防止这种语系偏向，现有文献中有 Alan Bell 具体建议和设计的一种办法，概述如下。

Bell 主张，在确定语言样品时，应保证给每一"语族"分配同等的代表，"语族"的定义是相隔3500年的时间进度后从共同母语分化出来的一组发生上相联系的语言。根据这个标准，举例来说，印欧语系将包括12个语族。Bell给世界上各语系定出所含语族的数目如下：

达罗毗荼语系	1	奈-迪纳语系	4
欧亚语系	13	澳斯特罗语系	55（近似数）
印欧语系	12	印度-太平洋语系	100（估计数）
尼罗-撒哈拉语系	18	澳大利亚语系	27（近似数）
尼日尔-科尔多凡语系	44	汉藏语系	20（近似数）
亚非语系	23	伊比利亚-高加索语系	4
克瓦桑语系	5	克特语系	1
美洲印第安语系	150（估计数）	布鲁夏斯基语系	1

（有许多语系作为确定的发生单位是可疑的——例如，美洲印第安语系，它把几乎全部美洲土著语言归并在一起；还有印度-太平洋语系，它把新几内亚岛全部非南岛语归并在一起——但是不管个别语系是否被看作确定的发生单位，从不同语系包含语言的比例来看，这张表的确提出了一种用于实际操作的假设。）语族的总数是478，因此，如果取样共478种语言，每一语系的每一语族都应有一种语言代表。实际上，任何取样几乎肯定达不到这个数量，只是在覆盖的广度和深度之间取得一种适当可行的妥协，当然比例保持不变。取样数量较少，不利之处是只包含一个或几个语族的语系自然会被排除。迄今为止从对语言共性所作的研究来看，很明显取样有许多偏差，这虽然没有出乎意料，但确能使人认真地提

出疑问,它们得出的结果是否能代表作为整体的人类语言。例如,印欧语系的语言取样大大超出比例,其显见的社会原因是:说这些语言的人比较容易找到,这些语言的语法也比较容易获得。相反,新几内亚或亚马孙地区的各种语言应该大约占代表性取样总数的20%,却常常没有任何代表;在新几内亚或南美以外的地方很难找到说那些语言的人,那些语言也都没有一两部详细的语法。在研究语言共性的语言学家能够获得广泛语言的充分描写之前,他们取样中的这种偏差大抵会继续存在,即使他们已经认识到偏差的存在和不利之处。

除了防止发生上述的语系偏向,还必须防止地区偏向,也就是防止从同一地理区域选取大量但没有代表性的语言,即使这些语言分属不同的语族。正如我们在10.2节将详细讨论的,这是因为同一地区内所说的语言往往随着时间推移互相影响,通过借用或共变具有一些共同特征,这些特征不一定就是语言共性,甚至在各种语言里并不特别常见。一个合适的例子是吸气辅音从克瓦桑诸语言扩散到相邻的班图语。因此,除了保证取样语言在语系上有代表性,它们还必须在地区上有代表性。最近有人认为,考虑到语言之间因为接触而互相有一定程度的影响,实际上不可能完全避免地区上的偏向;因为只要一个语言样品有一定规模,能够在语系上有代表性,那么其中必定有一些语言之间有过地区上的相互接触。但至少在建立一个没有语系偏向的样品时,我们还应该尽可能地避免选择两种已知在地区上有过密切接触的语言。

这两种明显的偏向是比较容易防止的(至少在理论上如此,也就是不考虑能否获取语言材料这些实际问题),但是除了应该防止这两种偏向外,理想的取样还要防止对主要类型特征所确定的不同语言种类的取舍偏向。例如,很可能最后得出这样的语言取样,它有语系和地区的代表性,但是所有这些语言,或其中的绝大多数,它们的基本词序都是主语-宾语-动词,因为这是全世界语言里最常见的基本词序。具体地说,当我们知道、假设或怀疑某一类型变项可能跟研究的现象有关联时,就应该留心提防这种类型偏向。

总之,为了开展对语言共性的细致研究,我们要求语言取样有代表性,具体地说,代表性就是没有语系、地区或类型的偏向。

1.1.3 抽象程度

在 1.1.1 节我们曾指出,当今研究语言共性的两种主要方法的区别之一跟表述语言共性的抽象程度有关。按 Chomsky 的方法,语言共性主要是一些对抽象结构和较具体的结构之间关系的制约,也就是说,语言共性必定有相当的抽象程度。按 Greenberg 的方法,语言共性主要用较具体的分析层次来表述。在这一节,我们将比较详细地说明这种区别,集中说明以下两个问题。一个问题是有没有任何确实的根据证明表层结构共性的存在,即证明存在只需要极少抽象分析的共性。另一个问题是那些需要涉及非常抽象分析的共性的经验地位问题。必须记住,在全部讨论中我们不是在说明一种严格的二分法,把抽象表述和具体表述截然分开,相反,这两种表述之间有一个连续过程。例如 Greenberg 提出的以及在他影响下提出的那些具体共性中有许多需要某种程度的抽象性。Greenberg 按照诸如小句里主语、动词和宾语的相对词序这一参项对词序类型学做出了独创贡献。他认为,有可能做到在任一语言里识别任一小句的主语。但是,主语的识别需要某些抽象分析(没有一个有形特性是所有语言所有句子的主语所共有和特有的)。另外,我们在第 5 章还会看到,围绕许多语言许多句子类型里主语的识别问题,甚至对主语这个概念的合理性,还存在相当大的争议。尽管如此,一个对表层结构主语的性质的表述的确不如对深层结构主语的表述抽象。

关于上面提出的第一个问题,即是否有确实根据证明具体共性的存在,本书正文的论述会举例解答,这将涉及一系列近来提出的有关表层结构共性的建议。此外,以下各章不仅在讨论实际语言共性的建议而且在讨论对语言共性解释的建议中将会说明,具体共性不仅能很严格地加以确定,这种严格程度用较抽象的公式表示是达不到的,而且这样确定的共性能开阔对人类语言的视界,其程度也是纯粹用形式表述的共性不可能达到的,不管它们的公式表示需要达到多少抽象程度。

这一节我们将集中讨论上面提出的第二个问题,抽象共性的经验地位问题。关键的一点在于,抽象共性绝不比它所根据的分析更强(甚至可能较弱),也就是说,如果某种抽象分析是有争议的,那么任何以这种分析为根据的共性也会有争议。这里我们对赞成和反对的理由不作一般性讨论,而是考察近来关系语法的研究中产生的一个具体例子。关系语法是转换语法的一个分支,它虽然拒绝接受转换语法的某些原则,但又跟转换语法一样特别喜欢用抽象结构表述共性。世界上有一些语言有所谓无人称被动句,在它的表层结构中,动词没有明显的主语,施事如果有表示的话用施事短语表示;而动词的宾语,包括及物动词的直接宾语,跟在一般主动句里一样被保留。这可以跟英语类型的(人称)被动式相对照,英语被动句有一个明显的主语,相当主动句的直接宾语。我们可以用威尔士语的几个例子说明无人称被动句:

| Lladdodd | y | ddraig | y | dyn. | （1） |
| 杀死了 | 那 | 龙 | 那 | 人 | |

(The dragon killed the man.)

（那条龙把那个人杀死了。）

| Lladdwyd | y | dyn | gan | y | ddraig. | （2） |
| 杀死了-被动 | 那 | 人 | 被 | 那 | 龙 | |

(The man was killed by the dragon.)

（那个人被那条龙杀死了。）

在说明主动句和被动句之间的关系时，一个直接的、表面的说明或许是，主动句的主语相当被动句的施事短语，因此被动句没有明显的主语。但是，这个说明违反了关系语法设定的两个共性。按照"有因失业法则"（Motivated Chomage Law），主动句的主语不可能降级为施事短语，除非有另外某个名词短语已提升到主语位置（就是说，主语的降级取决于另外某个名词短语被提升到主语位置）。"末层 1 位法则"（Final 1 Law）规定，小句一律有一个最终的主语，即运用所有循环规则结束后的主语。句子(2)显然没有表层主语，但这还不是争论的焦点。为了坚持这两个设定的共性是有效的，在关系语法内必须假设有一个名词短语（虚位名词短语，其来源跟这个问题无关）被插入无人称被动句的主语位置（更准确地说，是插入直接宾语的位置，然后前移到主语位置），从而引起原先那个主语的降级；虚位主语在表层结构里并不出现，或至少没有语音形式。

我们现在必须考虑这种设定的共性是否要求经验的证据。根据对上述材料的讨论，不存在任何对经验证据的要求。如果可以利用这种分析处理被动式，显然不可能构建一批可能成为"有因失业法则"和/或"末层1位法则"的反例的材料,因为提倡这两条法则的人只需说,在某个中间的抽象层次,该句子确实有一个主语,只是这个主语最终也没有显现。注意,我们不能因为存在反例就认为关系语法提出的分析是错的;其实,这种分析并不要求经验的证据,因此对这种假设哪怕构建一个可能有的反例也是不可能的。

本书将坚持认为,唯一具有经验意义的语言共性是那些有可能构建反例的共性。有些假设的共性只是测试语言学家有没有能力提出符合任何可以想到的材料的抽象分析,这种共性也许能告诉我们一些关于语言学家的情况,却不会提供我们任何关于语言的知识。

1.2 语言共性的分类

1.2.1 形式共性和实质共性

在关于语言共性的生成语法的文献里有一种起重要作用的区分,即区分形式共性和实质共性。虽然这一区分在本书中的作用比较小,但即便只是为把本书置于更广阔的背景中,对这一区分作些讨论也是必需的。

实质共性指设定为语言共性的那些广义的范畴。例如,在句法里它们也许包括像动词、名词、名词短语、主语、直接宾语、主要动词这些范畴。在音系学里,一个明显的例子是 Jakobson 音系学的区别特征。虽然实质共性根据逻辑上可能有的语言种类划定可能有的人类语言的种类,这种区划可以从两方面进行。一方面,实质共性可以是每一种人类语言里必须出现的范畴(在音系学里,元音很可能是这样一个范畴)。另一方面,某一领域内的一组实质共性可以代表一个集合,而个别语言从这个集合中选取一个子集,也就是说,实质共性确定自然语言可以选取的总范围,不属于这个范围的被确定为不可能有的自然语言。这第二个方面也明显体现在 Jakobson 的区别特征理论中,该理论认为,任意一种语言的音位系统利用的区别特征绝不会超出开列的范围,但不一定每一种语言都要全部利用那组区别特征(例如,英语没有利用区别特征"急煞性"[Checked])。这两个方面的区别也能用另一种方式来表达:第一个方面是把语言中必需的跟非必需的区分开来,第二个方面是把可能的跟不可能的区分开来。结合起来,这两方面在人类语言中区分必需特性、可能特性和不可能特性。

形式共性则是对语法规则的形式的说明。同样,也有必要在人类语言中区分语法规则的必需特性、可能特性和不可能特性。举例来说,我们可以这样认为,没有一种语言能有这样一条形式规则,它的作用是把任意长度的语符列作左右回文颠倒。稍具体一点说,例如,没有一种语言能仅仅通过颠倒词序组成疑问句,如从 this is the house that Jack built(这是杰克盖的房子)组成相应的疑问句是 built Jack that house the is this? 这个特定的形式共性看来经得起广泛语言的验证;它作为一个特殊例子说明转换-生成语法所提出的一个较一般的共性,即转换是一个依赖结构的操作过程,这一点我们在 1.2.3 节还要讨论。

生成语法在它大部分发展过程中一直认为那些限定规则范围的制约属于形式共性,而且按这种观点对句法内共性的研究大多数确实只关注这种形式制约。但是,也有人建议,这个限定规则范围的问题至少有部分可以按照实质共性来处理,具体地说,存在某一个规则集合,在细节上各个语言可以不一样,至少为了建立自己的核心句法变换过程,各语言将从该集合中作出选择。被动(人称被动)变换可能就属于这种规则,这个过程的特点是原先的主语被删除或降级到施事短语,而原先的宾语被提升到主语位置;环绕这个核心过程,各个语言有所变化,例如,动词和各名词短语有或没有语态变化的标记和标记的方式不同。比如英语,它用助动词 be 加上过去分词标记动词的语态变化,用介词 by 标记被动句里的施事短语,如 the man was hit by the woman(那个男人被那个女人打了);而拉丁语除了名词短语的格发生变化外,主要动词还要变换词尾,例如,主动句 mulier(主格)hominem(宾格)videt(那个女人看见那个男人),被动句为 homo(主格)ā muliere(介词+离格)vidētur(那个男人被那个女人看见)。在本书中,这种实质共性的存在起重要作用,这一点可以从对关系小句结构的跨语言比较这类论题的处理中看出(见第 7 章)。

1.2.2 蕴含共性和非蕴含共性

对于语言的某些特性,我们似乎不必参照某一语言的任何其他特性就能判断它们在自然语言里是否存在。例如,所有语言都有口腔元音这一判断绝对不需要参照任何其他特性是否也必定存在。这类共性是非蕴含共性。但是,有许多其他关于语言共性的判断,把一种特性的出现跟某个其他特性的出现联系起来,也就是说,某一个特性必须或者只有在其他某个特性也出现的条件下才能出现。在 1.1.2 节里曾举过一个蕴含共性的例子:如果一种语言有第一/第二人称反身代词,那么该语言就有第三人称反身代词。作为示例材料,我们将对这个例子作更彻底的探讨。这里涉及两个特性:是否具有第一/第二人称反身代词,是否具有第三人称反身代词。让我们用符号 p 表示有第一/第二人称反身代词(而没有第一/第二人称反身代词是非 p),再用 q 表示有第三人称反身代词(而没有第三人称反身代词是非 q)。这个共性现在可以表示为:如果 p,那么 q。逻辑上,这些不同参项互相组合共有四种可能性:

(a) p 和 q
(b) p 和非 q
(c) 非 p 和 q
(d) 非 p 和非 q

蕴含判断(根据定义)应该严格按标准命题演算中对实质蕴含的解释来解释。这就是说,如果蕴含判断"如果 p,那么 q"是真实的,那么上面(a)(c)和(d)三种可能性是容许的,而逻辑可能性(b)是不容许的。在 1.1.2 节里,我们已经表明所举的这个例子确实是这种情形:有像英语那样的语言,既有第一/第二人称反身代词,也有第三人称反身代词(a 类);有像法语那样的语言,没有第一/第二人称反身代词,但有第三人称反身代词(c 类);有像盎格鲁-撒克逊语那样的语言,没有第一/第二人称反身代词,也没有第三人称反身代词(d 类);而(b)类——有第一/第二人称反身代词,但没有第三人称反身代词——没有被证实。在阐述蕴含共性时,遵循对实质蕴含的严格解释是很重要的,特别要注意到某一个蕴含共性总是在四种逻辑可能性中容许三种排除一种;只有当不容许的第四种逻辑可能性被证实时,这才构成对一个蕴含共性的反例。

虽然时刻记住蕴含的逻辑定义是很重要的,但为了避免作出无意义的语言共性的判断，还应该记住另外一点，就是说，为了使一个蕴含共性成为合理的断言，所容许的三种可能性每一种都应该事实上有代表形式。作为违反这一要求的共性，举例来说，我们可以作出以下断言：如果一种语言有鼻化元音，那么它也有口腔元音。从某种意义上讲，这个共性是真实的，肯定不存在反例，也就是说，没有一种语言有鼻化元音（p）但没有口腔元音（非 q）。但是，在三种容许的可能性中，事实上只有两种被证实：有些语言既有鼻化元音又有口腔元音（p 和 q），有的语言有口腔元音但没有鼻化元音（非 p 和 q）；但没有一种语音根本没有元音（非 p 和非 q）。在这样一类情形里，三种可能性中有一种没有代表形式，我们事实上可以作出一个更强的断言，就这个例子而言是提出一个非蕴含共性：所有语言都有口腔元音。这个断言加上可能有鼻化元音的断言，就使原先的蕴含共性变得多余了。

不仅如此，最有意义的一类蕴含共性是那些三种容许的可能性每一种都有相当大数量的语言为代表的共性。关于不符合这个意义标准的蕴含共性，有一个显而易见的例子：如果一种语言是英语，那么表示犬属四足动物的词是 dog（狗）。可能性（a）有一种也是唯一的一种语言英语为代表；可能性（b），被排除的逻辑可能性，确实没有代表，也就是不存在反例；可能性（c），不是英语而又有表示这种意思的词 dog 的语言至少有一种，即澳大利亚语系里的姆巴巴拉姆语；可能性（d），即不是英语而且用不同的词表示犬属四足动物的语言，很可能包括世界上所有其他语言。这里选择这个显然可笑的例子只是为了说明这个一般道理——大概不会有人认真地把它作为有意义的语言共性提出来；但是防止以比较隐蔽的形式出现这种缺陷是很重要的。譬如，如果某一特性或一组特性只见于取样中的一种语言,任何把这个特性或这组特性算作 p 的蕴含判断,可能事实上只是对那一种语言特有的一个特性作出判断。例如,根据我们现有的关于宾语居首的语言的知识,只有一种这样的语言已有详细描写(加勒比语系里的赫克斯卡里亚纳语),试图把它的宾语居首词序作为 p 跟任何其他作为 q 的特性互相联系起来还为时过早。

1.2.3 绝对共性和倾向性

可以对共性分类的另一个参项是区分绝对共性,即没有例外的共性和那些作为倾向性存在仍有例外的共性。这个区分跟蕴含共性和非蕴含共性的区分不相关,因此一共可以分出四类。有绝对非蕴含共性,如,所有语言都有元音。有绝对蕴含共性,如,如果一种语言有第一/第二人称反身代词,那么它也有第三人称反身代词。有非蕴含倾向性,如,几乎所有语言都有鼻辅音(虽然有些撒利希语言没有鼻辅音)。最后,有蕴含倾向性,如,如果一种语言的基本词序是 SOV,它大抵也用后置词(但波斯语作为例外,是具有前置词的 SOV)。

由此立即引起的一个问题是,把某种有例外的东西称作语言共性是否合理。在大多数其他学科里,设定的普遍定律是不允许随意有例外的。但是,在描写语言学里,很明显我们经常不得不在制定一些普遍规则后又容许个别例外:例如,对于英语,我们可以就动词过去时或名词复数的构成提出一条很普遍的规则——这些规则也适用于新出现的词汇,这就证明它们是正确的——然而这些规则仍然有例外。显然,在其他因素等同的情况下,提出一个没有例外的共性要比一个有例外的共性更有力、更可取,因此对提出倾向共性自然会有赞成和反对的两种观点。但是,不可断言绝对共性必然比倾向共性更可取,因为其他因素并不总是等同的。下面举一个简单的例子来说明这点。有一条几乎没有例外的共性:关系小句前置于中心名词(RelN,即与英语关系小句结构刚好相反的词序)的语言是动词居尾的语言。但是,汉语就是这条共性的例外,汉语是 RelN 词序,但它是 SVO 型语言。所以可以建立一条倾向共性:如果 RelN,那么 SOV。但是,原则上我们可以选择任意一个汉语的特性,然后把对这个特性的否定并入蕴含前件 p;比如,汉语是声调语言,我们可以把这条共性重新表述一下,从而使它成为一条绝对共性:如果一种语言是 RelN 词序且不是声调语言,那么它是 SOV 语言。这样,因为汉语是一种声调语言,不符合蕴含前件(它不满足"既是 RelN,又是非声调语言"),所以它在这里就不是一个例外了。然而,最初的倾向共性有一定的前后一致性,因为它在不同的词序特点之间建立了联系;而这个取代的绝对共性是前后不一致的,因为一种语言是不是声调语言跟该语言是不是动词居尾没有可以想象到的联系(一般地,声调和无声调语言任意地分布于各词序类型的语言之中)。

应当注意,在许多情形下,要想凭经验来区分绝对共性和倾向共性几乎是不可能的。事实上,一条在目前看来是绝对共性的语言共性也可能反映了两种可能中的一种:或者它是绝对共性,或者我们还没有发现它的例外(这些例外也许不存在于我们目前能获得的语言之中)。所以,实际上没有人能够确认一条看起来是绝对的语言共性事实上的确是绝对的。

采用一种稍微不同的方法会有利于我们解决倾向共性的合理性问题。在一批有代表性的语言样品中,如果不涉及任何共性,也就是说,如果按某个参项分出的各种类型的分布纯粹是随机的,那么我们可以预料每一类型会有数量大致相等的代表。只要实际分布偏离这种随机分布,语言学家就不得不说明并尽可能解释这种偏差。观察倾向共性的一种方法,也许是最好的一种方法,是把它看作统计学上有意义的相对随机模式的偏离度。从这种意义上讲,绝对共性只是偏离随机分布的一种极端情形;某些逻辑可能性不是少见而是根本没有出现。从这个观点来考察,有一个很有意思的共性,现在已经被认为是一种倾向共性,这就是:在基本词序里,主语位于宾语之前。现在已经知道有一些语言违反这个共性,例如马尔加什语的词序是 VOS,赫克斯卡里亚纳语的基本词序是 OVS。但是,违反这个共性的语言(大概少于全世界语言的 1%)和符合这个共性的语言数量上相差悬殊。如果因为有少许反例就否定这个共性,也不再作进一步的讨论,那就取消了作为一个语言学家理应研究语言中有意义的模式的责任。当然,这么说并没有说明这种分布偏差的原因,而已经提出的一些非语言学的原因用来说明这种偏差很难站得住,例如,宾语居首的词序很难被认为是一种残余现象,只见于那些被采用其他词序的主要文明排挤到文化落后地区的语言。因为根据赫克斯卡里亚纳语跟其他加勒比语言的比较,我们意识到 OVS 词序在赫克斯卡里亚纳语里的发展似乎是较近阶段的变化。对主语位于宾语前的词序在数量上占优势的解释看来更有可能跟基本的心理因素有关,具体是施事在施事-动作-受事情境中的显著性,以及语义施事和句法主语之间的高度相关。我们在 1.3.2 节和第 6、第 9 两章还要讨论这个问题的某些方面。

直到生成语法发展到"扩展的标准理论"以前,本来还可以把是否承认倾向共性的合理性作为另一条标准,用来区分 Greenberg 研究共性的方法(容许这种倾向性)和 Chomsky 的方法(不容许这种倾向性)——实际上,生成语法学家对 Greenberg 的表层结构共性提出的一个批评就是有许许多多这类共性是倾向性。但最近,即使在生成语法学派主流内部——特别在"扩展的标准理论"和管约论的发展过程中——除了绝对共性,倾向性也终于被接受,这跟生成音系理论接受标记性是一致的。在生成语法的最新发展中,对语法形式的某一种制约不再被看作(或至少不一定被看作)一种绝对制约,它排除所有违反制约的可能性,而是看作一种对无标记情形的描述。无标记情形是语言通常符合的情形,除非它们的语法包含一条特殊指令,规定制约不适用某组结构。(例如,日语语法就必须包含这样一条说明,大意是它的词序违反由 $\bar{X}\rightarrow$ 指定成分 $x\bar{X}$ 这个公式所表示的词序共性,因为日语的限定词在名词前而助动词在主要动词后。参看 1.1.2 节)因此,在这个具体问题上,除了在确定标记指派方面生成语法内部很少关注倾向共性的数据分布之外,Chomsky 和 Greenberg 两者的立场不再有原则分歧。

既然 $\bar{X}$ 公式所包含的词序判断即使作为一种倾向性也是有问题的,我们将采用生成语法内已经用过的例子来说明倾向性可能存在的情形,具体是改用另一个判断,即自然语言的句法变换过程依赖于结构。这就是说,为了知道一种转换是否适用,如果适用,又为了运用这种转换,必须识别句子在派生过程适当阶段的句法结构的某些特征。例如,英语转换语法在说明被动句时,必须识别一个结构为"名词短语-助动词-动词-名词短语"的语符列;在关系语法里,说明被动句也基本一样,必须有一个在同一小句内同时包含一个主语和一个直接宾语的结构。为了阐述的方便,仍然按照传统的转换格式,这种结构变换将具体要求我们经由这样的过程改变那个句法结构:把第一个名词短语在前面加上介词 by 后移至语符列的末尾,把第二个名词短语移至语符列的开头,在助动词的末尾加上 be 再加过去分词词尾。这条规则的关键在于它只参照句法结构。例如,它不包含这样一类操作过程:把第一个词(不管它在结构里起什么句法作用)移到末尾,或者颠倒语符列中各个词的次序(完全不顾句法结构)。如要发明一种人工语言,它只采用这一类句法变换,那倒是很容易的,但是,任何这样的努力最后将得到一种跟实际人类语言很不一样的人工语言。

然而,在某些人类语言里有一些方面似乎真的利用这类不依赖结构的变换过程。例如,有若干语言有一条规则规定,附着语素——本身没有独立重音而是作为邻接词的组成部分读出的成分——必须出现在句子第二个位置。这种语言之一是塞尔维亚-克罗地亚语。为了说明这一点,我们可以先看一句没有附着语素的句子,如 Petar čita knjigu danas(彼得今天读[那本]书)。如果我们要在句子里加入一个附着语素,例如加入一个非重读的第一人称单数与格代词 mi([给]我),它必须加在第一个词后头:Petar mi čita knjigu danas(彼得今天读[那本]书给我听)。塞尔维亚-克罗地亚语的词序比较自由,因此第一个句子里四个词共 24 种换位可能性中,每一种都是合乎语法的,理解的意思也一样。但是,如果插入附着语素 mi,它总是插在第一个词后头,不管第一个词的句法功能是什么,例如,danas mi Petar čita knjigu, knjigu mi čita danas Petar. 在这个简单的例子中,句子的每个主要成分只是一个词,因此自然会引出这样的问题,如果第一个成分包含两个词将是什么情形？例如，我们用 taj pesnik（那个诗人）代替 Petar（彼得），得出 taj pesnik čita knjigu danas. 在这样一个句子里，可以按字面把附着语素置于句子第一个词后头，得出 taj mi pesnik čita knjigu danas，尽管把它逐字对译成英语"that to me poet reads the book today"后实际是不可理解的。不过，也可以把附着语素置于第一个主要成分后头，在这个例子里也就是置于整个名词短语 taj pesnik 后头，得出 taj pesnik mi čita knjigu danas.

显然，鉴于塞尔维亚-克罗地亚语里附着语素的位置特性，不可能继续认为句法变换必定依赖结构，因为塞尔维亚-克罗地亚语的规则只要求我们识别句子的第一个词，而跟句法结构无关。不过，自然语言里，也包括塞尔维亚-克罗地亚语，大多数句法变换过程是依赖结构的，这仍然是真实情况。即使是塞尔维亚-克罗地亚语附着语素的位置，由于事实上可以违反置于第二位置的规则以此避免割裂一个主要成分，这表明这里仍然受到一定的压力而偏向于依赖结构。因此我们可以得出结论，人类语言中存在一种依赖结构的倾向，虽然确有个别例外。（但这是不是只是语言才有的特性还有疑问，因为通常人们很难对符号的时间序列进行不依赖结构的操作；例如，字母表或一个熟记的电话号码，不加练习很难流畅地倒读出来。）

在最近的有关语言共性的论著中，更常用的术语不再是倾向共性而是统计共性，以此表明这种共性只有某种统计上的而不是绝对的有效性。本书还是选择了倾向共性这个更明白的术语，特别是考虑到统计共性的术语也许可以用来指语言共有的统计特性（如断言语言的羡余率总是在 50% 左右）。

1.3 语言共性的解释

在转换-生成语法研究语言共性的方法内,按照1.1.1节的概括说明,很明显对语言共性的解释问题有一个清晰的解答:共性的存在是因为它们是天赋的。但是,对这种解释的论证从来没有独立的根据,因此接受天赋说的唯一理由似乎就是缺乏其他可以自圆其说的解释。本节将简单地考察一些其他解释,在本书正文适当之处还会作较细致的考察。不过,我们决不会企图对所有的共性只归结为一种解释;在许多情形里,即使确定无误的共性也似乎没有可以证实的解释;还有一些情形,不同的共性需要作不同性质的解释,这一点也不奇怪,因为像语言这样的考察对象跟人类认知和行为的许多其他方面互相作用,关系极其密切。我们将特别关注认知、功能和语用等方面的解释,因为这些方面看来是对语言形式特性作出解释的特别丰富的来源。不过,为了完整起见,我们先在1.3.1节考察一种站不住的解释。

1.3.1 单一祖语说

单一祖语说,即世界上所有语言有一个共同的原始祖先,似乎是对语言共性的一种明显解释:有待解释的共性好像只是假设的祖语(原始世界语)偶然具有的特性,而这些共性之所以仍见于当今世界所有语言的唯一原因是,祖语的这些特性毫无变化地在所有当今语言里都保存了下来(而语言间不相同的那些参项代表个别语言已经变化的那些方面,也不一定另有其他共同特性把那些语言共性缀合在一起)。作为解释语言共性的一种假说,单一祖语说有一个弱点,它完全是一种推测,是无法证实的:如果世界所有语言果真是从单一的祖语遗传下来的(或者是全人类唯一的一种原始语言,或者是一种特定的古代语言,它替代了当时存在的所有其他语言),那么由于这个祖语和我们业已证实的最早语言之间的时间跨度非常之大,我们根本没有确定这一原始祖语的希望,也无法探寻从原始世界语到各种业已证实的语言之间发生的变化。

但是,即使把单一祖语说排除在外,也还有一些更严重的弱点将使我们在考虑对广泛的语言共性作出哪怕是推测的解释时,不得不使我们从其他方面去寻找可能的解释。单一祖语说要能站得住,有待解释的共性必须曾是祖语的一个特性,经过各个中间阶段遗传给每一种衍生语言。但是,我们在 1.1.2 节已经说明,某些语言共性,特别是蕴含共性,不能只根据一种语言来预言。例如,为了探讨第一/第二人称反身代词蕴含着第三人称反身代词这个共性,仅仅知道有一种语言有第一/第二人称反身代词和第三人称反身代词是不够的,我们还得知道有一些语言,或者没有反身代词,或者具有所有人称的反身代词,但没有一种语言只有第一/第二人称反身代词。没有任何方式可以把这类信息用编码纳入仅仅一种语言的结构,因此也没有任何方式能使这类信息从祖语遗传给各种衍生语言。

1.3.2 外部解释

外部解释的意思是:我们试图通过联系语法结构之外的可独立验证的概括来解释语法概括,而不仅仅满足于内部解释,也就是说,试图通过纯粹的语法现象之间的联系来解释语法概括(例如在 1.1.2 节里关于 $\bar{\text{X}}$ 理论的讨论)。

1 语言共性

在某种意义上，Chomsky范式的天赋说也可以看作是一种外部解释，因为它试图把语法现象跟婴儿的遗传赋予联系起来。但是，作为一种经验的论断，天赋说只是一种空洞的假说，因为它无法用独立的证据加以验证——不如说，它只是给一批语言共性所起的名称，而使用这个名称不应使我们盲目认为名称本身就是一种解释。还有必要强调，并不像持天赋观点的文献有时暗示的那样，提出其他解释的责任就落在反对天赋说的人身上。天赋说的拥护者实际上认为，既然还没有任何其他对语言共性的能自圆其说的解释，天赋说是他们能想到的唯一可能。由于天赋说根本不可能加以验证，它不会加深我们对语言共性的理解，相反，它只会使研究偏离对有可能验证的其他解释的考虑。应该指出，不要认为这是在抵制天赋说：情况很可能是，至少有一些语言共性应最终从人类天赋资质得到解释，但在目前研究阶段，这种断言几乎没有一个经得起独立证据的检验。

然而，某些语言共性倒是有可能跟人类认知心理的一些其他经得起独立检验的方面相关联。比如，在第9章，我们将看到名词短语的某种等级结构，不仅对概括语言共性有重要意义，而且跟一个可以独立证实的知觉实体的显著度等级密切相关。从某种意义上讲，可以认为这只是把解释的需要往前推了一层，因为必须反过来解释显著度等级，而这可能还是由天赋原则决定的。答复这个问题要注意两点。第一点，任何一种解释必然把问题往前推一层，因为解释本身又变成了需求解释的对象（我们也可以同样要求对某一组设定的天赋观念怎么会变成天赋的来作出解释）。第二点，评价一种解释有没有进展，最重要的标准是看表面上根本不相同的现象能否被证明有共同的解释。在以上所举的例子里，这一点做到了，它表明在语言特性和描述情景时对各实体的重要性作等级评定的倾向性之间，如何能用知觉显著度这同一个概念把两者联系起来。

一条对语言共性的解释取得特别丰硕成果的路子是功能主义，即认为某些共性的作用是增强语言的功能，不管是把语言当作一般的通信系统还是具体就人类的通信需求而言。有许多语言学家对功能解释表示怀疑，他们正确地指出，有大量情形表明语言似乎是功能不良的。例如，同义词的存在看来像是一种不必要的浪费，还有更明显的，同音词的存在即用相同的名称表示不同的概念可能造成的混乱看来也在制造不必要的麻烦。尽管如此，对语言的这种功能不良特征显然存在某些必须施加的限制——例如，不能想象一种所有词汇都是同音词的语言能发挥作用——因此减少功能不良成分的一些方策可以对解释语言共性起一定作用。

句法方面的功能解释，其实质是，设定的语言共性有助于语义内容从句法结构复原，而违反共性将使这种复原比较困难。这里讨论的例子跟第 7 章对关系小句的较详细的讨论有关。在第 7 章里，主要论点之一是，句子里某些位置构造关系小句（关系小句化）比其他位置困难，各语言普遍如此。例如，领属成分的关系小句化（如 the man whose son ran away[他的儿子逃跑的男人]）就比主语（the man who ran away[逃跑的男人]）困难，具体表现在有些语言很容易构成后一类结构但不易构成前一类；同样，内嵌句内成分的关系小句化比主句的成分困难（如 the man who ran away 这个结构类型在各种语言里普遍比 the man that I think ran away[我以为逃跑的男人]常见）。有些语言区分两种构成关系小句的结构:一种有一个代名词留在已经关系小句化的位置——好比英语不说 the man that I saw(我看见的男人),而说 the man that I saw him(我看见他的男人);另一种没有这种代名词。这两种结构的分布受以下共性的制约:保留代名词见于关系小句化较困难的位置,而关系小句化较容易的位置不保留代名词。虽然这或许是一种非标准的用法,但即使在英语里,从属小句里某些不能直接关系小句化的位置也保留代名词,例如 the road that I know where it leads(我知道它通往哪里的路)(比较不合语法的 * the road that I know where leads)。保留代名词的结构能使我们较直接地通达句子包含的语义信息:在处理 the man that I saw him 时,很明显 him(他)指关系小句的宾语,因为我们在简单句里发现的正是这种结构式(I saw him[我看见他])。但是,当没有代名词时,为了推断出在 the man that I saw 里必须把 the man(那个男人)理解为 saw(看见)的宾语,就需要作更多的处理。可见,这种概括是功能的概括:在那些由于独立的原因(便于构成关系小句)而使语义处理比较困难的位置,采用的句法结构将是能使人们直接通达语义内容的最明晰的结构。

另一种功能解释跟处理不同句法结构的难易有关,而近来的语言学研究普遍对这种"处理解释"感兴趣。早期文献里的一个例子是有关 SOV 词序和关系小句位于名词前之间的关系,以及 VSO 词序和关系小句位于名词后之间的关系。大家知道,在一切其他因素等同的情况下,从属小句处于句首(左边缘)或句尾(右边缘)比处于句子中间(中心嵌套)更容易处理,可能是因为后者在处理主要小句的时候会被中间的从属小句打断。如果一个中心嵌套的小句又嵌入另一个小句之中,其结果是该句子根本无法处理,比如例(3)，尽管它遵守英语的关系小句构成的一般规则：

The man [that the boy [that the dog bit] kicked] ran away. (3)
那个[被那个[被那条狗咬了的]男孩踢了的]男人跑了。

由此，我们可以得出结论：话语要尽量避免中心嵌套结构。有趣的是，这为动词位置和关系小句位置的词序联系提供了动因，即为一个严格的语法现象提供了动因。如果一种 SOV 语言关系小句位于名词后，那么所有的关系小句都是中心嵌套的，出现在它的中心名词和动词之间（也可能和其他的阻隔成分一起）。类似地，如果一种 VSO 语言关系小句位于名词前，那么所有的关系小句也都是中心嵌套的。这个已被证实的联系意味着至少有的名词短语是处于左边缘的（在 SOV 语言中）或处于右边缘的（在 VSO 语言中）；事实上，如果名词短语在语言中原则上是自由的，以 OSV 或 VOS 为替换性词序，那么通过对这些替换性词序的正确使用可以使所有的关系小句处于句子的边缘位置。跟许多其他功能解释一样，以下的例子是跟倾向共性而不是跟绝对共性相关：有的语言会违背该共性，如波斯语是 SOV 和 NRel。但是，波斯语又有一些避免中心嵌套的替换性措施，比如把关系小句外置，产生类似英语 I met a girl in Los Angeles [whom I later married]（我在洛杉矶遇到了[后来我跟她结婚的]女孩）的结构，把语义上属于 the girl 的关系小句放到状语 in Los Angeles 之后，以避免中心嵌套。

在 1.2.2 节里讨论的语言共性，即一种语言如果存在第一或第二人称反身代词就蕴含了存在第三人称反身代词，也是有功能的解释的。对第一和第二人称来说，在一个特定的语境中，不同代名词是否同指是很难产生歧义的：比如，所有的 I（我）都是自指的，we（我们）和 you（你/你们）也一样。而第三人称则有许多潜在的指称对象。有的语言说 I hit myself（我打我自己），有的语言说 I hit me（我打我），但二者不可能在逐字对译时具有同指上的语义差别。但是如果有一种语言既有 he hit himself 又有 he hit him，那么就可以作出语义上的同指和非同指的重要区分。因此，反身代词在第三人称中比在第一或第二人称中重要，这反映在上述蕴含共性之中。

还存在一种可能的外部解释，即通过话语结构的特点来解释语法特性。新近的一项尝试跟作格性有关（详见 5.3 节），即把不及物动词的主语和及物动词的宾语（受事）在形态和/或句法上同等对待，区别于及物动词的主语；这不同于我们熟悉的语言的那套系统，即把及物动词的主语（施事）和不及物动词的主语同等对待，区别于及物动词的宾语（受事）。已经被注意到的一个现象是，在自然话语中，许多语言都允许省略语境上可以循索的名词短语；当不及物谓语动词跟它的主语同现、及物谓语动词跟它的宾语（受事）而不是跟它的主语（施事）同现时，即在作格性可以存在的话语基础上，这就尤其常见了。

这种功能解释当然能转而用于任何一种通信系统，不是仅仅适用于人类使用的通信系统。当我们考察语用解释时，就会发现某些情形在语言结构特性和人类社团的语言使用特性之间存在一种更明显的联系。其中一个这样的共性是人类语言里有一个指称说话人和听话人的指示系统，也就是存在第一和第二人称代词（相对于第三人称名词短语；在有第三人称代词的语言里还包括第三人称代词）。我们很容易构造一种没有这种指示系统的人工语言，人们将不得不用专有名称或其他释义形式来指称他们自己和对话者。但是，这样一种语言将显然跟任何一种已知的人类语言大相径庭，因此，指人称的指示系统的存在跟人类语言基本用于面对面交谈有着如此密切的相互关联，这很难说是偶然的。

1.4 小结

在这一章,我们举例对比了对语言共性和语言共性研究的两种根本不同的观点。Chomsky 提倡的观点主张,研究语言共性的最好方法是只对少量语言做细致的、抽象的研究,而对语言共性的主要解释是它们是人类的天赋特性。Greenberg 提倡的观点,也是本书赞同的观点,认为语言共性研究需要以广泛的语言作为数据库,相信有许多语言共性可以用具体的分析层次来表述,对语言共性可能有的解释也持一种开放的心态,特别考虑心理和功能(包括语用)的因素。在进行这种对比时,我们偏重于两者的差别,但实际上不应该由此认为这两种方法的分歧是绝对的、不可弥合的。比如,Chomsky 从来没有坚持不能通过研究广泛的语言提出语言共性,或语言共性都不能有功能解释。相反,本书也承认似乎是存在某些形式共性,也不排除天赋可能作为对某些语言共性的最终解释。但是,论争双方强调的重点有明显分歧,对如何在力量有限的情形下用最合理的方法使语言共性研究取得最大的进展,双方确实提出了迥然不同的观点。从这一章以及本书正文较详细的论述中,应该明了,除了对个别语言进行细致的研究,语言共性研究如果不想遗漏一些至关重要的概括,就还必须从事以广泛语言材料为基础的研究。

注释和参考文献

专门通论语言共性的书跟论文集相比,为数极少;Mallinson

& Blake(1981)是一本与本书取向相近的书。Greenberg(1966a)一书,正如该书副标题所表示的,涉及的是标记性的具体问题,而不是对语言共性研究的一般论述。

在论文集范围里,头等重要的显然理应是 Greenberg(1966c)一书中的导论和备忘部分,Hockett(1966)一文,尤其是 Greenberg(1966b)自己的那篇经典论文可以看作当前根据广泛语言研究语言共性的兴趣的源泉。"斯坦福语言共性研究项目"在其执行期间出版刊物《语言共性研究集刊》(Working Papers on Language Universals,1969—76),该项目的另一项成果是 Greenberg 等人(1978)所编的四卷本论集。科隆大学的共性研究项目也有研究论文发表:《科隆大学共性研究集刊》(AKUP, Arbeiten des Kölner Universalien-Projekts),在一系列丛书中,《语言共性丛书》(Language Universals Series,Tübingen:Gunter Narr)是最好的通论性著作。其他有关语言共性和语言类型的丛书有:《语言类型学的经验取向》(Empirical Approaches to Language Typology,Berlin:Mouton de Gruyter),《语言的类型学研究》(Typological Studies in Language,Amstredam:John Benjamins)。列宁格勒类型学研究小组的著作也值得一提,比如 Xolodovič(1969)、Xolodovič(1974)和 Nedjalkov(1988)。相关的通论性著作还有 Foley & Van Valin(1984)和 Givón(1984)。

关于 Chomsky 的语言共性观点,可参看 Chomsky(1981)。在生成语法范式的早期著作中(20 世纪 70 年代晚期之前)的讨论最后得出的结论都是:探讨普遍语法的最好方法是对一种语言(几乎只是英语)进行详尽的研究。这种立场现在看来可能很大程度上只是历史了;这在本书第一版 1—5 页有过讨论;也可参考

Chomsky(1965,第 1 章),而跟这里的讨论相关的一个特别关键的例子见于 Chomsky & Hampshire(1968)。认识到跨语言的变化需要对不同类型语言进行详尽的研究是生成语法过去 10 年里的主要进展之一。

在 1.1.2 节里,用铁做类比取自 Sampson(1975:114—6),但 Sampson 没有考虑其他类比在对立的一面也同样适用。对普遍适用限定词和助动词词序的 X 公式的批判,McCawley(1978:214)作过讨论。关于用一种稍微不同的方法来证明有必要根据广泛的数据研究语言共性,参看 Comrie(1978d)。对个别语言作完整的描写和收集广泛语言的数据,为弥补这两种需求的缺陷所作的努力可参看 Comrie & Smith(1977)建议的语言描写框架;《语言描写研究》(Lingua Description Studies)丛书,现在是《Croom Helm 描写语法》(Croom Helm Descriptive Grammar, London: Croom Helm)丛书,是按照这一框架对各别语言的描写,最先出版的是 Derbyshire(1979)。

Bell 对取样的论述见 Bell(1978),另参见 Bybee(1985)对选样的论述。关于世界语言谱系分类的一般研究,参看 Ruhlen(1987);关于世界语言谱系的详细分类,参看 Voegelin & Voegelin(1977)、Grimes(1988)。关于避免地区偏向的困难的讨论是根据 Dryer(MS)。

在 1.1.3 节,对无人称被动句的讨论回顾了 Comrie(1977a)提出的某些观点。与该文相关的论争促使了关系语法研究的倡导者们去寻找经验证据来证明他们的研究,参阅 Perlmutter & Postal(1984);作为对此的回应,参看 Comrie(1986c)。

在 1.2 节形式共性和实质共性的区分是按照 Chomsky

(1965:27—30);关于 Jakobson 的区别特征,参看 Jakobson 等人(1963)。关于可能有一组转换属于实质共性的建议是 Bach(1965)提出的;在应用于被动句时,这个想法又在关系语法的框架内有了进一步发展,见 Johnson(1974)。管约论内部也是主张形式共性的,实质共性同样不被重视。蕴含共性和非蕴含共性,绝对性和倾向性,这种区分是按照(某些术语除外)Greenberg(1966c:xix—xxi)的备忘部分。关于姆巴巴拉姆语 dog(狗)的情形我是从 R. M. W. Dixon(堪培拉,澳大利亚国立大学)那儿获知的,他指出这个形式是按规律从 *gudaga(这个形式见于其他一些澳大利亚语言)演变而来,而不是英语借词。提到的赫克斯卡里亚纳语的详细描写指 Derbyshire(1979)。关于某些撒利希语言没有鼻辅音,这是根据 Hockett(1955:119)。关于马尔加什语的词序,特别参看 Keenan(1976a),该文还证明马尔加什语里假设的主语绝不是主语这种论点是不适当的。关于赫克斯卡里亚纳语的 OVS 词序可能是一种新的变化这种主张,参看 Derbyshire & Pullum(1981)及该文所列参考书目。感谢 Matthew S. Dryer 提供汉语的例子(词序和声调)。Chomsky(1965:118)略带否定地提及了 Greenberg 的"统计共性"。塞尔维亚-克罗地亚语的例子是根据 Browne(1974)提供的材料,自然语言的羡余率在 50% 左右的断言是 Hockett(1966:24)针对音系学提出的。

在 1.3 节,关于显著度和语言参项间关系的一些讨论应参看 Timberlake(1977:160—5)。对关系小句保留代名词的功能解释是 Keenan(1975:406—10)作出的,对关系小句位置的解释见 Kuno(1974)。作格性的话语基础是 Du Bois(1987)提出的。对形式和功能解释关系的更一般的讨论,可参阅 Butterworth 等人

(1984),以及 Comrie(1984)和 Hawkins(1988)。关于一种没有第一和第二人称代词的语言可能是什么样子的讨论,参看 Lyons(1977:640—6);日语的确接近这样一种语言,因为在自然交谈中,第一和第二人称的指示是根据敬体或谦体标志推断的,而不是明确表达出来,虽然实际上日语还同时有专门指称第一和第二人称的名词短语。

2 语言类型

2.1 类型和共性

语言共性研究和语言类型研究乍看起来似乎是两个对立的方面,甚至是互相矛盾的:语言共性研究关注的是找出所有人类语言共有的那些特性,而为了使语言类型化,也就是把语言划归不同的类型,必须是语言之间存在差异。因此这种对立可以归纳为研究语言间相似点和研究语言间相异点的对立。然而,实际上,这两种研究是并行开展的:典型的情形是,那些从研究广泛语言的观点对语言共性感兴趣的语言学家也对语言类型感兴趣,而且常常很难把这一领域的某一项研究专门划归语言共性研究而不是对立的语言类型研究,或者相反。书名和论文标题在使用"类型"或"共性"时似乎往往是随意的,虽然有时候这种随意性被消除,如本书书名就同时包括两者。

不管怎样,前一章的讨论应该使我们倾向于承认,事实上共性研究和类型研究之间不存在冲突,相反,两者只是同一个研究目的的不同倾向。这一章,我们将较彻底地说明这一点。我们在第 1 章提出,关于语言共性的理论必须按人类语言逻辑上可能有的特性分成三种情况。它必须确定哪些特性是人类语言必需的,哪些特性是人类语言不可能有的,最后,剩下来还有哪些特性是人类语言在一定条件下可能有的,但不是必需的。(考虑到除了绝对共性还有倾向共性,这种严格的三分当然不会特别严格。)因此我们可以认为,总的来说,语言共性研究的目的是确定人类语言内变异的限度。类型研究跟这种变异的研究直接相关,这就更清楚地说明为什么两种研究并行不悖,因为两者所关注的都是语言间的变异,唯一的区别在于语言共性研究主要关注这种变异的限度,而类型研究更直接地关注变异的各种可能。无论在概念上还是在方法论上,都不可能把一种研究跟另一种研究隔离开来。

　　从方法论上讲,这一点也许从语言类型和蕴含共性(不管是绝对共性还是倾向共性)的互相影响上看得最清楚。在按照某一参项划分语言类型时,我们先确定若干个逻辑上可能有的类型,然后把取样的每一种语言划归这个或那个类型。如果所有的逻辑可能性都有实际代表,而且各个类型的成员数量没有显著的偏差,那么这个结果也许对类型研究有意义,但从共性的角度看不是特别有意义:结果表明就选择的参项而言,语言间的变异没有限制。但是,如果某些逻辑可能性没有代表,或者代表的数量很大或很小因而具有统计学上的意义,那么这种类型研究的结果确实对表述语言共性是重要的。我们可以回顾第 1 章讨论过的一个例子来说明这一点,那就是如果一种语言有第一/第二人称反身形式,那么该语言就有第三人称反身形式这个共性。如 1.2.2 节所述,有四种逻辑可能性:既有第一/第二人称反身形式,又有第三人称反身形式;有第一/第二人称反身形式,但没有第三人称反身形式;有第三人称反身形式,但没有第一/第二人称反身形式;没有第一/第二人称反身形式,也没有第三人称反身形式。当我们把语言划归这四种逻辑上可能的类型时,我们发现有大量的语言属于第一、第三和第四类,但没有一种语言属于第二类。可见,开始原本是作为一种类型研究,也就是按照第一/第二人称和第三人称是否有反身形式对普遍的语言进行分类,结果是导致确定一种语言共性。

在把蕴含共性理解为一组四种逻辑可能性中只有三种有实际代表的情形下,蕴含共性是说明共性和类型互相影响的一个特别明显的实例。不过,原则上任何类型参项都可能对语言共性研究有意义,只要最终表明有些逻辑可能性没有代表或代表数量低到有统计学意义的程度。这一点也可以用 Greenberg 提出的一个共性来说明,这回是 1.2.3 节里提到的词序倾向性,也就是在基本词序里主语倾向于位于宾语前。如果我们像 Greenberg 那样按三个小句成分 S、O、V 来作业,那么它们的线性排列一共有六种逻辑可能性:(a)SOV、(b)SVO、(c)VSO、(d)VOS、(e)OVS、(f)OSV。(a)—(c)三种类型都符合刚才所述的共性,而且事实上世界语言的绝大多数属于这三种类型中的某一种(至少在它们有基本词序的情形下如此——参看第 4 章)。类型(d)只有很少量的代表,类型(e)则更少,地理分布更有限。而基本词序为 OSV 的语言如果有的话我们还在期待对它的详细描写,虽然初步迹象表明亚马孙地区的一些语言确以 OSV 作为基本词序。可见,按 S、O、V 互相交换位置的六种逻辑可能性区分语言类型,结果是认识到一种倾向共性,即在无标记词序里主语位于宾语前。

类型研究导致共性的确立,还有一个更简单的例子,那就是 1.2.2 节提到的所有语言都有元音这个共性。假如按有元音和没有元音给语言划分类型,那么所有语言都属于前一种类型。从类型研究上讲,这个结果也许没有多大意义(所有语言属于一种类型),但是从共性上讲,这是一个有效的经验概括。这再次表明类型和共性是互补关系而不是对抗关系。

共性和类型并行不悖,还有另一层意思。为了作语言类型研究,必须确定某些参项,根据这些参项给世界语言划分类型。任何一个参项的选择,如果要适用于跨语言的类型比较,必须假定这个参项确实适用于任何一种语言的分析。因此开展任何一项语言类型研究总是涉及对语言共性作出某些假设。为说明这一点,我们可以再次考虑 Greenberg 那篇有关词序共性的经典论文,即关于小句内 S、V、O 的基本次序。为了根据基本词序划分语言类型,需预先作出以下假设:(a)所有语言有一个基本词序;(b)任何语言的小句里,主语、宾语、动词三个范畴跟句法结构有关。这两个假设都不是逻辑上必需的,在第 4 章我们还会详细说明,有充分理由认为这两个假设事实上都不是语言的绝对共性。例如,似乎有一些语言没有基本词序,或至少没有用 S、O、V 定义的基本词序(所谓自由词序语言)。似乎也有这么一些语言,要么没有主语范畴,要么主语的各个特性分配给多个名词短语(见第 5 章),因而在这两种情形里都不可能指出某一个名词短语是小句确定无疑的主语,也就不可能确定主语相对于其他成分的线性次序。

上一段为防止误解所作的说明并不是说 Greenberg 讨论的那类词序共性不合理,只是多少限定它们适用的范围,对这一点的认识是重要的。我们只需再确定一些语言类型,比如,先区分两种语言类型,一种有可以用 S、O、V 表述的基本词序,一种没有这种基本词序;然后把前一大类型划分成六种逻辑上可能的次类型,我们就可以照前面所述的进行下去,只是现在这六种类型只包括世界语言的一部分,也就是说,共性的适用范围有所限制。事实上,类型或共性研究中都广泛采用这种办法。例如,如果我们要研究声调语言的类型特性,也许还想提出一些声调的共性,事实上许多语言是非声调语言,这就意味着那些语言跟眼下的研究项目无关,但不能就此认为对声调语言的内部研究和类型划分是不合理的。同样,在研究格系统或被动结构的类型时,没有格系统或没有被动结构的语言只是跟眼下的研究无关,并不构成反例。

上述讨论包括一种意思,类型研究和共性研究还以另一种方式互相联系,就是说得出有意义的共性的可能性跟描写语言样品间变异所选用的类型参项密切相关,不管这些参项是明确的还是不明确的。这里有一个特别明显的例子,是关于研究世界不同语言的颜色词系统所经历的过程。大致说来,颜色知觉有三个参项:色调(跟波长相关)、明度、饱和度,其中头两个参项对眼下的例子最重要。传统上对不同语言颜色词的研究强调不同语言里各别颜色词适用的不同物理范围,也就是强调不同语言有不同数量的颜色词而且相邻颜色词之间的分界也不同这一事实。例如,在一种菲律宾语言哈努努语里有四个基本颜色词:(ma)lagti? 包括英语的 white(白色),但还包括所有其他浅色,不管这些浅色在英语分别用什么颜色词;同样,(ma)biru 包括英语 black(黑色),但还包括其他深色;(ma)rara? 大致包括英语 red(红色),orange(橙色)和 maroon(栗色)的范围;(ma)latuy 大致包括英语 yellow(黄色)和各种较浅的 green(绿色)和 brown(褐色)的范围。我们只要看看色谱上相邻颜色词的分界,似乎只能说英语和哈努努语极不相同:哈努努语没有相当于英语 yellow 和 green 的分界,相反,英语没有哈努努语里区分(ma)biru 和(ma)rara? 的明显分界。

我们也许事后会认识到,这种颜色词系统的分类方法是不可取的,因为即使在一种语言内部,如英语,说本族语的人也常常意见互不一致,或者自己在不同的场合也不一致,不能确定相邻颜色的分界线,虽然对于某一颜色词适用的范围中处于比较中心的那部分颜色,大家对选用什么颜色词意见一致的可能性要大得多。但是,对这种关于颜色词的传统的、文化相对论的观点提出的批评主要不是出自这种推理性的疑虑,而是出于 Berlin & Kay 对广泛语言(最初发表的超过 100 种)的颜色词系统所作的类型研究。Berlin & Kay 不去探究一种语言内不同颜色词的分界,而是要弄清一个颜色词的中心色,也就是说本族语的人认为那个颜色词所指的最典型的颜色。在解答这个问题时,Berlin & Kay 注意到有一个明显的模式出现。首先,即使在各种语言的颜色词分界很不同的情形里,对中心色的判断却是一致的:例如哈努努语(ma) lagti? 的中心色跟英语 white 的中心色是一致的;(ma) biru 和 black 的中心色是一致的;(ma) rara? 和 red 的中心色是一致的;(ma) latuy 和 green 的中心色是一致的。此外,如果我们看一看一系列语言中中心色的数目和位置,就会得出一个等级或一系列蕴含共性:所有语言有"黑"和"白"两个中心色;如果一种语言有三个基本颜色词,那么第三个中心色是"红";如果一种语言有五个基本颜色词,增加的两个中心色是"绿"和"黄"(但如有四个基本颜色词,第四个可以是"绿"或者"黄",两者的选择不分等级);六个颜色词的系统再增加"蓝";七个颜色词的系统再增加"褐"。用图表示如下:

$$\begin{matrix} 白 \\ \\ 黑 \end{matrix} > 红 > \begin{matrix} 绿 \\ \\ 黄 \end{matrix} > 蓝 > 褐$$

上述等级很容易改用一系列蕴含共性来说明,表述形式如下:如果一种语言有一个中心色为"蓝"的颜色词,那就必定有中心色为"白""黑""红""绿""黄"的各个颜色词。概括地说,如果一种语言有一个中心色为 X 的颜色词,那就也有上图中 X 以左各中心色的颜色词。

上述例子主要说明的一点是,只要稍许改变提出的问题,也就是改变类型比较的基础,就有可能提出一种共性,而原先的假设是我们只能在逻辑上可能的类型内划分类型。事实上,Berlin & Kay 的研究对语言共性和类型的研究,甚至对描写语言学还有更深远的意义,其中有些可以从后面各章的讨论中看出。例如,有证据表明上述中心色的等级可以跟颜色知觉相联系,从而提供了一个从心理解释语言共性的实例(参见 1.3.2 节)。其次,这个等级还表明,人类所作出的分类中至少有一些不是像许多研究语义结构的论著所假设的那样是按照邻近概念的严格分界,而是按照分界不明(模糊)但有明确中心的概念,也就是说,是按照典型而不是按照必要和充分条件。

2.2 类型参项

原则上,给语言划分类型可以选择任何跟语言学有关的参项为依据。如果区分语言共性和语言类型,相关参项的范围就多少受限制,即限于各语言间事实上有变异的那些参项。例如,一旦已经确定所有语言都有元音,有或者没有元音出现这个参项对研究各语言间的变异就不再有什么意义,而这个概括就变成只属于语言共性的领域。

显然有些类型参项已经证明比其他参项更重要、更有意义。在2.1节里我们就颜色词说明了这一点：在讨论中有两种我们感兴趣的参项，结果表明其中按互相分界对颜色词系统分类的做法没有获得多少对各语言间变异的有意义的见识，因为逻辑上可能的范围跟证实的系统的范围大致相同；相反，按照颜色词的中心色对颜色词系统所作的分类业已证明对划分颜色词系统的类型和提出语言共性都至关重要，因为在知道中心色等级中包含的共性后，划分类型的任务可以大致简化为确定每一种取样语言在这个等级中的截止点。这一个例子还明确告诉我们，事先没有办法知道具体哪一个参项或哪一组参项将被证明对类型和共性的研究有意义，相反，参项选择的改进跟整个类型研究的进展是并时的。作为迄今为止类型研究的成果，我们对哪些参项最可能有意义确已有所了解，其中有几个我们以后各章还要说明和讨论。但是，无疑还有许多有意义的参项，它们的意义还没有被认识，因此本书的一些实例也只能是举例性质的。

要说明有意义和没有意义的类型参项之间的区别是什么意思，也许最好的办法是举例说明某些没有意义的参项，音系系统里就有一些很明白的例子。例如，原则上我们可以把世界语言划分为两种类型：有颚鼻音位的语言和没有颚鼻音位的语言。前一类包括诸如法语、西班牙语、匈牙利语、马来语等语言，后一类包括诸如英语、德语、土耳其语、夏威夷语等语言。同样，原则上我们也可以把语言划分为有前圆唇元音音位和没有前圆唇元音音位的语言两种类型，前一类包括诸如法语、匈牙利语、德语、土耳其语等语言，后一类包括西班牙语、马来语、英语、夏威夷语等。（都是指每种语言的标准语。）但是，一经作出这两种分类后，从这些语言的总体类型结构讲,我们对这些类型几乎不能再作什么进一步处理。如果有人试图把这两个音系特征互相联系起来,那么在作为说明材料的八种取样语言里,我们不会发现任何联系:一共有四种逻辑上可能的类型,每一种在取样中都有代表:法语和匈牙利语既有颚鼻音又有前圆唇元音;西班牙语和马来语有颚鼻音但没有前圆唇元音;德语和土耳其语没有颚鼻音但是有前圆唇元音;而英语和夏威夷语既没有颚鼻音也没有前圆唇元音。不但这两个音系参项互相没有关联,而且它们也同样跟任何非音系参项不相关,这就是说,结果表明我们对类型参项的选择是任意的,除了能使我们根据这些参项给语言分类外没有任何其他意义。

跟这些没有意义的参项相对照,我们可以提出 Greenberg 研究词序共性时使用的许多词序参项,例如小句里 S、O、V 的次序,关系小句相对于中心名词的次序,附置词相对于名词的次序(指语言里对于名词用的是前置词还是后置词),等等。虽然这些参项在逻辑上都是互相独立的,但结果证明它们之间有很高的相关程度,在某些情形里会最终得出绝对蕴含共性的表述,这在第 4 章还会详细论述。例如,使用这些参项能使我们作出诸如"如果是 SOV,那么通常用后置词"之类的蕴含表述,这一事实意味着我们已选择的参项不只是任意的,相反,我们选择的参项使我们获得有关那些语言的结构和有关一般跨语言类型的重要知识。这还表明类型研究和共性研究密切联系的另一个方面:如果我们有一组有意义的参项,它们的数值还表现出很高的相关程度,那么这些参数值之间的关系网络同样可以用一个蕴含共性(绝对共性或倾向共性)的网络表示出来。

很明显,逻辑上彼此独立但可以以这种方式联系起来的参项网络分布越广,进行类型研究的依据越有意义。在另一个极端,从没有意义又彼此独立的类型参项出发,例如从有或没有颚鼻音之类的参项出发,我们也许会想象一种整体类型,就是说,某一组类型参项逻辑上彼此独立但实际上互相联系密切,因而能使我们确定任意一种语言结构的整体,至少是语言结构的大部分所属的类型。例如,生物分类就是这样进行的,确定一种动物属于哺乳动物意味着若干逻辑上彼此独立的标准(如胎生、毛皮覆盖、外耳、哺乳)之间有重要的联系。在语言类型研究的历史中,已经有过若干努力,想提出一些这样的语言整体类型。其中有一种是形态类型,它把语言分成孤立型、黏着型、融合型,有时还加上多重综合型,这将在2.3节里讨论。近来,根据 Greenberg 研究词序类型所作的一些概括,有些语言学家已经建议词序类型(如 VO 和 OV 的区别)同样能确定整体类型,这个问题我们在第4章再讨论。

　　本书有关部分的讨论对整体类型的一些主张颇持批判态度,认为提出整体类型主张的经验依据通常很薄弱或者不足,因此,尽管逻辑上不是没有可能存在一些相当于生物分类中哺乳动物的整体类型,已有的经验却否定这种可能性;虽然我们能够表明逻辑上彼此独立的参项常常有范围广泛的相互联系,这些联系无论在强度还是广度上都不足以确定整体类型,而只能根据不同的参项作跨语言的分类。

　　但是,有时候确实有这样一种情形,某一种语言利用某一特性要比一般自然语言充分得多,我们因此可以认为使用这个特性虽然不能确定那种语言的整体类型,但那种语言很大部分的结构中都渗透这个特性。明显的例子是把一种语言划归词格语言或声调语言。各声调语言在其他一些参项上互相差异很大;有些语言,像越南语,属孤立型,每个词只由一个词素构成;还有一些语言,像绝大多数班图语言,有复杂的形态,主要属黏着型;有些声调语言的词序以动词结尾,如缅甸语;还有一些是 SVO,如越南语。但是,词汇和/或形态上虽然有区别但都能带声调这一事实确实代表了所有这些语言共有的一个重要的一般特性,而且在声调语言里普遍发现的一些语音变化所共有的许多特性在非声调语言里没有直接相对应的情形。

有一个不同的例子可以说明同一类现象。我们可以考察一下伊迪尼语里生命度的作用。许多语言在结构上反映不同的生命度(例如,区分有生命和无生命实体,前者又区分人和动物,动物又区分高等动物和低等动物),这在第 9 章还会详细讨论,但伊迪尼语恰巧在结构里有特别大量的逻辑上彼此独立的生命度反映。在伊迪尼语里,生命度基本上是一个程度问题,而不是一个绝对的截止点,因此当某一个结构特征跟有生命物而不是无生命物相联系时,这通常意味着这个特征多半用于所指对象在生命度等级上较高的名词短语,而不是必定只用于所指对象在该等级上超过某一点的名词短语,绝不用于该点以下的名词短语,虽然在某些情形里存在截止点。生命度的一种反映是选择不同的指示代词,例如,"那(个)"用于生命度较高的名词短语多半是 ŋunʸdʸu- 的形式,用于表示人的名词短语时必须是这个形式,而用于生命度较低的名词短语时是 ŋuŋgu-。在两种领属结构中,一种的领有者取属格形式(例如 ŋadʸin dungu[我的头]),另一种就把领有者作为跟中心名词短语(格标记相同的)并列的同位语(例如,ŋayu dungu[我的头],字面上是"我头")。这两种形式原则上都能用于任何种类的领有者名词短语,但事实上领有者的生命度越高越有可能用属格形式。在一种叫作反被动式(见 5.3 节)的派生的非及物结构里,受事的格可以是与格或者方位格:跟指示代词的情形一样,这里也有时存在一个截止点,即指人的名词短语必须以与格形式出现,但在其他情形里与格或方位格都可选用,只是生命度较高的多半选用与格,如 buɲa wagudʲanda(与格)wawa:dʲinʲu "那个女人看见那个男人"(字面上是"女人男人看见");ŋayu balmbi:nʲdʲa(方位格)/balmbi:nda(与格)wawa:dʲinʲu "我看见那只蝉";ŋayu walba:(方位格)(walba:nda[与格],不如前者常用)wawa:dʲinʲu "我看见那块石头"。涉及生命度的那些结构互相差别很大:指示代词的形式,不作直接宾语的受事的格标记,领属结构的选择等都有差别;根据生命度跟这些结构每一种都有关系这一事实,我们可以说伊迪尼语里的生命度对于确定这种语言的类型要比确定其他大多数语言的类型更重要。我们因此还可以说跟生命度密切相关是伊迪尼语这种语言特有的类型特征。但在更一般的类型研究里它不能充当一个重要参项,尤其是因为那些跟生命度不特别相关的语言并不构成一个自然类。它也不是确定伊迪尼语整体类型的依据,因为伊迪尼语结构的绝大部分跟生命度无关。关于语言、语族或语言区域特有的类型参项的其他例子将散见于以后各章的有关部分。

2.3 形态类型

在类型研究的历史上曾经提出过好些研究整体类型的依据,其中有两个至少从历史的观点看特别重要。第一个是形态类型研究,在 19 世纪和 20 世纪初曾占支配地位,但在一般语言学的教科书里仍保有确定的地位;这也是本节讨论的主题。第二个是第 4 章要讨论的词序类型研究。虽然本书的观点是这两种研究事实上都没有为整体类型研究提供依据,但两种研究都能用来给语言结构的很大一部分确定类型。

形态类型研究有很长历史,至少开始于 19 世纪初,但是已经有倾向表明这种类型研究的某些原则已趋僵化。在这一节我们的目的不仅是介绍这门有关形态类型的传统学问,而且要考察一些改进的方面。如果要从这种划分语言类型的方法中尽可能获取最充分的好处,这些改进是可能也是必需的。但是首先,我们要考察一下这种传统的分类法。

形态类型学通常承认三种典型的语言类型:孤立型、黏着型、融合型,有时还加上第四种:多重综合型(合成型)。孤立语是没有形态变化的语言,也就是说,至少完善的典型是词和语素一一对应的语言。接近于孤立型的语言的一个例子是越南语,可以用以下句子来说明:

Khi tôi đến nhà bạn tôi, chúng tôi bắt đầu làm bài.
当 我 来到 家 朋友 我 复数 我 开 始 做 功课
"When I came to my friend's house, we began to do lessons."
(我来到我朋友家后,我们开始做功课。)

这个句子里的每一个词都不发生变化,例如没有时(比较英语 come/came[来], begin/began [开始]现在时和过去时的区别)或格(注意越南语都用 tôi 表示英语 I[我]和 my[我的])这类形态变化;也许更引人注目的是,代名词的复数是另用一个单独的词而不是用形态手段表示,因此 tôi(我)的复数是 chúng tôi(我们)。此外，一般情形是每个词只包含一个语素，bắt đầu（开始）可能是例外，因为根据某些标准，如意义统一的标准，可以争辩说它只是一个词，但至少在词源上它可以分为两个语素：bắt（把住）和 đầu（头）；在确定词和语素究竟有没有一一对应的关系时有一些问题，下面我们还会讨论。

在某些有关形态类型的论述中，有时会遇见单音节语这个术语，用来补充或者取代孤立语。虽然在孤立语和单音节语之间存在某种联系，但两者原则上性质不同，而跟形态类型研究有关的是孤立结构。比如，我们可以想象这样一种语言，它没有形态变化但每一个词（＝语素）可以包含任意数目的音节。相反，我们也可以想象这样一种语言，它有某些形态变化，但这些形态变化只限于辅音和声调，不影响词的单音节性质。因此我们在这里保留孤立这个名称。

在黏着语里，一个词可以包含不止一个语素，但词内语素和语素之间的分界总是明确的；此外，语素至少保持一定的形式，因此按照语音形式识别语素也是很简单的。土耳其语可以作为一个例子，我们具体从名词的词尾变化来说明。土耳其语里，名词有数和格的变化（还有其他参项如领有者，这里不作讨论），整个系统包括两个数（单数、复数）和六个格（主格、宾格、属格、与格、方位格、离格）。但是，对于一个给定的名词形式，总是可以明确地分出词干、数词缀（单数为零形式，复数为-lar）、格词缀（主格为零形式，宾格为-ι，属格为-ιn，与格为-a，方位格为-da，离格为-dan），例如，adam（男人）一词的词形变化表如下：

	单数	复数
主格	adam	adam-lar
宾格	adam-ι	adam-lar-ι
属格	adam-ιn	adam-lar-ιn
与格	adam-a	adam-lar-a
方位格	adam-da	adam-lar-da
离格	adam-dan	adam-lar-dan

(注意复数词缀总是位于格词缀前。)正如黏着这个名称(英语 agglutinating,比较拉丁语 gluten[黏胶])所表示的,各个词缀好像一个后面又接一个地黏在一起(如是前缀,则是一个前面又接一个)。

然而,在融合语里语素和语素之间没有这种明确的分界,融合语的特点是同一个词内不同范畴的表达融合成一个单一的不可分的形素。这可以用俄语的名词词尾变化来说明:俄语区分两个数(单数、复数)和六个格(主格、宾格、属格、与格、工具格、前置格)。此外,俄语里即使融合的词缀也不是形式固定不变,因为不同的词尾变化种类使用不同的词缀。这可以从下面名词 stol(桌子)的词尾变化形式(Ia)和 lipa(椴树)的词尾变化形式(II)中看出:

	Ia		II	
	单数	复数	单数	复数
主格	stol	stol-y	lip-a	lip-y
宾格	stol	stol-y	lip-u	lip-y
属格	stol-a	stol-ov	lip-y	lip
与格	stol-u	stol-am	lip-e	lip-am
工具格	stol-om	stol-ami	lip-oj	lip-ami
前置格	stol-e	stol-ax	lip-e	lip-ax

显然，根本无法把像属格复数 stol-ov（桌子[复数]的）的形式分出一个数词缀和一个格词缀，因为整个词缀-ov 是把格和数两种标记融合在一起的一个单一的词缀（一个融合形素）。而且，即使知道-ov 在词尾变化表 Ia 里是属格复数词缀，我们仍然无法预测属格复数词缀在词尾变化表 II 里是什么形式，如在上例中它恰巧是零形式。

有时我们发现用曲折或屈折的名称取代融合，但表示相同的意思。本文不这么做是为了避免可能造成的术语混乱：跟孤立语相对立，黏着语和融合语两者都有屈折变化，因此用"曲折"或"屈折"取名的术语只指称这两种类型中的一种会引起误解。既然另有一个术语融合可以使用，那就利落地解决了术语上的困难。

有时但并不总是，还需要加上第四种类型，即多重综合型或合成型。虽然这两个术语有时交替使用，但是对两者加以区别还是可能也是可取的。合成是指这样一种可能性，即把若干个词汇语素合并成一个词。这种可能在英语里有限存在，即各种复合构词过程，如把词汇语素 swim（游泳）和 suit（衣服）组合成复合词 swimsuit（游泳衣）。而在某些语言里，这种复合过程有极大的构词能力，构成特别长的词，由许多词汇语素复合而成，往往可以对译英语中的整个句子。例如，楚克奇语里 tə-meyŋə-levtə-pəɣt-ərkən（我头痛得厉害），其中包括三个词汇语素：meyŋ-（大，强烈），levt-（头），pəɣt-（痛），另外还有两个语法语素 t-（第一人称单数主语）和-rkən（未完成体）。

然而，多重综合却是指这样一种语言事实，在这种类型的语言里，可以把许多语素，不管是词汇语素还是语法语素，组合成一个词，常常相当于英语整个句子，如爱斯基摩语（西伯利亚尤皮克语）

里的 angya-ghlla-ng-yug-tuq（他想要获得一条大船），字面上是"船–巨称–获取–愿望–第三人称单数"。跟楚克奇语不同，爱斯基摩语里一个词只包含一个词汇语素，其余都是语法语素，也就是说，爱斯基摩语是多重综合语而不是合成语。可见，合成是多重综合的一种特殊情形，即若干词汇语素可以组合成一个多重综合词，因此我们将把多重综合作为统称，指整个这种类型。

有许多开列形态类型的名单不包括多重综合型，原因之一是包括多重综合型会破坏整个形态类型的同质性。虽然我们把上述楚克奇语和爱斯基摩语的例子确定为属于多重综合型的实例，它们显然也是黏着型的实例：在楚克奇语的例子里，我们可以分出各别的词汇和语法语素，而且它们的形式大致不变（主要例外是出现元音 ə 把辅音群分开，特别出现在语素交界处，不过这大致可以预测）；同样，在爱斯基摩语的例子里，我们也能轻易地分出各别语法后缀，它们的形式也保持不变。（如果对楚克奇语和爱斯基摩语作较彻底的研究，还会清楚地看出这两种语言也有某种程度的融合，虽然这种融合跟多重综合并不互相影响。）可见，黏着和多重综合代表两个不同的参项，各自可以独立起作用，它们不是同一个参项的不同数值。

但是，根据这个理由把多重综合型排除在形态类型之外不一定是合理的，特别是因为从每个词包含的语素数量来看，多重综合语确确实实跟孤立语形成对立：孤立语每个词只包含一个语素，而多重综合语，或典型的多重综合语每个句子只包含一个词，而这个词又包含表达意欲表达的意思所必需的语素数量。总之，这表明我们应该放弃只按照一个设定的适用所有形态类型的参项划分形态类型，而应该使用两个参项。一个这样的参项是每个词包含的语素数,它的两个极端是孤立型和多重综合型。另一个参项是词内各语素容易切分的程度,它的两个极端是黏着型(很容易切分)和融合型(无法切分)。我们可以把这两个参项分别称作综合指标和融合指标。需要指出,按照定义,融合指标跟讨论孤立语不相关。在其他方面,传统上称作多重综合型的语言成为综合指标高的语言(另外,它们可以有也可以没有高的融合指标;由于下面论述的理由,综合指标非常高的语言,其融合指标不可避免将是低的,尽管这两个参项在逻辑上彼此独立)。传统上属于黏着型的语言相当于融合指标低的语言(另外,按照传统的四分法,其综合指标不高也不低,也就是说,既不是孤立型也不是多重综合型)。最后,传统上的融合型语言相当于融合指标高的语言(但孤立语既没有高融合指标也没有低融合指标:这个指标对它根本不适用)。

上面的讨论已暗中引入形态类型的另一个方面。我们在讨论开始时曾过于简单地假设形态类型包括三种或四种典型的类型,在这些类型内我们可以划分世界上各种语言。但事实上,虽然我们能确立这些典型的类型,世界上绝大多数(也许全部)语言并不确切地相当于这些类型中的某一种类型,而是在综合指标和融合指标上都介于两个极端之间。因此形态类型研究给我们提供的不是离散类型而是连续类型,也就是说,给定一种语言,我们可以给这种语言在由综合指标和融合指标各自限定的连续体上分配一个位置。我们将在以下各段说明这一点以及一些另外的附带问题。我们先从综合指标说起。

从综合-分析这个平面上看,显然有些语言至少接近分析一端,也就是说,词和语素几乎一一对应,上面所举的越南语就是一个适当的例子。但是,大概没有一种语言能接近另外一端,也就是说,没有一种语言必须把尽量多的语素组合成一个词,因而词和句子两者完全等同。例如,虽然在爱斯基摩语里容易发现只由一个词组成的句子,这个词又由许多语素组成,但也同样容易找出由一个以上的词组成的句子,而且在许多情形里,把许多语素组合成一个词是不可能的:如上所述,爱斯基摩语不能把多个词汇语素组合在一起,因此如果某个词汇语素没有语义上对当的语法语素,那么这个词汇语素就无法跟任何其他词汇语素组合成一个词。楚克奇语倒是有可能把多个词汇语素组合在一起,但即使在楚克奇语里,这样做的可能性也要受严格的制约:例如,无法把一个及物主语或绝大多数不及物主语复加到动词上去,因此一个包含三个词的句子如 tumɣe kupren nantəvatən(朋友们布网)(字面上是"朋友们网布")虽然可以合并直接宾语而使词数减少到两个,得出句子 tumɣet koprantəvatɣʔat,但无法再合并主语"朋友们"得出一个由三个词汇语素组成的单词句。因此综合指标最好被看作在综合的方向上偏离典型的分析型的程度的指标。

  但是实际上即使想通过诸如用语素数除以词数的方法应用综合指标时,还会产生某些实际问题,这些问题表明对形态类型研究的理论依据还必须作进一步考察。也许最明显也是文献中讨论最多的一个问题是确定词的分界问题,由此产生一个句子包括多少个词的问题:即使在越南语里,我们也注意到词语 bắt đầu(开始)(一个词还是两个词?)有这个问题。词的规范定义"最小的自由形式"倒是能适用许多情形,在处理多重综合很丰富的语言时尤其有用,因为这种语言的个别语素往往很明显不是最小的自由形式,但处理世界上更常见的语言会产生问题,例如,英语 the man(那个人)里的定冠词 the,或者法语 je le vois(我看见他)(字面上是"我他看见")里的两个非重读代词 je(我)和 le(他),尽管有正字法的规约,仍然没有什么理由认为 the、je 或 le 是自由形式,即可以单独说出的形式(除非语言学家才单独说)。可是 je le vois 算作一个词还是三个词对法语的综合指标会造成重大差别。

综合指标还会产生另一个问题,就是在有零形素或融合形素的语言里如何计算语素的数量。英语里,"猫"的复数 cat-s 很明显是两个语素,不太明显的是单数 cat 的语素数:只有一个语素还是一个词汇语素 cat 加上一个零形式的语法语素?在进行跨语言比较时,这种或那种决定也同样对有关的统计极其重要,因为如果英语 cat 只包含一个语素,跟俄语相比,英语的综合程度就会降低,因为俄语"猫"的单数 košk-a 跟复数 košk-i 一样有一个词缀。在分析西班牙语像 cantas(你唱)的动词时,是应该把它分析为两个语素(词干 cant-或 canta-加词缀-s 或-as),还是应该把词尾里融合在一起的所有范畴(第二人称、单数、现在时、陈述语气、第一变位)都一一分出来,加上词汇语素总共得出六个之多的语素?虽然至少可以任意固定一种抉择不变,明确作出的抉择会极大地改变像西班牙语这样的语言跟像土耳其语那样的黏着语之间的对比情况,因为西班牙语有广泛出现的融合形素(尤其在动词系统里),而土耳其语里一个词含有的语素数没有或极少有争议(也许不算零形素的计数)。

现在来考察融合指标,先回顾一下前面提到的黏着这一概念的两个成分:语素可以切分和语素形式不变。在前面讨论黏着时,也许把前者比后者看得更重要,但后者不应该不予考虑,在把黏着跟融合比较时尤应考虑,因为毕竟融合指标是考虑语素形式变化的。这里,我们可以把黏着作为标准:存在着明显可以切分和形式不变的语素,然后把融合指标定义为偏离这个标准的程度。偏离这个标准的极端将是异干交替,即绝对不可切分、形式完全改变,如英语 go(去)的过去时是 went。因此,一种典型的融合型语言,其所有的形态变化将都是异干交替;如果这种语言还有典型的高综合指标,那么每个句子都将跟该语言任何其他一个句子完全不同,即部分相同也不可能。既然一种语言包含的句子数量是无穷的,显然这实际上是不可能有的情形,实际上也就是说,随着综合指标的增高,黏着对融合的比率也必须增加;说得更彻底一点,不可能有典型的融合多重综合语这样的语言存在。这表明把孤立结构和黏着结构作为基础按两种指标计算偏离度的做法是可取的。

现在我们可以看一看融合指标内部的一些问题,先看切分的可能性,再看形式的固定不变。可切分性的问题在于,它本身不是只分全可切分和无从切分两种情形,而是包含各种可切分的程度。在上面给出的土耳其语名词词尾变化表里,每种情形的切分都是明确的。但是,如果我们看一看匈牙利语的名词词尾变化,情况就不是完全这么简单,这可以从下面的形式中看出,即 ház(房子),asztal(桌子)和 folyó(河)的单数和复数,主格和宾格。

主格单数	ház	asztal	folyó
宾格单数	házat	asztalt	folyót
主格复数	házak	asztalok	folyók
宾格复数	házakat	asztalokat	foiyókat

很明显,有三个词汇语素,最小形式是 ház,asztal 和 folyó,有一个宾格后缀,最小形式是-t,还有一个复数后缀,最小形式是-k。因

此也很明显,宾格复数形式都包括三个语素。但是,不明显的是,在表示宾格或复数的辅音前有一个元音而这个元音在相应的主格或单数形式里不出现,在这种情形里,应该如何确定语素的分界? 例如,házat 应该切分为 ház-at 还是 háza-t? asztalokat 应该切分为 asztal-ok-at 还是 asztalo-ka-t,还是可以想到的 asztalo-k-at? 对于这两种逻辑可能性,即把元音算作词干的一部分和不算作词干一部分,各自都可以提出一些理由,看来这个切分问题目前还无法解决。可见这种情形跟土耳其语的情形不一样,土耳其语的切分是很简单的。但这种情形跟上面所举的俄语例子相比,不一样的程度至少相同,因为在匈牙利语里有关的每一个语素都还有一部分音段是可以切分出来的(例如宾格-t,复数-k),而在俄语里根本无法把后缀的任何一部分音段确定为格标记或数标记。我们应该设法用程度表示介于容易切分和不可切分两者之间的情形。

如果把固定不变算作黏着形态的另一个特点,那么程度居间的问题更加严重。首先,我们应该说明可切分性和固定不变确是两种不同的性质。在土耳其语里,语素通常既容易切分又固定不变,但也有一些例外:具体地说,附黏于动词的第一人称复数后缀容易切分,但有两个截然不同的形式,-ιz 和-k,各自出现在不同的时–体–式里,试比较直陈式 yap-ar-ιz(我们制作)和条件式 yap-sa-k(如果我们制作)。虽然很明显这个后缀的形式不是固定不变的,但不存在是否可以切分的问题,也就是说,这里说明的情形里黏着程度高于俄语的名词词尾变化(既不可切分又不是固定不变),但又低于土耳其语的名词词尾变化(既可切分又固定不变)。

在某些情形里,语素形式的可变性完全能根据有关语言的一般音系规则来预测。例如,土耳其语里,元音和谐规则说明为什么 adam-lar(男人[复数])和 ev-ler(房子[复数])里的复数语素形式不同(后元音后头用-lar,前元音后头用-ler,因为元音和谐不允许一个词内同时出现前元音和后元音)。这种情形大概不应该算作违反了固定不变的性质,因为这种语素的可变性是语言里其他规则作用的必然结果。可是,在其他一些情形里,语素形式的可变性代表一种连续的程度变化,变化的极端是异干交替,但在变化的大小和可预测的程度上都有一系列中间变化值:例如英语里重读元音的两种交替 divine-divinity(神的-神性)和 strong-strength(强壮-力量),在交替形式的语音差距上两者不相上下,但前一种交替基本上可以从形态上预测,后一种交替是特异的。

为了很好说明试图计算融合指标时实际产生的问题,可以比较芬兰语和爱沙尼亚语的名词词尾变化,这两种语言有很近的亲缘关系。先考察芬兰语 jalka(腿)和 lippu(旗)的变化形式:

主格单数	jalka	lippu
属格单数	jala-n	lipu-n
部分格单数	jalka-a	lippu-a
部分格复数	jalko-j-a	lippu-j-a

从以上有限的数据看出,可切分性一点没有问题:复数后缀是-j,属格后缀是-n,部分格后缀是-a;同样,语素形式几乎没有什么可变性:k-Ø 和 pp-p 这两对辅音交替可以主要(虽然不是完全)从音节结构来解释(每一对的第二个成员出现在闭音节),而 jalkoja 里出现的 o 也可以从形态(虽然不是语音)上解释。但是,爱沙尼亚语的情形就很不一样:

主格单数	jalg	lipp
属格单数	jala	lipu
部分格单数	jalga	lippu
部分格复数	jalgu	lippe

虽然这些形式从历时上都可以从接近于上述芬兰语实际形式的原始形式派生出来,但容易切分和固定不变的性质已不复存在。从词源上讲,所有的形式都是词干的不同语素变体,也就是说,每个形式都不可切分,而且每个词四种形式的变化在语音上完全无法预测。如果我们另作分析,把最后一个元音切分出来作为格或格-数后缀,词干的变化程度倒是降低了,但变化转移到后缀,例如"部分格单数"在 jalg 后是-a,而在 lipp-后是-u。这个例子不仅能用来说明给像爱沙尼亚语那样的形态系统确定融合指标时涉及的一些问题,还能说明一个更一般的观点,即一个较短的时间跨度也能使一种语言的形态类型从相当明确的黏着结构改变为融合性强得多的结构。

对以上关于形态类型的颇为详细的讨论我们可以总结如下。有两个主要指标,彼此独立,它们在形态类型研究中是必需的:综合指标,它测定每个词的语素数量(孤立语数量低,综合语数量高);融合指标,它测定黏着和融合之间的差异。在确定这两个指标的数值时实际存在许多问题,尤其是融合指标,它实际上又标指两个逻辑上彼此独立的参项,即语素的可切分性和形式不变性。尽管形态类型研究有长期的历史,很明显,我们至今还没有正视许多很基本的定义问题,因此,一当我们实际着手研究形态类型而不是仅仅说说而已时,就会遇到大量的实际问题。

要想对一种语言的形态结构类型有个总的看法,形态类型研究倒确能适用这个目的,但还不清楚的是,从形态类型跟形态以外的其他参项的相关性这个意义上讲,形态类型能不能被看作一个(或一组)重要的类型参项。当然,有少数几个参项从定义上形态类型就跟它们互相联系。比如,在第 8 章里,我们将讨论的使成结构的类型之一是形态使成式,即一个使成式通过形态变化跟它对应的非使成式相联系,而两者都只是一个词,例如土耳其语的 öl-dür(使死亡,杀死)跟 öl(死亡)相联系。显然,这种使成结构只能存在于非孤立型语言,但这是从孤立型没有形态变化的定义作出的逻辑推断,并不代表逻辑上彼此独立的参项之间的相互联系。因此,我们总的结论是,形态类型在语言类型学中占有一个牢固但是有限的地位,我们希望一般语言学的教科书将不再继续无限期地给人一种印象,好像这是划分语言类型唯一的或最透彻的方法。

2.4 一些其他类型参项

在本章,我们已经提及类型学研究史上的一些作为大范围分类基础的类型参项,特别是形态类型学(2.3 节)和词序类型学(详见第 4 章)。在第 3 章里,特别是 3.5 节,我们还将讨论一个此类类型基础,即语义、句法、语用角色以及形态的相互作用,这也可以称作小句结构类型学。在本节,我们打算讨论一些已经取得有趣成果的其他参项,但不打算对它们作详细阐述。

Nichols 最近提出用核心标记和从属语标记作为一种类型学上的两分法。把一个结构称作核心标记类型的意思是,其成分之间关系的显性标记由核心词(如动词短语里的动词,名词短语里的名词,前置词短语里的前置词)来负载。比如,下面匈牙利语的例

子中,名词短语中的领属关系的唯一显性标记就是加在中心名词上:

az ember ház-a (1)
这 男人 房子–他的
(这个男人的房子)

与此相反,例(1)的英语译文是从属语标记的,因为领属关系是标记在领有者上:

the man's house (2)

其他需要考虑的情形是一个结构可以同时是核心标记和从属语标记,比如(1)和(2)的土耳其语译文:

adam-ın ev-i (3)
男人–属格 房子–他的

而且,一个结构也可能不表现出标记,比如哈努埃语的对应结构:

nöbö ram (4)
男人 房子

此外,在一种给定语言的不同结构里,可能表现出核心标记和从属语标记的不同程度的对应。比如,印欧语基本上是从属语标记的,但由于动词里包含了主语的人称–数的信息,所以也表现出相当的动词核心标记(另外,主语角色通常通过主格包含在主语里,即通过从属语标记),如下面拉丁语的例子:

Puer puell-as am-at. (5)
男孩–主格 女孩们–宾格 爱–单数

(男孩爱女孩。)

这个类型学参项的长处不在于其对核心标记和从属语标记的区分（这可见于早期文献），而在于它尝试把这种对立跟语言结构的其他特征联系起来，从而去发现这些联系的可能解释。例如，Nichols 观察到核心标记偏向于出现在动词居首型语言。动词与其附属成分的关系有功能上的解释：核心标记在这里意味着指明动词的论元是什么，以便在小句的开头就可以确立语法关系；而在一种核心标记且动词居尾的语言里，为了确定要表达的语法关系，就要等一系列无标记的名词短语出现，直到动词出现。因此这种特殊的联系也有大脑处理上的解释。

在近期生成语法的著作里，类型分类的基本思想是由参项变异这一概念来表达的。有些语言特征被看作语言共性，即对所有语言都有限制力；这跟我们对语言共性的观念是类似的。而一些其他特征，一种语言可以在该特定参项的有限设定内自由作出选择，而一个参项通常包括一系列逻辑上独立的现象；这跟我们对类型分类的观念也相类似。例如，代语脱落（pro-drop）参项不仅包括非重读主语代词自由省略的可能性（这就是叫作代语脱落的原因），而且包括广泛存在的动词和主语的人称–数一致的出现与否，如下面意大利语的例子：

(Noi)　 cred-iamo. 　　　　　　　　　　　　　　(6)
我们　　相信–第一人称复数
（我们相信。）

因此，意大利语是一种代语脱落语言，跟英语刚好相反（不能自由地省略主语代词，没有丰富的动词一致形式）。另外一个包含在代语脱落参项里的独立现象是自由地颠倒主语和谓语的可能性,下面例子中,意大利语容许(7)和(8)都作为陈述句,而英语只有主语-谓语词序:

Gianni arriva-a. (7)
Gianni 到达-第三人称单数
(Gianni 到达了。)
Arriv-a Gianni. (8)
(Gianni 到达了。)

近期生成语法提出的参项很有争议,特别在这种总体方法的倡导者内部是如此,但是参项变异的基本思想却提供了类型学框架下研究思想的相当的凝聚。

注释和参考文献

关于语言类型研究方法的一般综述,包括较详细的语言类型历史研究的参考书目,参看 Greenberg(1974)。我自己对共性和类型之间关系的思想曾受 Keenan(1978)的影响而得以澄清。

基本词序里主语通常位于宾语前这个共性在 Greenberg(1966b:110)中列为共性1。提到的有关宾语居尾的语言的初步材料见于 Derbyshire & Pullum(1981)。

关于哈努努语颜色词的情况引自 Conklin(1955)。最初发表的关于中心色共性的论著是 Berlin & Kay(1969)。虽然该书已经受到相当多的改进和批评,但它的结论至少作为倾向共性看来还是成立的。根据知觉作出的解释见于 Kay & McDaniel(1978),该文还包括较近的有关颜色词和利用典型和模糊集建立的知觉和语言理论的参考书目。

声调规则的共性,Hyman & Schuh(1974)作过讨论,但有明显的对西非的地区偏向。Dixon(1977:110—12)讨论了伊迪尼语里广泛相关的生命度。

关于形态类型的主要经典是 Humboldt(1836)的建立在 Schlegel 兄弟较早论著基础上的那本论著;正是 Humboldt 建立了包括多重综合型的四分类型。楚克奇语的例子引自 Skorik (1961:102),西伯利亚尤皮克爱斯基摩语的例子引自 Jacobson (1977:2—3)。

这里采用的研究形态类型的方法很大程度受 Sapir(1921)第 6 章的启发;具体地说,Sapir 首先提出综合和技法两个参项(后者大致相当融合指标)。综合指标和融合指标的数值确定是 Greenberg(1960)最早提出的。关于测定综合指标和融合指标的各种可能性参看 Altmann & Lehfeldt(1973:108—12)的讨论;尽管用的是那个书名("一般语言类型学"),该书几乎全部涉及类型的数量表达。关于芬兰语和爱沙尼亚语里黏着和融合相对立的较详细说明可参看 Comrie(1982b)。有关核心标记和从属语标记类型学的讨论见 Nichols(1986),核心标记和动词居首词序之间的联系见该文 81—3 页。对近期类型学著作中提出的一些参项以及对生成语法中参项变异的批评,见 Comrie(forthcoming)。代语脱落参项在 Chomsky(1981)中有讨论。

有若干论著对一种或多种语言的结构类型作了一般考察——其实,我们可以认为这种材料应能方便地从任何一部好的语法书里查到。有关几种语言(伊斯特岛语、日语、汉语普通话)的简要描述包括在 Lehmann(1978b)一书中。对大量语言的更简略更概要的介绍参看 Shopen(1979a,b)。还请参看第 3 章注释和参考文献里提到的 Sandra A. Thompson 和 John A. Hawkins 的论著。

从类型学对一系列句法论题的详尽的总体论述参看 Shopen(1985),有理由相信该书共三卷可以充当一套伴随本书的补充读物。

3 理论前提

本章不是对语言共性和类型作实际的研究,而是概要提出几个概念,它们跟以后各章对共性和类型的一些具体方面的讨论有关。不过,3.5节通过英语和俄语基本小句结构的对比,综合了本章跟语言类型直接有关的内容。

本书正文有许多详细的讨论都以这种或那种方式涉及谓语的配价,即某一谓语(通常是动词)可带有的名词短语论元的数量和种类。传统语法里有一个明显的例子,就是认为动词 give(给)带三个论元:主语、直接宾语、间接宾语。描写动词 give 的配价还有另一种方式,就是说它带一个施事(施给者),一个受事(施授物),一个收受者。可见有好几种术语可供动词配价的描写,在这一章我们将具体考察三个术语:语义角色、语用角色、语法(句法)关系。此外,还对词形格作一简要论述(3.4节),特别是词形格跟语法关系的关系。本章的目的显然不是对谓语和其论元能联结在一起的各种关系作详尽无遗的说明,而是澄清某些跟以后讨论有关的较具体的问题。

3.1 语义角色

近来描写语言学对语义角色的兴趣大抵是从格语法的框架内

最初利用英语材料的论著引起的。格语法模式明确了一个过去各种转换-生成语法事实上都没有处理过的重要问题,即英语的各种语法关系跟语义角色的相互联系十分松散,因此为了对英语里配价的句法和语义作完整的说明,除了语法关系还需增加某些其他术语。例如,面对John opened the door with the key(约翰用钥匙打开门)、the key opened that door(钥匙打开了门)、the door opened(门打开了)这三个句子,如果只是说这些句子的主语分别是John(约翰)、the key(钥匙)和the door(门),那就没有认识每个例句里主语的语义角色有差别,这种差别可以用分配不同的语义角色来描写,即施事、工具和受事。相反,只是描写这些句子的语法关系也不能说明这一点:虽然the door有时是直接宾语有时是主语,但它的语义角色保持不变(受事);虽然the key有时是非直接宾语有时是主语,但它总是承担工具这同一个语义角色。

像刚才讨论的英语例子那样简单明了的情形,解决问题似乎还是容易的,但如果面对更广泛的材料就不会如此容易。具体地说,产生的一个主要问题是如何证明一套语义角色的合理性,以及证明语义角色具体分配的合理性。前半个问题体现在随着文献中新出现的论著增多,开列的语义角色的单子也渐趋增多。例如,如果我们区分施事和工具,如把施事定义为行动的有意识的发起者,把工具定义为施事实施那项行动所利用的手段,那么对the wind opened the door(风吹开了门)中的the wind(风)我们还需要第三个语义角色,如自然动力,因为风既不是有意识的发起者也不是某个有意识的发起者利用的工具。后半个问题可以举像John rolled down the hill(约翰滚下山)的句子为例:这里,如果只认为约翰是受事,就像他在句子Mary rolled John down the hill(玛丽把约翰推滚下山)里那样,那会引起误解,因为前一句至少有一种可能的解释是约翰有意识地使自己滚下山;另一方面,只是把约翰确定为施事同样会引起误解,因为他还经受翻滚的过程。

鉴于本书的兴趣所在,我们不想对一一列出和分配语义角色的问题提供一个总的解决办法,而只是把我们的目标限制在以下两个比较有限的方面——在阐述过程中的其他地方,我们将经常非正式地使用格语法的术语。首先,我们的讨论将限于语义角色的全体范围内较狭小的一部分,即涉及诸如施事、动力、工具、感受者、受事的那一部分,受事是指处于某种状态或将经历某种变化的实体。其次,我们将假设,如果要把一个语义角色区别出来并把它算作普遍适用的语义角色清单中的一员,必须满足这样的条件,即至少有一种语言存在跟这种语义区别相联系的某种语法区别。实际上这就是说,证明一个语义角色的合理性需要一种实际语言中这一方面的证据。这就避免了为了包括所有可能的概念区别而大量增加语义角色这个问题。

关于施事、动力、工具和受事之间的关系,我们要说明的最重要的一点是,它们与其说是一套离散的语义关系,不如说是一个连续体,这些标签都代表这个连续体上不同的点。这个连续体总的可以看作一个自控度的连续体,我们将用这个术语取代这套离散的标签,除非是非正式的场合。因此我们的任务是要弄清,对于自控度的区别,能不能在一种或多种语言中找到一些语言形式具体反映以下一些可以作出的概念区别:有意识发起者(John opened the door 里的 John),无意识发起者(the wind opened the door 里的 the wind),无意识工具(John opened the door with the key 里的 the key),受行动影响的实体(以上每个例句里的 the door)。

如果考查像 I fell（我跌倒）那样的英语句子，不存在任何表示"我"施加的自控程度的语法标志：情形也许是我故意跌倒（完全自控），情形也可能是我不小心而跌倒（没有施加潜有的自控），情形还可能是我不经心地屈从于一个敌对宇宙的作用或者被推倒（没有自控）。但是，在有些语言里，可以在某些结构里表达这类区别。例如，上面那个英语句子在特索瓦-图斯语里有两种翻译法：(1)不及物主语是通格；(2)不及物主语是作格，而作格通常是留给及物主语的：

So　　vož-en-so　　　　　　　　　　　　　　　（1）
我–通格 跌倒–不定过去时–第一人称单数：通格

As　　vuiž-n-as　　　　　　　　　　　　　　　（2）
我–作格 跌倒–不定过去时–第一人称单数：不定过去时

两者的区别完全是自控度的区别：(2)隐含的意思是我对描述的事件有较多的自控，也许是我故意跌倒，更可能是我本应施加自控但没有施加；但(2)不能用来描述不是由于我自己的过失而跌倒的情形。契卡索语里有基本相同的区别，只是这种区别是用两组不同的附着于动词的人称–数词缀表示的：

Sa-ttola　　　　　　　　　　　　　　　　　　　（3）

Ittola-li　　　　　　　　　　　　　　　　　　　（4）

两者都可以译成英语 I fell down（我跌倒了），但(4)是较特殊的形式，表示我故意跌倒。虽然这种跟不同的自控度相联系的区别在世界各种语言里零星出现，我们还不知道有任何一种语言，其格标记或动词一致关系的系统无例外地全面体现这种区别，也就是说，形态的这一部分变化会纯粹取决于语义角色。在特索瓦-图斯语里,这种对立形式只限于第一和第二人称代词。在契卡索语里,有大量动词似乎就是需要这组或那组词缀,但跟自控度没有关系,例如 îla-li(我不一样),并没有标记表明我故意跟别人不一样。

自控度差别在各种语言里经常表现出来的另一个方面是使成结构,在第8章将有较详细的讨论。这里,我们只给出一些例子,说明被使者所持的自控度由于表示这个语义角色的格不同而不同。例如,在日语里,有两种方式翻译"太郎使次郎离去",一种译法次郎是宾格(后置词 o),另一种译法用后置词 ni(用于好些不同的语义角色,如收受者、方位、工具):

Taroo ga Ziroo o ikaseta. (5)

Taroo ga Ziroo ni ikaseta. (6)

区别在于(5)把最小的自控度分配给次郎,而(6)容许次郎曾持有较大的自控:例如,(5)通常相当于"太郎迫使次郎离去",而(6)相当于"太郎设法使次郎离去,说服后使他离去,礼貌的请求使他离去"。卡纳达语里及物动词的使成式有类似区别,例如:

Avanu nanage(与格)bisket̪annu tinnisidanu. (7)
(他迫使我吃[喂我]一块饼干。)

Avanu nanninda(工具格)bisket̪annu tinnisidanu. (8)
(他设法使我吃一块饼干。)

句子(7)的含义是被使者(被使役而动作的人)持极少或不持自控,可适用于像给婴儿喂食或强迫绝食抗议者进食的情形,而(8)的含义是主使者通过间接的办法使被使者吃饼干,例如通过说服而不是强力。

从自控度这个参项看,似乎感受者和受事之间没有什么区别,因为通常人们对自己的感觉经验没有自控能力:我们可以决定要不要看某样东西,但不能决定(除非是比喻说法)要不要看见某样东西。但还是有一个重要区别,一个实体要成为感受者的先决条件是有感觉能力,能够接受感觉经验,这一点对于在自控度的连续体上把感受者区别于受事(受事可能是,但也不一定是有知觉的),以及把感受者区别于其他非受事是至关重要的:感受者对感觉印象的接受没有(必需的)自控。虽然许多语言把感受者就当作行动发起者一样处理,如英语 I hit the man(我打了那个人)和 I saw the man(我看见那个人),但仍有许多语言对两者加以区分。例如,在拉克语里,知觉动词的主语用与格,而及物动词的主语通常用作格:

Buttan(与格)ussu xxal xunni. (9)
(父亲看见兄弟。)

Buttal(作格)bavxxunnu ur ču. (10)
(父亲卖掉那匹马。)

使成结构有时也表现出感受者和非感受者充当被使者的区别。例如,在法语里,及物动词使成式里的被使者通常有两种表达形式,或者用与格(前置词 à)名词短语,或者用前置词 par(被):

J'ai fait manger les gâteaux à/par Paul. (11)
(我使保罗吃那些糕点。)

但是,当表示结果的动词是知觉动词时,感受者-被使者只能用与格:

J'ai fait voir les gâteaux à/ * par Paul. (12)
（我使保罗看见那些糕点。）

上述讨论似乎表明自控度连续体和感受者与受事的区别都跟生命度有关,但实际上把这两个参项区分开来是很要紧的。像自控度和感受者之类的概念是指谓语和它诸论元之一之间的关系。而生命度的等级,我们第9章还要详细讨论,是跟名词短语的固有特性有关,跟它们在具体结构里担任的角色无关。例如,名词短语the man(那个人)的生命度总是高的,但它的自控度可以变化,在the man deliberately hit me(那个人故意打我)里自控度高,在 I hit the man(我打那个人)里自控度最低,而在 the man rolled down the hill(那个人滚下山)里自控度可高可低,看具体作哪一种解释。相互关系和固有特性之间的区别从像特索瓦-图斯语句子(1)和(2)之间的对立看得特别清楚:名词短语"我"在两个例句里生命度都非常高,但自控度不同。较概括地说,高的生命度对于一个名词短语被理解为有高的自控度或理解为感受者是必要的,但不是一个充足条件。

3.2 语用角色

所谓语用角色或语篇角色,我们指同一信息或同一语义内容用不同的结构形式反映新信息和旧信息流向的种种方式。说明名词短语语用角色的区别,一个简单的方法是取一问一答两个序列:

——Who saw bill? ——John saw Bill/him. (13)
（——谁看见比尔？ ——约翰看见比尔/他。）

—— Who did Bill see? —— Bill/he saw John.　　　(14)
(——比尔看见谁？——比尔/他看见约翰。)

在这种交谈里,其实跟任何自然语篇一样,通常的情形是说话者和听话者共同具有某些信息,但也有一些信息不为他们所共有。例如在(13)里,问话者假设他自己和交谈者都知道有人看见比尔,问话者想要获得一点新信息;这个新信息是回答者用名词短语 John(约翰)提供的。同样,在(14)里,问话者假设比尔看见一个人是共有知识,并要求获得一点新信息,就是回答者提供的 John。跟语义角色不一样,在谈及语用角色时,我们不仅仅限于名词短语,因为新信息可以是动词短语,如(15),甚至可以是整个句子,如(16),但出于眼下的目的,我们实际上只限于名词短语的语用功能:

—— What did Bill do? —— Bill/he went straight home.
(——比尔干什么了？——比尔/他直接回家了。)　　(15)
—— What happened? —— Bill went straight home.　　(16)
(——发生什么事了？——比尔直接回家了。)

描写语用功能的术语甚至比描写语义角色的术语还不统一,分歧除了纯术语性的还有概念上的,但出于眼下的目的我们只需作出两种区分;下面我们将介绍表示这两种区分的术语,这些术语不仅这儿使用,而且本书其余部分都继续使用。句子包含的基本新信息将称作焦点。例如(13)的焦点是 John,(14)的焦点也是 John,(15)的焦点是 went straight home(直接回家了),(16)的焦点是 Bill went straight home(比尔直接回家了)。一问一答的序列特别适用于说明焦点的区别,因为问话的性质强使回答者(假定他是合作的)选择他答语的某一部分作为焦点。不过,焦点和非焦点的区分适用于任何句子。

通常,英语里焦点没有语法形式的标志,虽然在口语里焦点常通过分配句重音(语调核心)在语调上有表示。但是,有些语言有这种语法标志。例如,在匈牙利语里,焦点必须直接位于限定动词前(跟特指问句里的疑问词一样)。例如问话"谁看见佐利?"在匈牙利语里可以用(17)或者(18)来问,同样答语"维利看见佐利"也可以用(19)或者(20)表达,但是不可能还有其他的词序,因为其他词序势必使焦点脱离动词前的位置:

Ki látta Zoli-t?	(17)
Zoli-t ki látta?	(18)
Vili látta Zoli-t.	(19)
Zoli-t Vili látta.	(20)

(上述例句里,-t 是宾格(直接宾语)后缀;在直接宾语是定指的场合用 látta[他看见],其他场合用 látott。)在匈牙利语里,这条规则独立于语法关系而起作用,因此即使焦点是直接宾语,它也必须直接位于动词前:

Ki-t látott Zoli? 或 Zoli ki-t látott?	(21)
(佐利看见谁?)	
Zoli Vili-t látta 或 Vili-t látta Zoli.	(22)
(佐利看见维利。)	

即使在英语里,也有一个焦点是词序决定因素的例子,就是在特指问句里表示焦点的 wh-疑问词必须位于句首(或属于句首名词或介词短语的一部分),因此尽管直接宾语在英语里通常位于主要动

词之后，我们仍然有 who(m) did Bill see?（比尔看见谁?）绝对不是每种语言都必须表现这种跟焦点相关的情形，例如，在汉语北方话里，相当英语 who does Zhangsan see? 的是"张三看见谁?"，疑问词"谁"不在句首位置。

我们要介绍的第二种区分是话题和评述的区分。我们把话题（句话题）定义为"句子关涉的东西"；句子的其余部分是评述。同样，理解这种区分的最简易的方法是考察一问一答，其中话题的选择是强制的。例如，在英语里，如果有人像 and what about Bill?（比尔怎么样呢?）那样提问，那么他的交谈者如果是合作的话就不得不在答语里选择 Bill（比尔）作话题。具体地说，如果对话由甲起头，说 Bill sold the car（比尔把汽车卖了），然后乙问 and what about John?（约翰呢?），那么甲必须继续对约翰有所说明，例如 John sold the bike（约翰把自行车卖了），John didn't sell his car（约翰没有把车卖了）。相反，如果乙问的是 and what about the bike?（自行车呢?），那么甲就不得不在答语中用 the bike（自行车）作话题，如 Bill didn't sell the bike（自行车比尔没有卖），或 John sold the bike（自行车约翰卖了）。由于两个问话用 John sold the bike 回答都合适，这表明英语通常没有表示话题和非话题（评述）对立的语法标志。但是，有些语言确有这种标志，例如日语有一个话题专用标记 wa 用来表示句子的话题。

虽然英语通常没有表示话题或焦点的语法标志，但某些范围较有限的话题和焦点可以有语法标志。它们是对比话题和对比焦点，也就是在一组限定的话题或焦点内想要选择的一个话题或焦点。对比话题在英语里，特别在英语口语里，用提前的话题名词短语表示，如 John, I know（约翰，我认识）；其含义是，在可能充当话题的各个实体的范围内,有一个叫约翰的我认识,但我并没有表明我是否还认识其他人。对比焦点是采用句首是 it's X that(……的是 X)的结构,其中的 X 代表焦点名词短语。例如,如果有人拿给我一批书问我具体要哪一本,我可以用 it's that one over there that I want(我要的是那边一本)来回答。但是,在英语里,这些结构不是一般的话题结构或焦点结构,因此,举例来说,如果在一章的开头平白地说 in this chapter it's relative clause that we're going to talk about(在这一章我们要讨论的是关系小句),那是不合适的,即使 relative clause(关系小句)是意欲表达的焦点。

跟语义角色一样,对于语用角色,我们也必须强调我们关注的是各名词短语论元和它们的谓语之间的关系,而不是名词短语的固有特性。一方面是话题和焦点,另一方面是有定和无定,为了适当地区分这两个方面,强调这一点是必要的。在回答 what did you see?(你看见什么?)的问话时,焦点可以是有定或者是无定的,如 I saw the dog(我看见那条狗)或 I saw a dog(我看见一条狗)。如果回答者假设交谈对方能根据上下文或情境识别所指的那条狗,例如那条狗早已在先前的交谈中提及,那就用前者回答;如果回答者假设对方无法作出这种识别,那就用后者带不定冠词的回答。在前一种回答里,the dog(那条狗)在某种意义上属于旧信息,因为说话者和听话者早已获知它指某个已知实体,但是,重要的不是这个名词短语本身的语用性质,而是它跟句子其余部分的语用关系;虽然预先设定那条狗属于说话者和听话者储存的共有知识,新的信息在于这个实体跟我看见这个行动之间的确切关系。在用 a dog(一条狗)回答时,所说的那条狗既是本身第一次提及,又是第一次跟我看见联系起来。由于名词短语固有的语用特性和表示关系的语用特性之间的区别,新信息和旧信息这对术语可能引起混淆。为了避免这种可能的混淆,我们用有定/无定这对术语表示固有特性,用话题/焦点这对术语表示关系特性。

3.3 语法关系

绝大多数对英语句法以及许多其他语言的句法的描写都假设,也许除了本章前面所讨论的那类语义角色和语用角色外,在名词短语和它的谓语之间还有缔结的纯句法关系。不管这种句法关系跟语义关系或语用关系的联系多么密切,也不能把它跟语义或语用关系等同起来。这种关系可以就叫"句法关系",但是因袭近代传统,事实上通常的名称是"语法关系",本书要使用的也是这个名称;但是需记住语法这个名称在这里是狭义的,实际上指句法。传统和近期文献中通常提出的语法关系是主语、直接宾语、间接宾语。

语义角色和语用角色的功能很容易理解,因为语言需要表达各种语义关系并按照信息流向以某种方式把这些关系组合起来;但是,人类语言究竟为什么要有语法关系,说得一般些,人类语言究竟为什么要有句法(语言学意义上的句法),相比之下还很不清楚。虽然有些人曾试图取消句法,他们试图证明一切都可以从语义学或者语用学来解释,但是没有一种尝试给我们哪怕是稍许接近成功的印象,因此,看来人类语言仍保持这样的实况,即它们确实有句法,许多语言还确实有不能转化为基本语义或语用关系的语法关系。本书也承认这种语法关系确实存在,但是跟近来研究语法关系的许多论著(特别是关系语法)不一样,我们认为句法有许多部分只能结合语义学和语用学才能理解,更具体地说,只有结合语义角色和语用角色才能全面了解各种语法关系。关于这一点,我们在第 5 章较具体地考察一种语法关系即主语时还会作比较详细的说明。眼下我们只需说明,至少有关语法关系性质的许多方面可以从语义角色和语用角色的相互作用来理解:例如,对主语身份的理解可以把典型的主语看作施事和话题的交迭。

许多有关语法关系的论著理所当然地认为某些语法关系的存在是由一般理论决定的——具体地说,这些语法关系指主语、直接宾语和间接宾语,它们跟其他(旁接)名词短语即那些跟谓语有其他某种关系的名词短语是对立的——而考察某一种语言的语言学家必须在这种特定语言中弄清楚哪些名词短语表现出这些特定关系。本书采取一种不同的方法,就是说,为了断定某一种语法关系在一种特定的语言里存在,这个断言必须有语言内部和跨语言两方面的证据。从语言内部来说,这意味着要认定某种语法关系在某一种语言里有句法上的意义,必须确定若干逻辑上彼此独立的标准。从跨语言方面说,问题比较复杂,以下主要属于建议的性质:要给两种不同语言各自独立确定的语法关系指定同一个名称,必要的条件是这两种语言中的这些关系有相当程度的一致,例如在对应译文中它们出现的情况一致。虽然有许多情形还不清楚,但这种方法在分析主语时显然把这样一种语言排除在外,假如在这种语言里唯一认定出现的主语在英语译文里都相当于由介词 notwithstanding(尽管)起头的介词短语。

要说明这一点有一个办法,就是举一个通常被当作一种语法关系而这种方法根据可以获得的证据证明它多半不是一种语法关系的例子,这个例子就是英语的间接宾语。在许多传统语法里这个术语的使用很不严格,例如,我们被告知间接宾语既可以不带介词出现在直接宾语前(如 I gave John the book[我送给约翰那本书]),又可以带介词 to(给)出现在直接宾语后(如 I gave the book to John[我送那本书给约翰])。因为这是对同一种语义角色的两种很不一样的句法表示,这样使用间接宾语的术语似乎是在指一种语义角色(新近的术语是收受者)而不是指一种语法关系;名词短语 John(约翰)和介词短语 to John(给约翰)除了语义相似,两者几乎没有其他共同之处,例如,它们充当被动句主语的能力就不一样,试比较:John was given the book(约翰[有人]送给他那本书),但不能说 *John was given the book to.

  正统的关系语法故意回避这种困境,并且认为在 I gave John the book 的说法里,名词短语 John 是直接宾语,不管它是什么语义角色,而把间接宾语的名称限于 I gave the book to John 的说法里对当的论元。但是,这种指派没有触及的问题是英语内部有什么证据可以确立一种独立的语法关系间接宾语。也许有一种合适的测试标准,间接宾语允许上述跟 give(送给)有关的两种结构交替使用,也就是说,跟一个带间接宾语的结构相对应,存在一个该名词短语以直接宾语出现的交替结构。但是,这个标准——除了它只是一个单一的标准因而不完全符合要有一组逻辑上彼此独立的标准这个要求外——在两个主要方面不合适。首先,这种结构交替在很大程度上受词汇的制约,因此对于许多我们直觉上预期会发现间接宾语的结构,不带介词 to 的交替结构不可能存在,例如,可以有 I attribute our failure to his malevolence(我把我们的失败归咎于他的狠毒),但不能有 *I attribute his malevolence our failure;不过,对这个反例也许可以回答说(虽然有循环论证的危险)attribute(归咎)的 to 论元不是间接宾语。其次,这种交替不仅适用于假设的间接宾语,而且也适用于受益者,例如 I bought this book for John(我买这本书给约翰)和 I bought John this book(我给约翰买这本书)的交替。当然我们仍然可以用循环论证回避这个问题,说在英语里受益者是间接宾语的一个小类,但这又会遇到新的问题,因为有许多说话人认为这种交替的受益者结构在被动句里的表现不同于收受者结构,例如许多说话人容许说 John was given the book 但不说 * John was bought the book. 所以,在英语里看来不但没有证据支持反而偶尔有证据反对间接宾语作为一种独特的语法关系而存在。类似的警告也适用于许多其他语言里设定的间接宾语,看来对这种特定的语法关系还需作跨语言的重新考虑。

从反面加以说明后,我们将从正面作概要说明,并拿胡衣霍尔语作为示例。在胡衣霍尔语里,有几种逻辑上彼此独立的测试标准使我们能确立两种语法关系,即主语和(直接)宾语(我们给"直接"加上括号,因为没有跟它相对立的语法关系:间接宾语)。主语具有以下特性:

(a) 主语有一些独特的后缀用于数量有限的名词短语类型,而所有非主语另有一组不同的后缀用于这样一些名词短语类型;在(23)里,主语后缀是-tɨ:

Tɨɨri yɨnauka-tɨ   me   -wa
孩子   四个   第三人称复数   第三人称复数
-zeiya uukaraawicizɨ yɨhuuta-me.   (23)
看见   女人   两个
(四个孩子看见两个女人。)

(b) 主语引出单独一组动词和主语一致的前缀；在(24)里，前缀 pe-肯定是表示主语的前缀：

Eekɨ　pe　　　　　-nua.　　　　　　　　　　(24)
你　　第二人称单数　到达

(你到达了。)

(c) 只有主语能引出领属反身前缀 yu-，例如在(25)里，那根棍子肯定为打人的人所有，不会为被打的人或某个第三者所有：

Miikɨ　yu-kɨye　-ki　me　　　　-pe-i
他们　　棍子　　工具　第三人称复数　第三人称单数
-kuuwaazɨ　　　　　　　　　　　　　　　　　　(25)
打

(他们用他们的/﹡他的棍子打他。)

(d) 当某些时间小句的主语跟主要小句的主语是同指成分时，时间小句的动词后必须加一个特殊的后缀，如(26)里的-ka；在所有其他情形里(例如主语不一样，即使其他名词短语也是同指成分)，使用一组不同的后缀，如(27)里的-ku：

Nee　ne　　　　　-nua-ka,　paapaa　ne
我　　第一人称单数　来到　　　玉米饼　　第一人称单数
-p-ii　　　　-ʔɨitɨ.　　　　　　　　　　　　(26)
第三人称单数　给

(我来到后，我给他一块玉米饼。)

Uuka　nua　-ku,　nee　ne　　　　　-petɨa.　(27)
女孩　来到　　　　我　　第一人称单数　离去

(那个女孩来后,我离去了。)

这四种测试标准很明显在逻辑上彼此独立而又都起到识别单独一组名词短语的作用,从而在语言内部确立一种语法关系。此外,这些名词短语和其他语言对当译句里的主语在很大程度上相一致,因此我们毫不犹豫把这种语法关系称作主语。

识别胡衣霍尔语里的直接宾语有两条标准:

(a) 动词的一致关系。因为除了表示动词和主语一致的前缀,胡衣霍尔语还有一套独特的前缀,表示跟直接宾语的一致关系:

Taame eekɨ te　　　　 -meci　　　　 -zeiya.　　　　(28)
我们　你　第一人称复数　第二人称单数　看见

(我们看见你。)

(b) 有可能作为被动句的主语出现。因为在胡衣霍尔语里只有直接宾语具有这个特性:

Tɨɨri me　　　　 -puutiweiya.　　　　(29)
孩子　第三人称复数　打-被动

(孩子们挨打了。)

把这两个逻辑上彼此独立的特性结合起来就可以从语言内部识别直接宾语这种语法关系。跟其他语言相比较,这样识别的名词短语跟直接宾语有很高的相关程度,从而证明用这个术语指称这种语法关系是合理的(虽然用像基本宾语那样比较中性的术语更可取,因为胡衣霍尔语没有独立的间接宾语这种语法关系)。但是,这种跟其他语言的一致在这里并不是完全的,因为在一个同时包含一个受事和一个收受者的胡衣霍尔语句子里，充当直接宾语的是收受者而不像许多其他语言那样是受事：

Nee	waakanaari	ne	-meci		
我	小鸡	第一人称单数	第二人称单数		
-tɨkiitɨ	eekɨ.				（30）
送给	你				

（我把那些小鸡送给你。）

Eekɨ	tumiini	pe	-puuzeiyastɨari.	（31）
你	钱	第二人称单数	出示-被动	

（给你看过那些钱。）

尽管某些情形里有这种不一致，但是在其他情形里互相一致的程度很高，足以证明这种识别是合理的。总之，跟讨论其他语言时一样，我们也使用主语和直接宾语这两个术语，这已经由它们使用时跨语言的一致性证明是合理的：当然在胡衣霍尔语里给各个名词短语分配这两种语法关系还是由这种语言特有的跟这两种语法关系相关的标准所决定的。

在我们选择的这个特定例子里，即胡衣霍尔语的例子里，识别每一种语法关系的所有标准在每一个结构里都会聚到同一个名词短语（至少根据我们现有的关于胡衣霍尔语句法的知识是如此）。但是，可以想见，几组不同的标准有可能导致对论元作不同的分类，划归不同的语法关系。这种情形的例子以及它们对语法关系的共性和类型的潜在意义将在第 5 章作进一步讨论，具体将跟主语有关。眼下我们可以指出，这种分歧情形有一个分布特别广泛的例子，涉及许多语言的不及物结构和及物结构，例如在译句（32）

和(33)里,某些标准把 John(约翰)和 Bill(比尔)归并成一种语法关系,而另有一些标准把 John 和 Harry(哈里)归并在一起:

John arrived. (32)

(约翰到达了。)

Bill hit Harry. (33)

(比尔打哈里。)

由于在第 5 章对这样的一些例子作较彻底的介绍前我们还需要不太正式地提到这些例子,我们将引入以下专名用来指称一些论元:不及物主语(如(32)里的 John)将用 S 表示;及物结构里跟施事联系最密切的论元(如(33)里的 Bill)将用 A 表示,而跟受事联系最密切的论元(如(33)里的 Harry)将用 P 表示。把 S 和 A 归并在一起的将称作"主格-宾格系统";把 S 和 P 归并在一起的将称作"作格-通格系统"。

3.4 词形格

从传统语法对小句结构的讨论来看,我们到目前为止还没有说起词形格,如主格、宾格、作格、通格等,这似乎有点奇怪,因为在传统语法,特别是像拉丁语那种有高度屈折变化的语言的传统语法里,对语法关系以及语义角色的讨论跟对词形格的讨论紧密联系,例如,在主语和主格之间或直接宾语和宾格之间画上等号或近似号。在这一节里,主要作为对这种传统观点的反影响,我们将强调语法关系和词形格之间可能达到的差异程度,特别要说明词形格的分布跟句法变换过程完全无关的一些例子。本节的最后,我们还要举些例子说明尽管语法关系和词形格之间有差异,词形格仍然在制约某些句法变换过程中起一定作用。

我们先举一个比较简单的例子来说明这种差异,这个例子跟俄语里用来表示直接宾语的格有关。在肯定句里,直接宾语通常持宾格;在否定句里,直接宾语可以持宾格也可以持属格,但我们眼下的兴趣自然集中在否定句里直接宾语是属格的情形:

Maša kupila šapku.　　　　　　　　　　　　　　(34)
(玛莎买了一顶帽子。)

Maša ne kupila šapki.　　　　　　　　　　　　　(35)
(玛莎没有买帽子。)

俄语里跟语法关系密切相关的句法变换之一是被动化,因为只有主动动词的直接宾语才能在相应的被动句里充当主语。但是(34)和(35)尽管名词 šapk-(帽子)有不同的格标记,都有以这个名词短语充当主语并持主格形式 šapka 的对应被动句:

Šapka byla kuplena Mašej.　　　　　　　　　　(36)
(那顶帽子让玛莎买了。)

Šapka ne byla kuplena Mašej.　　　　　　　　　(37)
(那顶帽子不是玛莎买的。)

可见,这个例子清楚地表明语法关系和词形变化的差异,而且表明语法关系显然起决定作用。

为了避免误解,应该强调我们这么说的意思是句法和形态在这里存在差异,也就是说,形态相对于句法是任意的(除了强调的不一样,同样可以说句法相对于形态是任意的)。我们并不是说形态在任何绝对意义上是任意的——虽然很可能有许多形态确是任意的情形。例如,被否定的直接宾语用属格,这可以自然地解释为俄语在数量表达式里用属格的一个特例,试比较 ni šapki(没有[一顶]帽子)里的属格单数和 mnogo šapok(许多帽子)里的属格复数。

在卡劳-拉皋-亚语(又称西托雷斯海峡语)里可以发现形态和句法之间有特别广泛的差异,这里的讨论只限于赛拜方言。不同类别的名词短语在小句里以 S、A 或 P 出现时有完全不同的形态系统。例如,单数代名词充当这三者时各有不同的形式(如 S ngay,A ngath,P ngoena'我');单数专有名词有一个主格-宾格的格标记系统(如 S/A Kala,P Kala-n'卡拉'[专名]);普通名词有一个作格-通格的格标记系统(如 S/P burum'猪',burum-al'猪'[复数],A burum-an'猪'[单数/复数]);非单数人称代词只有一个形式对应三种功能(如 S/A/P ngoey'我们')。不过,这种语言里好像没有其他句法变换跟这些区别密切相关。例如,动词的一致关系总是根据作格-通格系统来表示:如是不及物动词,跟其 S 的数一致;如是及物动词,跟其 P 的数一致,而完全跟格标记无关:

Ngay/ngi/garkaz/burum/Kala/Gibuma pathiz(单数). (38)
(我/你/那个男人/那头猪/卡拉/吉布玛 离去了。)

Ngoey/ngitha/garkoez-il/burum-al pathemin(复数). (39)
(我们/你们/那些男人/那些猪 离去了。)

Ngath/garkoez-in/Kala ngoey/ngin/burum/Gibuma-n mathaman (单数). (40)
(我/那个[些]男人/我们/打 你/那头猪/吉布玛。)

Ngath/garkoez-in/Kala/ngoey ngitha/burum-al mathamoeyn
（复数）. (41)

（我/那个［些］男人/我们/打 你们/那些猪。）

虽然近来有许多关于句法特别是关于句法类型的论著强调句法跟这类形态区别大多是无关的，但近来也有一些论著表明至少在有限的一些情形里，某些形态区别对于句法变换过程是重要的。这里采用的例子是伊迪尼语里的并列结构。首先，我们注意到，在英语里当及物句和不及物句像下面（42）那样并列时，只有在不及物小句的主语跟前面及物小句的主语（A）同指的条件下才可以略去不及物小句的主语：

The man/I hit the woman/you and ran away. (42)
（那个男人/我 打了 那个女人/你 就跑了。）

因此，（42）的意思是那个男人/我跑了，不是那个女人/你跑了：在英语里这是在句法上严格规定的，即使在另一种解释似乎是可能的或者更有可能的情形里也只能作出这种解释。但是，在伊迪尼语里，作哪一种解释或至少倾向于哪一种解释是由及物小句里名词短语的格决定的。在伊迪尼语里，代名词有一个主格-宾格的格标记系统，而其他名词短语有一个作格-通格的格标记系统，例如以下各句中的前一小句：

Bimbi:ŋ　　gud^{y}ugud^{y}u wawa:l, biṛi　　gund^{y}i:n^y. (43)
父亲-作格 彩虹-通格　看见　　语助词 返回
（父亲看见了彩虹，它又重新出现了。）

ŋayu　　　n^{y}unin^y　　band^{y}a:r, wanda:n^y. (44)
我-主格　你-宾格　跟随　　　跌倒

(我跟着你走,我跌倒了。)

ŋayu   bama   band^{y}a:ṛ,wanda:n^y.　　　(45)

我-主格　人-通格　跟随　　　跌倒

(我跟着那个人走,我/他跌倒了。)

*Bama:l   ŋan^{y}an^y bund^{y}a:n^y,wanda:n^y　(46)

人-作格　　我-宾格　　打　　　　跌倒

伊迪尼语决定作哪种解释的规则如下:作哪种解释的支配成分(即前一小句里理解为跟后一小句里略去的名词短语同指的名词短语)必须是通格或者主格;因此,在(43)里支配成分是通格名词短语,在(44)里它是主格代名词,在(45)里它可以是通格名词短语或者主格代名词,在(46)里作格名词短语或宾格名词短语都不能作为支配成分。

不过,这种受形态制约的模式只见于并列结构的解释。在其他场合,句法变换过程跟这些形态区别无关,因为句法变换绝大部分是根据作格-通格系统进行的(参看 5.3 节有关迪尔巴尔语句法的讨论)。因此,实际情形仍然是形态变化通常可以偏离句法的有关参项很远,虽然在有些情形里形态起决定作用,使在其他情形里有效的句法参项变得无效。

3.5　示例:英语和俄语的小句结构

在这一节,我们将通过英语和俄语小句结构的某些特性的对比来说明以上各节所述的各种参项——语义角色、语用角色、语法关系、词形格——之间互相作用的情形。虽然这两种语言有亲缘关系,都属于印欧语系,从这种互相作用的方面看,它们之间有相当大的差异,因此对比这两种语言确实能够说明在所有那些参项如何结合在一起的问题上存在两种极不一样的方法,也就是说,我们是根据这类参项来对比两种截然不同的类型。

在英语里,语法关系和词序的相互联系非常密切,实际上词序是语法关系的基本载体,特别是主语和直接宾语的载体,这可以从下面两个句子的比较中看出:

John hit Mary. (47)
(约翰打玛丽。)

Mary hit John. (48)
(玛丽打约翰。)

紧挨动词前的位置留给主语,而紧挨动词后的位置留给直接宾语。即使在对应的问句里,主语和助动词颠倒位置,情形仍然是主语位于主要动词前,如 did John hit Mary?(约翰打玛丽没有?),did Mary hit John?(玛丽打约翰没有?)因此改变词序,如从(47)改变为(48),也就改变了语法关系,而且最终改变句子的意思。

对上面这一对例句,有人也许会想象另作一种说明,即词序由语义角色来决定,即施事位于动词前,受事位于动词后。但是,其他材料表明这种替代说法是不正确的,英语里互相联系的确实是语法关系和词序。这可以从主语不是施事而是感受者或工具的例子中看出:

John saw Mary. (49)
(约翰看见玛丽。)

The stone hit John. (50)

（石块击中约翰。）

也许从被动句可以看得最清楚，被动句里主语通常是受事，施事位于动词后：

Mary was hit by John. (51)

（玛丽挨约翰打。）

英语里词序和语法关系的互相联系非常紧密，说本族语的人能毫无困难地理解像(47)和(48)那样成对的句子，其实从现实世界的可能性来说，约翰打玛丽和玛丽打约翰这两种理解都有同等的可能；而且像下面(52)那种句子只能理解为胡说（至少在现实世界里如此理解），而不能认为它多半应那样解释，因为那种解释违反句法规定的词序：

The stone saw Mary. (52)

（石块看见玛丽。）

我们已经附带说明英语小句结构的另一个特性，即一种特定的语法关系可以跟一系列多种语义角色相联系：上面那些句子里的主语包括施事、受事、工具和感受者。英语有好些句法变换，其作用是把同一个语义角色置于不同的语法关系中，并使同一种语法关系表示多种不同的语义角色。例如被动结构把受事置于主语位置，尽管施事是跟双向谓语的主语身份相联系的更基本的语义角色。使像(53)和(54)那样的句子发生联系的是一条主语提升为宾语的规则，这条规则规定，一个在从属小句里表现为主语的角色也可以表现为主要小句的直接宾语：

I believe that Mary hit John. (53)

(我相信,玛丽打约翰了。)

I believe Mary to have hit John. (54)

(我相信玛丽打约翰了。)

内嵌主语本身可以表示许多不同的语义角色,如以下各例所示:

I believe that the stone hit Mary. (55)

(我相信,石块击中玛丽了。)

I believe the stone to have hit Mary. (56)

(我相信石块击中玛丽了。)

I believe that John saw Mary. (57)

(我相信,约翰看见玛丽了。)

I believe John to have seen Mary. (58)

(我相信约翰看见玛丽了。)

I believe that John was hit by Mary. (59)

(我相信,约翰是挨玛丽打的。)

I believe John to have been hit by Mary. (60)

(我相信约翰是挨玛丽打的。)

至少作为举例说明,我们还可以接受一条宾语提升为主语的规则("tough 移位"),这条规则把像(61)和(62)的句子联系起来,使内嵌结构的宾语也能在主要小句里充当主语:

It's easy to solve the problem. (61)

(解决这个问题很容易。)

This problem is easy to solve. (62)

(这个问题很容易解决。)

许多这样的结构在自然语篇中很常用,因此,尽管某些结构,如主语提升为宾语的许多例子和有施事出现的被动句在口语里十分罕见,语言里这种种变化确实充分说明句法变换过程能消除语义角色和语法关系之间任何密切的联系。

除了句法上的联系,从不同配价的动词的词汇联系中也能发现类似的情形。例如英语有许多动词既能用作及物动词又能用作不及物动词。用作及物动词时,主语是施事;用作不及物动词时,由受事充当主语:

John opened the door. (63)

(约翰打开门。)

The door opened. (64)

(门打开了。)

在英语里,名词短语的形态标记只起有限的作用。诚然,绝大多数代名词有主格和宾格的区别,例如:

I saw him. (65)

(我[**主格**]看见他[**宾格**]。)

He saw me. (66)

(他[**主格**]看见我[**宾格**]。)

但是,这种格区别的存在并不能使词序稍许自由一点:* him saw I 和 * me saw he 在现代英语里根本不合语法。此外,除非像在上面那样非常简单的例子里,格和语法关系的相互联系很微弱;例如,许多说英语的人说话里有以下句型:

John and I saw Mary. (67)

(约翰和我[主格]看见玛丽。)

Me and John saw Mary. (68)

(我[宾格]和约翰看见玛丽。)

这里,I(我[主格])和 me(我[宾格])的区别由词序决定,而词序又由语域决定([68]比[67]更口语化),虽然语法关系之间并没有区别。最后,大概很少有说英语的本族人在说话和理解时一贯区分规定语法里设定的诸如 John knows more people than I(即 than I do)(约翰认识的人比我认识的多)和 John knows more people than me(约翰认识的人不止是我)之间的最小对立。

英语里,语用角色在句子的句法结构里起的作用非常小。例如,John hit Mary(约翰打玛丽)这样一个句子按照这样的词序可以用来回答以下任何一个问题:who hit Mary? (谁打玛丽?),who did John hit? (约翰打谁?),what did John do to Mary? (约翰怎么对待玛丽?),what did John do? (约翰干了什么?),what happened to Mary? (玛丽发生什么事了?),what happened? (发生什么事了?)。当然,其中至少有一些差异将由语调的区别来表示:语调模式的核心(句子重音)将落在焦点上。但一般来说,英语不能仅仅通过词序变化来表示语用结构的区别:John hit Mary(约翰打玛丽)和 Mary hit John(玛丽打约翰)代表语法关系的两种不同分布,不能用来表示语用结构的区别。不过,英语里存在一种较弱的联系涉及语用结构,因为在表示同一语义结构的两种可供选择的句法手段之间作出选择时往往是由语用上的考虑决定的,其中有一条原则是尽可能地优先让话题充当主语,从而导致主语和话题的互相联系。例如,在回答 what do you think of these problems?(你认为这些问题怎么样?)的问题时,用 these problems/they are easy to solve(这些问题/它们很容易解决)作答要比用 it's easy to solve these problems/them(解决这些问题/它们很容易)作答更自然,也就是说,我们优先使 these problems/they(这些问题/它们)成为答句的主语。

在决定俄语的小句结构时,这些原则所占的分量很不一样,我们可以先从俄语句子(69)的变化看出这一点:

Tanja ubila Mašu. (69)

(Tanya killed Masha.)

(丹娘杀死玛莎。)

俄语里语法关系的基本标记不是词序而是形态。在上面这个例子里,名词词尾的-a 形式是主格(用于主语的格),-u 形式是宾格(用于直接宾语的格);两个人名的引用形式如英语译句所表明的是 Tanja(丹娘)和 Maša(玛莎)。改变词序不影响语法关系或语义角色的分布。事实上,这三个词 Tonja、ubila(杀死)、Mašu 在逻辑上共有六种排列可能,每一种都是合乎语法的俄语句子,意思都是"丹娘杀死玛莎"。

虽然这六种排列都有相同的语义角色和相同的语法关系,它们绝对不是等同的,特别是在表示的语用角色上有区别。俄语里(尤其在不表达感情的用法里)基本原则是话题出现在句子开头,焦点在末尾。例如以下问答反映了针对问话的答语使用的正常词序:

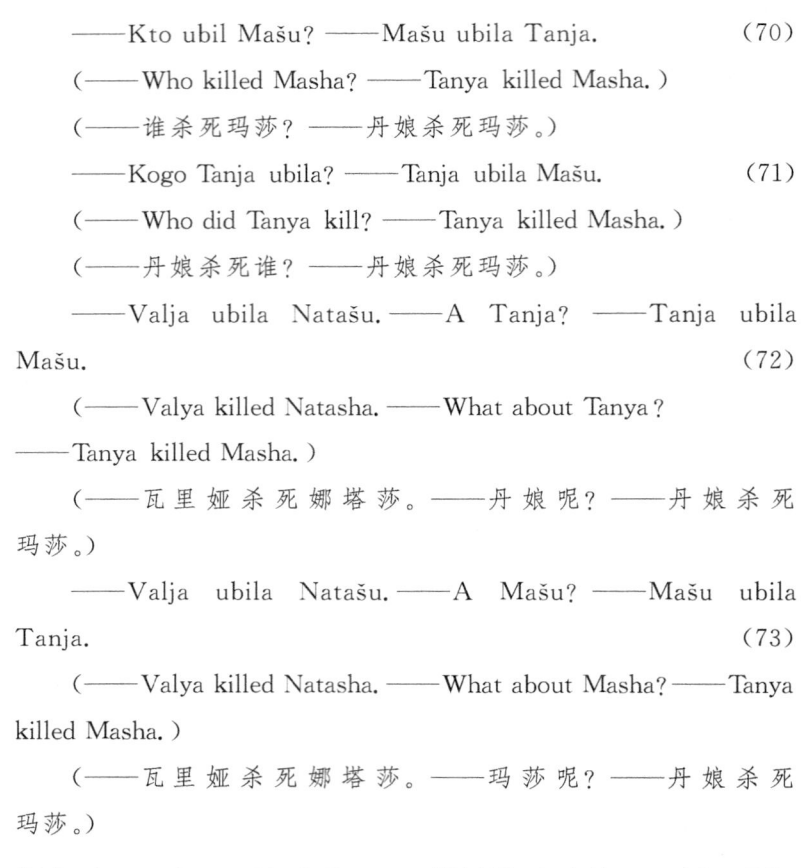

——Kto ubil Mašu? ——Mašu ubila Tanja.　　　　(70)

　　(——Who killed Masha? ——Tanya killed Masha.)

　　(——谁杀死玛莎？——丹娘杀死玛莎。)

　　——Kogo Tanja ubila? ——Tanja ubila Mašu.　　　　(71)

　　(——Who did Tanya kill? ——Tanya killed Masha.)

　　(——丹娘杀死谁？——丹娘杀死玛莎。)

　　——Valja ubila Natašu. ——A Tanja? ——Tanja ubila Mašu.　　　　(72)

　　(——Valya killed Natasha. ——What about Tanya?
——Tanya killed Masha.)

　　(——瓦里娅杀死娜塔莎。——丹娘呢？——丹娘杀死玛莎。)

　　——Valja ubila Natašu. ——A Mašu? ——Mašu ubila Tanja.　　　　(73)

　　(——Valya killed Natasha. ——What about Masha? ——Tanya killed Masha.)

　　(——瓦里娅杀死娜塔莎。——玛莎呢？——丹娘杀死玛莎。)

注意，在(72)和(73)里，主格(Tanja[丹娘])和宾格(Mašu[玛莎])的区别对于理解问话问的是杀人者还是受害者是至关重要的；这在英语译句里没有表示出来，英语译句如要包含同样的信息量就得译得更明确些，例如(72)and who did Tanya kill? (那丹娘杀死谁?)，(73)and who killed Masha? (那谁杀死玛莎?)。因此我们最初的观察结果是，英语和俄语的区别在于英语的词序取决于语法关系而跟语用角色无关；而俄语的形态取决于语法关系又包含语法关系,而词序取决于语用角色。

此外,英语和俄语在语义角色和语法关系的互相作用方面也有差别。在前面讨论英语时,我们指出一种特定的语法关系,具体地说是主语,它可以表示许多不同的语义角色。虽然在一定程度上俄语也是如此,但句法和语义的差异范围要小得多,例如在许多英语会用非施事主语的情形里俄语必须用或者倾向于用一个非主语。这方面一个特别明显的例子是对没有施事或施事没有提及的行动的描写。这时英语可以很自由地使用非施事主语,例如:

The lightning killed Tanya. (74)
(闪电击毙丹娘。)
The bullet killed Tanya. (75)
(子弹击毙丹娘。)

虽然俄语可以逐字对译,但偏向于使用无人称结构:动词仍持主动语态,但没有主语,改用第三人称单数中性;自然力或工具用的是工具格,因而得出以上英语句子的译句如下:

Tanju ubilo molniej. (76)
Tanju ubilo pulej. (77)

名词短语 Tanju(丹娘)是宾格;名词短语 molniej 和 pulej 分别是 molnija(闪电)和 pulja(子弹)的工具格。

同样的,许多在英语里用主语表示的感受者在俄语里用与格名词短语表示,例如,Tanya is (feels) cold(丹娘[感到]冷)的译句必须是 Tane(与格)xolodna;其中 xolodno 是形容词 xolodnyj(冷)的无人称、无主语形式。最接近的主格-主语译句是 Tanja xolodna (ja),其中形容词是与 Tanja(丹娘)一致的阴性形式,但意思很不一样,例如意思是丹娘死了,她的尸体冰冷,或者是她待人冷淡,但肯定丹娘不是感受者。

俄语里语法关系和语义角色之间有着较密切的关系,这还可以从这样的事实中看出,即某些句法变换除了句法制约外还易受语义角色的制约,而英语里与之最接近的类似变换只受句法的制约。例如,英语转换-生成句法里称作"等名消除"(equi-NP-deletion)的结构要求从属小句的主语跟主句里适当的名词短语同指,而跟语义角色无关:

I persuaded the doctor to examine Tanya.   (78)
(我劝说医生给丹娘作检查。)

I persuaded Tanya be examined by the doctor.   (79)
(我劝说丹娘接受医生检查。)

在(78)里,略去的名词短语是从属小句的主语和施事;在(79)里,略去的名词短语是从属小句的主语和受事。俄语里有(78)的逐字对译句,但没有(79)的逐字对译句,下面给出的那个译句(81)对说俄语的本族人来说肯定是离奇的,尽管它并不违反任何句法制约:

Ja ugovoril vrača osmotret' Tanju.   (80)

* Ja ugovoril Tanju byt' osmotrennoj vračom   (81)

虽然要确定这种制约的确切性质还需作进一步研究,但看来至少是在一个同时包含施事(明显的或隐含的)和受事的小句里,等名消除规则不能删除受事。注意,(79)这个英语例句的意思必定包含丹娘对接受检查这个情境具有一定程度的自控,而要把这个例句译成自然的俄语这种自控度必须明确表达出来:

>Ja ugovoril Tanju podvergnut' sebja osmotru. (82)
>(I persuaded Tanya to submit herself to an examination).
>(我劝说丹娘让自己接受检查。)

在观察词汇关系时,发现在用不同的句法结构表示类似的或相同的语义角色方面,俄语确实有类似于英语的各种可能性,但是几乎在所有这样的情形里,俄语又跟英语不一样,俄语必须在动词上用明显的标记标明语法关系的不同语义角色。例如,(83)是带有施事主语的及物结构,与此对应的带受事主语的不及物结构必须在动词上加后缀-s':

>Tanja zakryla dubovuju dver'. (83)
>(Tanya closed the oak door.)
>(丹娘关上栎木门。)
>Dubovaja dver' zakryla-s'. (84)
>(The oak door closed.)
>(栎木门关上了。)

(名词 dver'[门]正巧主格和宾格的形式一样,但包含 dver' 的名词短语在(83)里是直接宾语而在(84)里是主语这个事实又由主格形容词 dubovaja 和宾格形容词 dubovuju 的区别表现出来。)还有一个例子可以说明英语和俄语的这种区别,在下面一对例句中,俄语必须区分 po-sejal(播种)和 za-sejal(播满),而英语都用 sowed(播种):

>Kolxoznik po-sejal pšenicu v pole. (85)
>(The collective-farmer sowed wheat in the field.)
>(集体农庄庄员在田里播种小麦。)

Kolxoznik za-sejal pole pšenicej.　　　　　　　　(86)

(The collective-farmer sowed the field with wheat.)

(集体农庄庄员在田里播满小麦。)

(在(85)里，pešenicu 是宾格，而 v pole 是方位格介词短语；在(86)里，pole 是宾格，而 pšenicej 是工具格。)

观察用不同的句法手段表示同一组语义角色时，我们发现俄语缺乏许多英语里见到的结构。例如，俄语没有句法上对等于宾语提升为主语的结构，因此在像(87)的例句里，无法将 problemu（问题）[宾格]提升为主格主语(如 problema)：

Legko razrešit' ètu problemu.　　　　　　　　(87)

(It is easy to solve this problem.)

(解决这个问题很容易。)

不过，由于俄语词序自由，可以简单地把名词短语 ètu problemu（这个问题）移到句首，得出(88)：

Ètu problemu legko razrešit'.　　　　　　　　(88)

由于句首位置在俄语里跟话题的联系很密切，而在英语里跟话题的联系比较弱一些，句子(88)在某种意义上跟英语 this problem is easy to solve（这个问题很容易解决）有相同的功能，因此两者都能表示同一语用功能，但使用的句法手段很不一样。俄语也有被动结构，但是它的使用远不如英语被动结构频繁(甚至远不如英语口语使用被动结构频繁)。俄语里在功能上对等于英语 Masha was killed by Tanya（玛莎被丹娘杀死）的通常形式是词序为直接宾语-动词-主语的主动句(89)，而不是被动结构(90)(Tanej 是工具格）：

  Mašu ubila Tanja. (89)
  Maša byla ubita Tanej. (90)
  （Masha was killed by Tanya.）
  （玛莎为丹娘所杀。）

通常俄语里对等于英语无施事被动句的是无主语结构，其中动词为第三人称复数，也就是好像英语里说 they've killed Masha（他们已杀死玛莎），而意思是实际上说 Masha has been killed（玛莎已被杀死）的意思：

  Mašu ubili. (91)

由于俄语的词序自由，实际上可以在被动句(90)里进行语用角色的变换，变换方式跟主动句大致一样，甚至还可以构成一个词序和语用角色的分配都跟主动句一样的被动句：

  Tanej byla ubita Maša. (92)
  （丹娘，她杀死玛莎。）

其实，俄语被动句的基本功能看来与其说是语用的不如说是语体的：它是某些书面语体特别是科技文体的特点。

  关于俄语和英语以上所述的差别，指出语法关系在英语里所起的作用比在俄语里大得多，这样的概括也许特别有启发意义。首先，语法关系在英语里的独立程度高于俄语，因为英语里语法关系和语义角色或语用角色（或形态变化，但几乎不存在）的互相联系都很弱。其次，英语里涉及语法关系和语法关系变化的各种句法变换的范围比俄语广。在俄语里，语义和语用角色（甚至形态变化)所起的作用比英语大。

但是,联系第 2 章的讨论,我们应该认识到,这里讨论的是英语和俄语之间差异的程度:情形并不是英语句法的变换只限于语法关系方面而俄语句法避免语法关系。英语里语用角色也起作用,例如,在构成特指问句和关系小句时,疑问词或关系成分必须出现在小句句首位置而跟语法关系不相干:

Who saw you? (93)
(谁看见你?)
Who(m) did you see? (94)
(你看见谁?)
The man who saw me ran away. (95)
(看见我的那个人跑了。)
The man who(m) I saw ran away. (96)
(我看见的那个人跑了。)

即使在不区分 who(谁[主格])/whom(谁[宾格])的英语变体里,像(93)—(96)的句子也没有歧义,因为一般的词序原则确定主要动词前的位置留给主语。特别在英语口语里,还可以有更多的这类结构,例如把对比话题移到句首位置而置语法关系于不顾:

That book over there, I wouldn't read in a million years.
(那边那本书,我永远也不会看。) (97)

相反,在俄语里有某些情形语法关系还是至关重要的。例如,有一条动词一致规则规定动词与其主语相一致,而下面一些例子表明,无法将这条规则重新表述为动词跟施事或话题相一致:

Tanja ubila(阴性)Kolju. (98)

(Tanya killed Kolya.)

(丹娘杀死科里亚。)

Kolja byl ubit(阳性)Tanej. (99)

(Kolya was killed by Tanya.)

(科里亚为丹娘所杀。)

Kolju ubila(阴性)Tanja. (100)

(Kolya,Tanya killed.)

(科里亚,丹娘把他杀死。)

(丹娘是女孩名,科里亚是男孩名。)在俄语里直接宾语这个语法关系也起作用,因为事实上只有直接宾语可以充当被动结构的主语。还有少数例子表明俄语甚至在句法上对语义角色重新编排时容许使用同一动词形式,虽然这种例子很罕见,例如:

Tanja povernula mašinu nalevo. (101)

(Tanya turned the car to the left.)

(丹娘把车朝左拐。)

Mašina povernula nalevo. (102)

(The car turned to the left.)

(车朝左拐。)

Rabočie gruzili drova na baržu. (103)

(The workmen were loading wood onto the barge.)

(工人当时正把木材往驳船上装。)

Rabočie gruzili baržu drovami. (104)

(The workmen were loading the barge with wood.)

（工人当时正往驳船上装木材。）

（但如是完成体，[103]和[104]里的动词形式必须有区别，分别为 na-gruzili[装载]和 za-gruzili[装满]。）最后，如我们上面指出的，俄语里有许多例子表明语义角色和语法关系的不一致，例如除了公认为勉强成立的被动句引起的不一致外，还有像(105)感受者充当主语的情形：

Tanja videla Kolju. (105)
(Tanya saw Kolya.)
（丹娘看见科里亚。）

甚至连形态的作用在英语和俄语的区别也不是绝对的。英语里，某些代名词还是有主格-宾格的区分，虽然我们前面已指出它的功能负荷是极小的。相反，俄语里某些名词短语倒不作主格-宾格的区分，并且在个别形态上有矛盾而两种意思都说得通的例子里，倾向于按主语-动词-直接宾语的词序理解意思，例如，在下面(106)里，有 mat'（母亲）和 doč'（女儿），句子倾向于作"母亲爱女儿"解，而不是"女儿爱母亲"，虽然对许多说话人来说这只是一种倾向而不是绝对的：

Mat' ljubit doč'. (106)

虽然语义、语用、句法和形态等关系的互相作用并不能确定英语或者俄语的整体类型（例如它没有对任一种语言的音系作任何说明），但它确实表示出这两种语言大部分句法差异的性质；实际上，我们还认为，它比词序类型所描写的差异在范围上要广得多，特别是因为这两种语言在基本词序方面极其相似。因此这一节的讨论可以看作对一个有意义的类型参项的举例说明。

注释和参考文献

格语法的基础可参看 Fillmore(1968);当今生成语法著作里使用的术语是题元角色(⊖-角色)而不是语义角色。特索瓦-图斯语的例子引自 Holisky(1987)。契卡索语的例子引自 Munro & Gordon(1982);Munro 和 Gordon 二人论证的结论是反对契卡索语的动词一致关系纯粹由语义角色决定的观点。日语、卡纳达语和法语的例子在第 8 章有进一步讨论。拉克语的例子引自 Žirkov(1955;41,138)。

有关语用角色(信息结构、话题-评述结构、功能句法观)的经典研究是由诸如 Vilém Mathesius 和 Jan Firbas 的布拉格学派的语言学家进行的,Chafe(1976)对这方面有极好的介绍。Li(1976)主编的书中所收论文的绝大多数多少直接跟 3.2 节的一般讨论有关。有关匈牙利语焦点的讨论,参看 Kiefer(1967)、Kiss(1981)和 Horvath(1986)。在大量有关日语 wa 的文献中,首先适合参看的是 Kuno(1972),该文有一般的观点和英语-日语对比的观点;另请参看 Hinds 等人(1986)。

对关系语法的综览参看 Blake(forthcoming),目前能见到一系列比较偏重具体材料的论文收在 Perlmutter(1983)和 Pertlmutter & Rosen(1984)中。有关英语间接宾语的另一种观点,参看 Dryer(1986)。Comrie(1982a)对胡衣霍尔语材料的讨论要详细得多。

在 3.4 节里,卡劳-拉皋-亚语的例子引自 Comrie(1981b)(稍有改动)。伊迪尼语的例子及讨论是根据 Dixon(1977:388—92);例(46)来自 Dixon 与我的个人交流,纠正了书中的一处表达。支持有些形态变化跟句法相联系的其他论据可参看 Shibatani(1977)(日语材料)和 Babby(1980)(俄语材料)。

  3.5 节的论述有许多得益于 Hawkins(1986)关于德语-英语句法类型的比较;我同意他书中 84—5 页的观察,即与类型学的观点相对,生成语法试图把主语提升为宾语从英语语法中排除。关于英语所属类型的进一步讨论参看 Thompson(1978)。关于俄语的进一步讨论参看 Comrie(1979d,1986a)。

4 词序

正如前面早已附带指出的,词序类型研究在近来语言类型学的进展中曾起过重大作用。这很大程度上是因为当前用广泛的语言材料研究语言类型的兴趣是由 Greenberg 那篇关于词序类型的经典论文激发的:那篇论文不仅讨论了一种语言共性和类型的研究方法,而且实际着手进行这种研究。虽然 Greenberg 本人对他结论的可靠性很谨慎(他的论文是以"首先读者要知道本文提出的结论是尝试性的"开头的),但是那些进一步发展了他的思想的人并不都持有这种谨慎,结果正如我们将看到的,作出的概括已经大大超出手头材料所能允许的程度,而且还有人试图把词序作为整体类型的基本参项。在这一章里,我们将先考察 Greenberg 的原著,然后考察试图在他的结论以外进一步作出概括的一些努力,最后考察最近对这些概括作出的一些批判。虽然间或有些话是对 Greenberg 原著的批评,但是应该始终记住这些批评只是一种事后聪明,绝不能贬低 Greenberg 的创见。

虽然我们保留词序类型这个术语,因为这一术语已经固定用来指类型研究的这个领域,但是应该指出,严格地说,我们所关注的与其说是词的次序,不如说是成分的次序,也就是说用成分次序类型的名称更恰当(比较 Greenberg 的术语"有意义成分的次序")。例如,一方面,当我们说某一种语言的基本词序是主语–动词-宾语时,这跟所指的成分是由一个词还是多个词组成无关,因此这种描述既适用于 John hit Mary(约翰打玛丽),也同样适用于 the rogue elephant with the missing tusk attacked the hunter who had just noticed that his rifle was unloaded(那一头离群的掉了牙的象攻击那个刚发现步枪没上子弹的猎人)。另一方面,我们除了关注包含一个或多个词的成分的次序,在原则上还对小于一个词的词素的次序感兴趣,例如对各种词缀(前缀、后缀、中缀)和词干的次序感兴趣。

4.1 词序参项

这一节考察近来类型学文献中使用过的各种主要的词序参项,特别是小句主要成分(主语、宾语、动词)和名词短语主要成分的次序,但在有关的地方也会引入其他一些结构。在按照每一个这样的参项划分类型时,我们所关心的是每一种语言的基本词序。虽然在许多情形里给一种语言分配一种特定的基本词序是不成问题的,但也有不少的情形这种分配比较复杂,甚至也许是不可能的。当这种情形出现时我们将讨论这样的例子。

小句成分的次序是词序类型最重要的参项之一,实际上,正如我们在 4.2 节将看到的,有些语言学家已经把它作为一个主要的类型参项。这个参项的最初形式是描述主语、动词和宾语的相对次序,一共给出六种逻辑上可能的类型,即 SOV、SVO、VSO、VOS、OVS、OSV。如第 1 章早已附带指出的,这些类型在世界各种语言的分布有重大偏差,即偏向于头三种,特别是头两种,但对头五种基本词序,每一种我们现在都能举出确已证实的例子;而且据初步认定,可能存在以 OSV 为基本语序的语言。

Hasan　　öküz-ü　　aldı.(土耳其语:SOV)　　　　(1)
哈桑　　牛　宾格　买
(哈桑买下那头牛。)

The　farmer　killed　the　duckling.(英语:SVO)　(2)
那　　农夫　　杀死　那　小鸭
(那个农夫杀死那只小鸭。)

Lladdodd　y　ddraig　y　dyn.(威尔士语:VSO)　(3)
杀死　　　那　龙　　那　人
(那条龙杀死那个人。)

Nahita ny mpianatra ny vehivavy.(马尔加什语:VOS)　(4)
看见　那 学生　　那 女人
(那个女人看见那个学生。)

Toto yahosɨye　　kamara.(赫克斯卡里亚纳语:OVS)　(5)
人　它-抓住-他　美洲虎
(那只美洲虎抓住那个人。)

虽然对上面列举语言的基本词序有普遍一致的看法,但有许多语言的情况不很明确,甚至还有一些语言我们不得不认为按照主语、宾语和动词三个成分它们没有基本词序;这些语言在这个参项上将跟词序类型无关,从而缩小了这个参项适用的范围,但又不减低它总的有效性。首先,这个参项只适用那些存在主语和宾语(可以不止一个)这两种语法关系的语言,但是正如我们在第 5 章将详细讨论的,有许多语言识别主语的各项标准似乎分别适用两个不同的名词短语,从而使确定主语相对其他成分的线性次序变得很困难或不可能。其次,这个参项只适用那些有基本词序的语言,而且这个基本词序至少部分由相对动词的一些语法关系所确定,但是有一些语言的情况好像并不是这样。例如,在迪尔巴尔语里,各主要成分的所有排列方式都能得出合乎语法的句子,如果对这种或那种词序有所偏好,这种偏向也小到几乎不可察觉。应该指出,这些语言的问题在于无法确定整个语言的基本词序。问题不仅仅是某些数量有限的结构的词序不同于其他结构里见到的词序。如果问题果真只限于此,我们可以允许不考虑这些有限的结构而只考虑那种语言的主要句子类型。例如,当我们把英语划归基本是 SVO 型时,我们并不在乎这样的事实,即特指问句里 wh-成分的词序不由语法关系确定,而是由一条把这类成分置于句首的一般规则确定的,从而得出像 who(m) did John see?(约翰看见谁?)的 OSV 词序。即使在许多通常描写为词序自由的语言里,也有某些迹象表明有一种词序跟其他词序相比是较基本的词序。例如,俄语里 S、O、V 的任何排列次序都得出合乎语法的句子,但 SVO 词序要比所有其他词序出现的总和还频繁得多,而且对于名词短语-动词-名词短语序列的句子,当形态偶尔不表示哪个名词短语是主语哪个名词短语是直接宾语时(如第 3 章例句(106)),倾向于按 SVO 词序来理解意思。

  分配基本词序时还有一个问题是有的语言存在分歧现象,就是说不同的结构有不同的基本词序。在有些情形里,这不会给分配基本词序造成过分的困难,因为一种词序显然比另一种词序所受的限制大得多。例如,英语里存在宾语位于主语前的特指疑问句,但这并不严重妨害我们断言英语是 SVO 语言,而且我们可以确立一条一般原则,即陈述句的词序跟疑问句(较特殊的句子类型)的词序相比是较基本的词序。在许多语言里,代名词的词序不同于其他名词短语的词序,例如,法语里附着代名词宾语位于动词前而其他宾语位于动词后:

  Le garçon a vu la jeune fille.   (6)
  (那个男孩已经看见那个女孩。)
  Le garçon l'a vue.   (7)
  (那个男孩已经看见她。)

不过,从跨语言方面看,我们知道非重读成分如附着代名词即使要按它们的语法关系受一条置于特殊位置的规则的支配,这条规则往往也是不严格的,因此带代名词的句子可以不予考虑,只考虑带完整名词短语的句子。

  但是,有一些分歧现象的例子就没有这样容易的现成解决办法。一个典型的例子是德语,德语里主要小句的词序是 SVO,而从属小句的词序是 SOV:

  Der Mann(主格)sah den Jungen(宾格).   (8)
  (那个男人看见那个男孩。)
  Ich weiβ, daβ der Mann den Jungen sah.   (9)
  (我知道那个男人看见那个男孩。)

这两种词序如果有一种是基本的话,究竟应该认为哪一种是,论争一直很激烈,由于类型学家和生成语法学家对"基本词序"的不同理解,这个问题变得更复杂了。此外,这个参项没有规定哪一种宾语最相关,因此类似的问题也见于像克佩勒语那样的语言,其中直接宾语位于动词前而其他宾语位于动词后:

$$\begin{array}{llll}\text{È sɛŋ-kâu} & \text{tèe} & \text{kâloŋ-pə́.} & \text{(10)}\\ \text{他 钱} & \text{送} & \text{酋长 给} & \end{array}$$

（他把钱送给酋长。）

现在来看名词短语内部的词序。我们可以先从形容词（A）和名词（N）的相对次序开始。这个参项跟以下大多数参项一样只有两种基本词序（如果存在基本词序的话）的可能性，即 AN 和 NA。前者的例子有英语 the green table（绿桌子）或土耳其语 büyük şehir（大城市）；NA 词序的例子有法语 le tapis vert（绿地毯）或威尔士语 llyfr bach（小书）。这些例子说明这些语言形容词和名词的基本的、最通常的词序是什么样的，尽管在法语和威尔士语里都有一批形容词通常位于名词前，如法语 le petit prince（小王子），威尔士语 yr hen wlad（古老国家）。看来实际情形大致是基本词序为 NA 的语言比基本词序为 AN 的语言较能容忍这类例外（Greenberg 列出的第 19 项共性）：英语里诸如 court martial（军事法庭）、envoy plenipotentiary（全权公使）的例子很罕见，而且从共时角度看常常不认为它们是名词和形容词组成的序列。

至少在概念上跟形容词–名词词序相关的是中心名词（N）和关系小句（Rel）在关系小句结构里的次序。同样，这里也有两种可能的词序，或者中心名词位于关系小句前，如英语，或者关系小句位于中心名词前，如土耳其语：

$$\begin{array}{lll}\text{adam-ɪn} & \text{kadɪn -a} & \text{ver -diğ-i patates} \quad (11)\\ \text{男人 属格} & \text{女人 与格} & \text{给 他的 土豆}\end{array}$$

(the potato that the man gave to the woman)

（那个男人给那个女人的那块土豆）

关于关系小句,包括这个土耳其语例句的进一步讨论应参看第 7 章,在那一章我们将看到中心名词和关系小句之间还有第三种可能的词序联系,即中心名词位于关系小句的内部。虽然形容词和关系小句在概念上类似,而且确实在某些语言(如马来语)里很难把两者区分开来,但在许多语言里两者有不同的词序;例如,英语是 AN,但又是 NRel。另外,英语里有许多很长的形容词短语的词序跟关系小句的词序一样,如 people fluent in three languages (流畅说三种语言的人)。这表明在把语言描述为 AN 或 NA 时,应优先考虑简单形容词的词序而不是较复杂的形容词短语的词序。

关于名词短语内部成分的词序,最后一项是领属(属格)名词(G)和中心名词(N)的相对词序。这里同样有两种可能的词序,GN 和 NG。前者的例子有土耳其语的 kadın-ın çavuğ-u(那个女人的小鸡,字面上是"女人-属格 小鸡-她的");后者的例子有法语的 la plume de ma tante(我姑母的笔)或威尔士语 het y dyn(那个人的帽子,字面上是"帽子那个人")。虽然我们还没有举例说明由名词短语内部相矛盾的两种词序引起的一些问题,但在讨论英语的描写时我们可以这么做。英语有两种领属结构,属格名词位于中心名词前的原撒克逊语结构和属格名词位于中心名词后的原诺曼底语结构,前者如 the man's hat(那个人的帽子),后者如 the roof of the house(那幢房子的房顶)。虽然从文本上看原诺曼底语领属结构在两者中较为常见,而且随着英语的历史发展已变得愈加常见,但是对于近代英语,是否能确定这两种结构中哪一种是英语中心名词和领属名词的基本词序,还远不清楚。

几个主要词序参项中最后一个要在这里考察的是一种语言里

用的是前置词(Pr),如英语 in the house(在房子里)或威尔士语 yn y tŷ(在房子里),还是后置词(Po),如土耳其语 adam için(为那个人)。传统语法的术语里虽然有前置词和后置词这两个名称,但缺乏一个概括两者的名称,即不管位置的前后。近来的类型研究已创造一个新名称"附置词"来填补这一空缺。如果用缩写 Ap 表示附置词,我们可以说英语的词序是 ApN(=PrN),而土耳其语的词序是 NAp(=NPo)。大多数语言显然要么用前置词,要么用后置词,虽然偶尔会有例外(例如波斯语基本上用前置词,但有一个用于直接宾语的后置词-rā);但也有一些语言比较混杂,例如爱沙尼亚语,除了根据统计上稍占的优势很难说它用前置词还是后置词。大多数澳大利亚语言既没有前置词也没有后置词。因此在作出有关前置词语言和后置词语言相对立的概括时,爱沙尼亚语和澳大利亚语等语言可以判定为跟概括不相干,而不是反例。

　　Greenberg 还讨论过其他一些较次要的、但在他提出某些共性时曾予考虑的参项。首先,典型情形下助动词位于主要动词前(如英语 will go[将去])还是位于主要动词后(如日语 aisite iru[爱])。其次,在比较结构里,比较的标准位于比较级成分前(如土耳其语 Ankara'dan daha büyük[比安卡拉大],字面上是[安卡拉比还大])还是位于比较级成分后(如英语 bigger than Ankara[比安卡拉大]);芬兰语这两种结构都有,当比较标准用连词 kuin(比)引出时放在后面(例如 vanhempi kuin Helsinki[比赫尔辛基古老]),而当比较标准是部分格时放在前面(例如 Helsinki-ä vanhempi[比部分赫尔辛基古老])。最后,我们可以区分后缀占压倒多数的语言和前缀占压倒多数的语言;后一种类型的适当例子极少,没有几种语言可以在给定的词干上添加大量的前缀,但是有一些语言有一串很长的后缀而几乎没有前缀,例如土耳其语 bil-mi-yor-um(我不知道),字面上是"知道–否定–进行时–第一人称单数"。

4.2 词序参项间的相互联系

4.1 节列出的各种参项大多数在逻辑上彼此独立,例如,不能根据推理预期一种语言里 SOV 基本词序的存在理应或多或少跟 AN 而不是 NA 词序的存在有适当的联系。即使有些情形或许可以根据推理预期有某些相互联系,例如预期 AN 词序和 RelN 词序(它们是不同的限定结构)有某些联系,仍然有许多没有这种联系的语言——例如英语,AN 和 NRel 并存——这足以表明这种相互联系远不是必需的。尽管如此,结果却表明实际上从这些不同的参项中可以得出许多种统计上有意义的相互联系。Greenberg 除了最初激发按这种方法研究语言类型的一般兴趣外,他的比较具体的功绩之一就是确立了许多这样的联系。在 4.2.1 节里我们将较详细地讨论 Greenberg 确定的某些联系。

4.2.1 Greenberg 确定的相互联系

由于 Greenberg 把他提出的那些共性作为附录归并在一起(参看本章注释和参考文献),这里我们不再简单地重复那张附录表,而是对他的比较突出的结论中的一部分加以说明和评论。Greenberg 列出的共性既有绝对共性又有倾向共性,既有非蕴含共性又有蕴含共性(尽管事实上蕴含共性多于非蕴含共性——我们因此把蕴含共性描述为相互联系)。Greenberg 的陈述自始至终十分小心谨慎,极细致地以他取样的语言和他有相关材料的其他语言为依据。例如,第1项共性是"在带有名词性主语和宾语的陈述句里,居支配地位的词序几乎总是主语位于宾语前",这一陈述是表明一种(强的)倾向性而不是表明一种绝对共性,因为Greenberg意识到有人断定某些语言的词序违反这一共性——虽然实际可获得的材料在这一点上并不总是可靠,我们在前面已经举出一些有可靠证据的例子,证实基本词序为 VOS 和 OVS 的语言是存在的。

其次,特别是跟以后的许多论著相对照,Greenberg 的谨慎还具体表现在他事实上始终避免把单向蕴含概括成双向蕴含,只要材料不容许这么做的话。例如,尽管提出第 27 项共性:"如果一种语言只有后缀,那么它用后置词;如果它只有前缀,那么它用前置词",但他没有提出相应的共性如"如果一种语言用后置词,那么它用后缀;如果一种语言用前置词,那么它用前缀"——这显然是合理的,因为有许多语言例如胡衣霍尔语用后置词但又广泛使用前缀,又如波斯语用前置词但又广泛使用后缀。

第三,Greenberg 没有把任何一种参项当作确定词序类型的基本参项,同样,这种谨慎也由实际材料充分证明是正当的。例如,从小句的词序能适当预测附置词词序,至少对 VSO 语言(根据第 3 项共性全部用前置词)和 SOV 语言(根据第 4 项共性用后置词的占压倒多数)如此。但是,结果表明正是从附置词和名词的词序能最好地预测领属成分的词序,这就是第 2 项共性:"在用前置词的语言里,领属成分几乎总是位于支配名词之后,而在用后置词的语言里它几乎总是位于支配名词之前"。在小句基本词序的三种主要类型里从一种而且只有一种类型可以适当预测形容词词序:根据第 17 项共性,"以大大高于随机的概率,以 VSO 词序为主的语言其形容词位于名词之后"。

第四,根据材料需要说明的相互联系有许多不是表述为涉及所有参项的整体联系,也不是表述为只涉及两种参项的简单联系,而是表述为涉及若干参项条件的复杂联系,例如第 5 项共性,它把小句词序、领属成分词序和形容词词序的某些情形相互联系起来:"如果一种语言以 SOV 词序为主而且领属成分位于支配名词之后,那么形容词也同样位于名词之后。"也许这种复杂条件的最极端的例子要数第 24 项共性:"如果关系从句位于名词前是唯一的结构或者是可选用的两种结构中的一种,那么这种语言用后置词,或者形容词位于名词前,或者这两种词序并存。"

遵照"多布斯费里语言共性会议",即 Greenberg 最初提交他那篇论文的会议所确定的一般原则,那个阶段研究的重点在于在可靠的跨语言基础上确立一系列广泛的语言共性,很少企图或根本不企图找出这些共性潜有的解释或更深远的概括。Greenberg 提出的个别共性中有一些倒确有似乎合理的、相当明确的解释,但是这方面的探索并不是那篇论文的任务。在 1.3.3 节我们曾建议主语位于宾语前这个倾向性(第 1 项共性)可以从主语和施事的联系、宾语和受事的联系以及施事在知觉上比受事显著这种倾向来解释。同样,很容易找到一种对第 15 项共性的解释,这项共性是:"在表达意愿和目的的词语里,从属动词形式总是位于主要动词后,除非有的语言里名词性宾语总是位于动词前。"有许多情形表明语言有用线性语序反映事件的时间顺序的倾向(例如像 John arrived and sat down [约翰到了,坐下来]这样的并列结构);愿望必定先于愿望的实现,目的的表述必定先于目的的实现,因此,我们可以预料,在其他情形等同的条件下,小句主要动词由于表达愿望或意图就会位于表达它的(潜在)结果的从属动词之前。"其他情形等同"这个附加条件对说明 Greenberg 指出的例外是必需的:如果一种语言又另外严格要求小句主要动词位于句末,那么这个条件就能使语序和时序相互联系的共性失效。

为什么许多从 Greenberg 的结论出发继续研究的语言学家在表述相互联系时不如 Greenberg 谨慎呢?也许其中一个原因是 Greenberg 提出的共性中有许多不管它们在表述跨语言变异的限度方面可能多么有效,但并不有助于对它们作出任何现成的解释或概括。举例来说,如果考察上面讨论过的第 2 项共性,为什么恰恰是附置词的词序对于确定领属成分相对中心名词的词序会起如此重要的作用,这一点还很不清楚:附置词和领属成分之间没有任何明显的概念联系,人们也很难会根据推断猜想附置词会成为词序整体类型的中心参项。即使是"附置词和领属成分相对名词的前后位置倾向于对立"之类的概括也只不过是一种形式上的重新表述,没有对这种形式概括能成立的原因作出任何说明。上述第 24 项共性,即从中心名词前的关系小句位置可以预测或者用后置词,或者形容词位于名词前(或者这两种词序并存),这也许是上述意义上非直觉共性的最明显的例子。

Greenberg 从经验上确定的共性中有一些确有似乎有理的解释,这些正是他那张共性附表事实上最大的功绩:在经验和解释两个方面都已取得进展。但是,对那些直觉上似乎不太有理的共性,我们感觉到两方面的某种抵触关系,一方面有经验的证明但缺乏内部一致的概念体系,另一方面有似乎有理的内部一致的概念体系但缺乏经验的证明。这种抵触关系将对以下两节的讨论有较重要的意义。

4.2.2 对 Greenberg 结论的概括

在那篇关于词序类型的论文的附录里,Greenberg 根据 4 种参项 VSO/SVO/SOV、Pr/Po、NG/GN、NA/AN 的各种组合共列出 24 种逻辑上可能的语言类型;在这 24 种类型中有 15 种已由他取样的语言和那项研究中他利用的其他语言所证实。但是,显而易见的是在这 15 种业已证实的类型中语言的分布远不是平均的。事实上,有 4 种类型每一种包含的语言数量要比其他 11 种里任何一种所包含的多得多,这 4 种类型如下:

(a) VSO/Pr/NG/NA
(b) SVO/Pr/NG/NA   (12)
(c) SOV/Po/GN/AN
(d) SOV/Po/GN/NA

根据这一观察的结果,我们也许会认为,为了确定词序类型的倾向共性而不是绝对共性,可以允许在研究中只考虑这 4 种类型,不考虑属于其他 11 种已证实类型的相对来说为数极少的语言。如果我们作出这种设想,那么从上面列出的 4 种类型似乎会得出一些其他概括。首先,除了主语在小句词序里的位置,(a)型和(b)型相同。如果我们真的不把主语考虑在内,那么(a)型和(b)型可以合并为单一的 VO 型;(c)型和(d)型都可以描述为 OV 型。其次,就大多数参项而言,(a)型(b)型恰好跟(c)型(d)型相反:前者是 VO、Pr、NG 和 NA;后者是 OV、Po、GN、AN 或者 NA。这个概括的唯一麻烦是 OV 型语言里广泛出现的 NA 基本词序。但

是,既然我们是在研究倾向性,我们可以允许忽略这一纠葛,在词序方面只研究两种较主要的类型(e)和(f):

(e) VO、Pr、NG、NA   (12)
(f) OV、Po、GN、AN

支持这一观点的似乎还有这样的事实,即 VOS 语言虽然没有包括在原来的附表中,但它有很强的倾向依附(e)型。OVS 语言的表现应该像(f)型,OSV 语言更应如此,但这两种语言的材料较难获得——实际上真正可以获得的详细情况只有一种语言即赫克斯卡里亚纳语,不过这种语言倒确实多少依附(f)型,只是它的形容词,如果可以说赫克斯卡里亚纳语有形容词(和关系小句)的话,位于中心名词之后。

此外,其他讨论过的参项中有一些参项倾向于跟这两种类型的区分相联系:(f)型倾向于关系小句位于名词前,还有很强的倾向使用后缀,助动词位于主要动词后,以及比较标准位于比较级成分前;而(e)型倾向于关系小句位于名词后,还有某些倾向使用前缀,助动词位于主要动词前,以及比较标准位于比较级成分后。

以上说明的对 Greenberg 结论的那类概括特别跟两位语言学家 Lehmann 和 Vennemann 有关,我们因此将依次考察他们的贡献。Lehmann 认为,首先,从一般类型的观点看,主语的词序是不相干的,因此我们确实可以只研究两种主要的语言类型,OV 型和 VO 型。这里作出两点评论是适宜的。首先,正如我们将在 4.2.3 节里详细说明的,虽然把 VSO 和 VOS 合并为单一的词序类型似乎是相当合理的——在其他参项方面,这两类语言一般表现相似——但把 SVO 语言纳入这同一类型却有问题。具体地说,虽然动词居首词序的存在或 SOV 词序的存在似乎跟各种其他词序类型参项密切相关,但 SVO 词序的存在看来并不跟其他任何参项有特别紧密的联系。知道一种语言是 VSO 或 VOS,我们可以预测它的其他词序参项的数值;知道一种语言是 SOV,我们也有相当的把握预测其他词序参项的数值;但是知道一种语言是 SVO,我们实际上无法预测任何别的数值。其次,在使用 OV 语言和 VO 语言这两个名称时有潜在的术语上的混乱,因此必须知道每一个作者具体是怎么使用的。一方面,我们可以用这两个名称严格地指动词和宾语相对的基本词序。另一方面——这是 Lehmann 的用法——我们可以用 VO 语言表示词序特性的全部或大多数属于上述(e)型的语言,用 OV 语言表示词序特性的全部或大多数属于上述(f)型的语言。有一个实际例子将说明这一点。在波斯语里,小句内的基本词序是 SOV,因此按照 OV 语言这个名称的第一种用法波斯语应属于 OV 语言。但是,波斯语又用前置词,领属成分位于名词后,形容词位于名词后,关系小句也位于名词后,因此按照第二种用法波斯语应属于 VO 语言,尽管它实际上不是 VO 基本词序。为了避免这种混淆,可取的办法是照 Vennemann 那样(见以下说明)把(e)型称作"操作域-操作符"(或中心语-附加语)类型,把(f)型称作"操作符-操作域"(或附加语-中心语)类型。

  Lehmann 还对观察到的那些相互联系提出一种形式上的解释,或者说是概括。他认为 V 和 O 互为主要的伴随语,而修饰语跟一个成分的主要伴随语处于相对的位置。例如,在 VO 语言里,V 的主要伴随语是位于动词后的 O,因此 V 的修饰语(具体是助动词)位于 V 的左边(AuxV);同样,V 也是 O 的主要伴随语,因此 O 的修饰语(具体是形容词、关系小句、领属成分)位于跟 V 相对的位置,即 O 的右边。相反,在 OV 语言里:V 的主要伴随语是位于左边的 O,因此 V 的其他修饰语位于 V 的右边(例如 VAux);O 的主要伴随语是 V,在 O 的右边,因此 O 的其他修饰语位于左边,也就是形容词、关系小句和领属成分位于宾语名词前。

这样概括 Greenberg 的结论产生的一些问题我们将在 4.2.3 节里讨论,除了这些问题外,这种解释还有另外两个具体问题。首先,对名词短语内部词序的解释只严格地适用于宾语名词短语,不能直接推广到主语或状语里的名词短语。或许可以假设这种词序是从宾语中概括出来进而延及其他名词短语,但是果真如此的话我们理应会发现名词短语内部的成分次序对宾语和对其他名词短语来说不一样的语言,可是这样的情形或者根本不存在或者很罕见。其次,这种解释,正如 Lehmann 的举例所表明的,没有区分表现为独立语词的修饰语和表现为词缀的修饰语。就动词的修饰语而言,这不会引起多少问题,因为在助动词位于动词后和使用后缀这两者之间,在助动词位于动词前和使用前缀这两者之间都有密切的相互联系。但是,对名词修饰语来说,只要存在相互联系,情形正好相反:在广泛的操作符-操作域语言,诸如突厥语、大多数乌拉尔语、凯楚阿语、亚美尼亚语等语言里,无疑是领属成分位于中心名词前,但领属词缀是后缀(还可参看 10.3.2 节)。

Vennemann 对用以上(e)型和(f)型两个式子表示的相互联系所提出的解释不受这些问题的影响(部分原因是他的解释不考虑词层面以下的关系),虽然他的解释也还是一种形式解释,也没有进一步考虑为什么这种特定的解释得以成立的问题。Vennemann 认为,在所考虑的各个结构类型中,即在动词和宾语

(但不是主语),名词和形容词等的关系中,其中一个成分是操作符(相当于传统结构主义句法的术语附加语或修饰语),另外一个是操作域(相当传统术语中心语),它们的分配如下表所示:

操作符	操作域
宾语	动词
形容词	名词
领属成分	名词
关系小句	名词
名词短语	附置词
比较标准	比较级形容词

操作符(附加语)和操作域(中心语)这两个身份的分配在大多数情形里没有争议,虽然有些语言学家对宣称附置词短语的中心语是附置词而不是名词(短语)不太满意。不过,对许多语言学家来说,这种分配可以通过结构主义句法通常使用的替代测试法证明是合理的;例如,英语 John is in the house(约翰在屋子里)里的前置词短语可以用 in(在里面)替代,但不能用 the house(屋子)代替,可以说 John is in(约翰在里面),但不能把 *John is the house(约翰是屋子)作为同类结构,而且传统的术语前置词短语也证明前置词是中心语的观点是合理的(就像名词是名词短语的中心语,动词是动词短语的中心语一样合理)。此外,在由词形格制约的语言里,跟动词制约着宾语的格一样,附置词制约着名词短语的格。就眼下的目的而言,不管怎样,我们可以设定操作符和操作域按以上方式分配给各个结构,只是需记住这样的分配其他一些语言学家已经作出过,但他们的研究跟 Vennemann 想要确定的那些特定的相互联系不相干。

可见,上述(e)型和(f)型所隐含的一般原则是:在(e)型语言里,操作符一贯位于操作域之后,由此得出我们上面的建议,即照 Vennemann 的术语把它们称作操作域-操作符语言;在(f)型语言里,操作符一贯位于操作域之前,由此得出操作符-操作域类型。对于那些在这方面类型一致不变的语言,我们只需确定它们是操作符-操作域型还是操作域-操作符型,而且根据这一种确定就能预测各别词序参项的数值。对于那些不是一致不变即不符合(e)型或(f)型的语言,可以按照各参项中占主导地位的这种或那种词序把它们描述为基本是操作符-操作域型或基本是操作域-操作符型。但即便这样也还必须特别指明那些语言有例外的那些参项。例如,就波斯语而言,我们可以说波斯语是一种操作域-操作符语言(用前置词,形容词、关系小句和领属成分位于名词后),但例外是它是 OV 词序。可见一种语言偏离一种一致不变的类型的程度可以从需要对词序作出的特殊说明的多少来衡量。

现在我们可以对这一立场,更具体地说是对 Vennemann 的立场跟 4.2.1 节讨论过的 Greenberg 的论著作一有益的比较。Vennemann 为我们提出了一种概念上十分简单又十分精致的格局;但是,为了确立这种格局,不得不对语言材料作某些随意处置,我们在 4.2.3 节对这一点要作较详细的说明。另一方面,Greenberg 的方法比较忠实于语言材料,但得出的结果是一系列具体的共性,它们不构成一个内部一致的概念体系。

4.2.3 对以上概括的批判

4.2.2 节讨论的 Lehmann 和 Vennemann 作出的概括如果能够成立的话也只能作为倾向性而成立,因为把它们当作绝对共性会有许许多多的反例。满足于倾向共性有时是必要的,是由于材料而不得已的,但是也带来一种危险,即不再继续探寻进一步的绝对共性或其他更强的共性。这一点即使从 Greenberg 的论著和 Lehmann 或 Vennemann 论著的比较中也能看出。Greenberg 确实成功地确定了一些绝对共性,例如断言所有 VSO 语言一律用前置词;但是,在 Vennemann 提出的操作符-操作域格局里,对这种没有例外的概括的表述跟对一种适用性很低的概括的表述毫无不同,例如 SOV 词序和形容词-名词词序之间的相互联系适用性很低,因为形容词位于名词后的 SOV 语言几乎跟形容词位于名词前的数量一样多。

  为了把 Vennemann 的格局跟 Greenberg 提出的共性作更直接的比较,一种办法是把 Vennemann 的格局重新表述为一系列蕴含共性构成的网络,从而使它们在形式上能够跟 Greenberg 的共性作更直接的比较。按这种方式重新表述后,可以看清 Vennemann 的词序共性原则全都表现为双向蕴含关系:例如,如果实际上从 OV 词序可以预测后置词,那么同样实际上从后置词可以预测 OV 词序。但是,几乎所有 Greenberg 的共性都是单向的。这就是说,Greenberg 的观点是从某些词序参项的数值能很好地预测另外某些参项的数值,但这种预测不能推及所有参项,因为其中有些参项并不显示出跟任何别的参项有密切联系。这里可以拿形容词词序作为一个合适的例子:知道某一给定语言里形容词通常位于名词前或名词后,我们实际上不能对其他词序参项的数值作出任何预测。更一般地说,我们在 4.2.2 节里所讨论的对 Greenberg 的共性的过分概括没有能对各个蕴含关系的可靠性作出任何区别,而是实际上全部同等对待。针对 Lehmann 的概括而言,这种批评有所不同,因为 Lehmann 确实主张一种词序参项比其他任何一种更重要,即主张 O 和 V 的相对词序更重要。但是同样,早先的 Greenberg 那篇较详细的论文应该已经表明,虽然有时从小句词序能很好地预测其他词序参项的数值,情形并非总是如此(形容词位于名词后的 OV 语言几乎和形容词位于名词前的数量一样多),另外还有许多情形表明其他一些参项有更好的预测价值(例如,从附置词能很好地预测领属成分的词序)。

作为对 4.2.2 节讨论的简化格局的反应,Hawkins 认为,即使只根据 Greenberg 原来的材料,也有可能得出一组没有例外的共性,而且它们还能进一步把词序类型研究中使用的各种逻辑上彼此独立的参项相互联系起来。因此这种观点可以看作介于 Greenberg 的立场和 Lehmann 和 Vennemann 的立场之间某种意义上的折中,既在 Greenberg 提出的共性之外进一步作出一些概括,而这些概括又比 Lehmann 或 Vennemann 的概括有力,因为据说它们没有反例。举例来说,按照 Vennemann 的格局,结果表明超过一半的世界语言有例外,虽然大家公认其中有些语言偏离操作符-操作域或操作域-操作符类型标准的程度极小,因而某种标准仍确实存在。

Hawkins 提出的共性,跟 Greenberg 的一样,也是单向蕴含关系。但是它们又跟 Greenberg 提出的大多数(不是全部)共性不一样,它们不仅仅涉及两种词序参项间的相互联系而是涉及三种或更多种参项间更复杂的蕴含关系,现把他提出的第一组共性重新按(13)和(14)列出如下:

SOV→(AN→GN)　　　　　　　　　　　　　(13)

VSO→(NA→NG)　　　　　　　　　　　　　(14)

让我们阐明包含在这两个共性中的观点。首先,它们表明从小句词序能很好地预测某些其他词序参项,但条件必须是基本词序是 SOV 或 VSO,也就是说从 SVO 词序不能作出适当的预测,至少在这种情形里是这样。(SOV,SVO 和 VSO 以外的其他词序不在考虑之列。)我们一旦知道一种语言的词序是这两种词序之一我们就可以作出预测,不过这种进一步的预测本身是蕴含关系的形式:如果一种语言是 SOV 词序,那么如果它的形容词还位于名词前,它的领属成分也就必定位于名词前;同样,如果一种语言是 VSO 词序,那么如果它的形容词还位于名词后,它的领属成分也就必定位于名词后。这两个共性显然在形式上互相联系。有可能从这两个蕴含共性出发列出所有逻辑上的可能性,然后观察其中哪些可能性事实上被排除,不过这里我们不打算开展这项工作。我们只需说明按照(13)被排除的类型是同时为 AN 和 NG 的 SOV 语言,按照(14)被排除的类型是同时为 NA 和 GN 的 VSO 语言。

Hawkins 提出的第二组共性有两个形式。第一个形式是个弱形式,它实际上有一些反例:

Pr→(NA→NG)   (15)

Po→(AN→GN)   (16)

跟 Greenberg 的观点一样,它们表明从前置词语言和后置词语言的区别可以对其他词序参项作出重要的预测,预测效果实际上(由于蕴含关系(13)和(16)之间,(14)和(15)之间十分相似)跟从小句词序进行预测一样好。被排除的语言类型包括:(a)那些用前置词,形容词位于名词后,但领属成分位于名词前的语言——在

Greenberg 的附表中,阿拉佩希语是个反例;(b)那些用后置词,形容词位于名词前,但领属成分位于名词后的语言。相对整个取样来说,例外为数非常少,因此我们可以容许(15)作为倾向共性而存在。然而,Hawkins 进而又指出那些例外全都属于 SVO 语言。正像我们已经几次指出的,从 SVO 预测其他词序参项的效果远不如从 SOV 或者 VSO 预测好,因此我们可以把这一观察结果作为共性(15)的组成部分,即除了要有合适的附置词类型外,还内含语言是 SOV 或者 VSO 的条件。这样就得出 Hawkins 最后制定的公式:

$$\text{Pr \& (VSO} \vee \text{SOV)} \rightarrow (\text{NA} \rightarrow \text{NG}) \tag{17}$$

虽然从最后制定的公式看这个共性可能显得很复杂,但前面的讨论应该已经说明这些公式是如何从较基本的观察结果出发而制定的。

因此,按照 Hawkins 对词序类型的总体观点,上列蕴含共性都属于绝对共性。在允许的各种类型内语言在分布上的偏差按照 Greenberg 的观点可以依靠倾向共性(Hawkins 稍作改变,阐述为分布共性)来描写。但是极其重要的是,跟 Lehmann 和 Vennemann 相反,这里将区别两类共性,一类是严格限定各种语言可能有的变异范围的绝对共性,另一类只是已经证实的各种类型中跨语言分布上的偏差所体现的倾向性。

4.3 词序类型研究的价值

正如我们在本章好几处已经强调的,词序类型研究在近来语言共性研究中的主要作用之一是方法论-历史性的作用:Greenberg 开创的研究表明,通过考察广泛的语言而不必对这些语言进行抽象分析就有可能得出重要的跨语言概括;此外,我们还从中获得一些较具体的方法论上的知识,例如语言取样技术的改进(参看 1.1.2 节)。但是,也确实随之产生一个问题,即在整个语言类型研究中词序类型研究到底有多深远的意义。Greenberg 的原著相对来说在词序和其他参项之间没有确定多少相互联系。Vennemann 的论文里也基本上没有确定更多的相互联系,而且我们已经看到甚至连 Vennemann 对整个词序类型的精致说明在某些方面还是成问题的。Hawkins 的研究则表明,如果要严格地确定词序类型,那就必须放弃 Lehmann 或 Vennemann 的极其精致的格局。当前,认为词序类型是整体类型的基础的主要建议者是 Lehmann,但是,必须承认,除了对他说明词序本身时作出概括程度有疑虑外,词序和其他现象,甚至和音系现象之间的大多数具体的相互联系还需要根据广泛语言的材料才能确定。

注释和参考文献

本章凡是提到 Greenberg 的那篇经典论文都是指 Greenberg (1966b);他提出的那些共性列于该文的附录三。对"基本词序"概念的更详尽的讨论见 Hawkins(1983:11—16);除了其原创性贡献之外,Hawkins(1983)还提供了更多的有关词序类型研究的最新进展。应当注意,在生成语法里,对"基本词序"这个术语的使用是很不一样的(底层句法结构的成分次序可能跟表层结构截然不同),这使得类型学著作跟生成语法著作之间的比较十分困难。

关于马尔加什语是 VOS 语言的讨论，参看 Keenan(1976a)；关于赫克斯卡里亚纳语是 OVS 语言，参看 Derbyshire(1977)，更一般的情况可参看 Derbyshire(1979,1985)；对其他可能是宾语居首的语言的讨论参看 Derbyshire & Pullum(1981)。克佩勒语的例子引自 Givón(1975b:50)。关于诸澳大利亚语言缺乏附置词，参看 Dixon(1980:272)。关于语言倾向于使用后缀而不是前缀，应参看 Hawkins & Gilligan(1988)。

4.2.2 节的讨论是根据 Lehmann(1973) 和 Vennemann(1972)。Dryer(1988)令人信服地证明了，在 AN 和 NA 中，OV 语言并不倾向于 AN；这种"倾向"源自对欧亚 OV 和 AN 词序语言的过多关注。4.2.3 节主要跟 Hawkins(1983:63—89)有关；在 Greenberg(1966b)一文里，一些达格斯坦语言（高加索东北部）是(16)的例外，但 Hawkins(1983:52—3,67)认为这些语言的基本词序是 GN 而不是 NG。Hawkins(forthcoming)新近提出，词序共性是大脑处理限制的产物，即心理语言学可以为结构上的解释提供更多的解释。

Lehmann 提出的较广泛的类型上的相互联系中有一些包括在 Lehmann(1978a)一文中；关于对该文的某些批评，参看 Smith(1980)的评论文章。

另请参看第 10 章有关词序演变的注释和参考文献。

5 主语

5.1 主语问题

在 3.3 节我们曾提到研究语法关系(包括主语)时内在的一些问题,也提到解决这些问题的一些可能的方法。在这一章,我们将更详细地考察这个问题的一个特定方面,即主语的跨语言定义。主语是一个重要概念,在传统语法和较近的语言学论著中都经常使用,在各个语言的描写和作出跨语言的概括时也都经常使用。假如语言学家对每一种语言的每一种结构里哪一个名词短语是主语都有固定不变的一致意见,那我们或许倒可以接受这种对主语的互相一致的意见,也可以相应地花费较少的精力试图找出主语的明确定义。但是,结果表明在广泛的情形里缺乏这种对主语的一致意见,因而作为一个严重的经验问题确实有必要确定宣称某一名词短语是或者不是主语的标准。

语言学家对主语身份缺乏一致意见的一个具体实例表现在对作格结构的各种对立的分析。我们在下面 5.3 节和 6.2.2 节还要对"作格性"作较详细的讨论,就眼下的目的而言,我们可以只举出一些实例,说明产生的这种问题的性质,现以楚克奇语作为我们的例子:

ɣəm   tə-yet-ɣʔek.   (1)
我–通格   来过–第一人称单数
(I came.)
(我来过。)

ɣəm-nan   ɣət   tə-lʔu-ɣət.   (2)
我–作格   你–通格   见过–第一人称单数–第二人称单数
(I saw thee.)
(我见过你。)

对英语的各种分析都是一致的：在这两个句子的英语译句里，I（我）是不及物结构(1)的主语也是及物结构(2)的主语；此外，英语的形态，至少是代名词的形态确切地反映了这种分布：主语是主格，直接宾语是宾格。在楚克奇语里，跟英语一样的是这三个名词短语也用两个格表示，但是它们的分布很不一样：通格用来对译(1)里的 I（我）（不及物主语），还用来对译(2)里的 thee（你）（直接宾语），而另有一个格即作格用来对译(2)里的 I（我）（及物主语）。于是就产生一个问题，在楚克奇语里，是不是应该按照形态把两个通格名词短语归并为主语，而不是就按照结果表明跟英语相关的分布来归并。虽然早先有许多研究作格语言的语言学家试图用推演的办法一劳永逸地解决这个问题——通过两种途径，或者依靠形态或者不管形态——但这个问题事实上是一个经验问题，而且在第 5.3—5.4 节里我们将说明问题的答案远不如以上任何一种解决办法那么简单。但是目前我们可以只指出这个问题的存在。

当然，在确定主语身份时除了格标记标准外，3.3 节的讨论已经明确句法标准对确定主语身份也是很重要的。例如，在英语里，我们可以指出以下两条确定主语身份的标准。首先，动词在人称和数上跟主语一致;虽然英语动词的形态已经相当衰退,这个特性在现在时第三人称单数和其他形式的区别上以及在不规则动词的一些其他情形的区别上还仍然一贯保持着,例如我们在 he sees you(他看见你)中用第三人称单数形式,而在 I see you(我看见你)中用非第三人称单数形式。其次,在那些由许多语法学家称作主语提升为宾语的各种结构里,我们发现 that-小句的主语,而且只有这个主语,在某些动词后可以在另一种可替代的结构类型(4)里出现:

  I believe that Max is an accountant.   (3)
  (我相信,马克斯是个会计。)
  I believe Max to be an accountant.   (4)
  (我相信马克斯是个会计。)

在绝大多数句子类型里,这两个句法标准恰好重合,也就是说逻辑上彼此独立的几个标准在确定英语主语时趋向一致。但是,在某些句子类型里不存在这种一致,例如由 there is/are(有)引出的句子:

  There are unicorns in the garden.   (5)
  (花园里有一些独角兽。)
  There is a unicorn in the garden.   (6)
  (花园里有一只独角兽。)

在这样的例子里,至少就标准英语而言,动词的一致形式是由 there is/are 后面的名词短语决定的。但是,主语提升为宾语时又把 there 当作主语处理,得出:

I believe there to be a unicorn/unicorns in the garden. (7)
（我相信花园里有一只/一些独角兽。）

确实，在这样的情形里我们发现对于(5)和(6)里哪一个名词应该被看作主语的问题存在分歧：侧重不同的标准会得出不同的结论。可见即使在英语里也有某些结构类型，语言学家对其中哪个名词短语是主语缺乏一致意见。

面对这样一些围绕确定主语概念的问题，存在两种可能的解决途径。一方面，我们可以声称主语这个概念从一开始就是使人误解的，应该把它从语言理论中排除出去。另一方面，我们可尽力制定出这样一个主语身份的定义，它既在各种明确的情形里符合语言学家对主语的互相一致的直觉，又能对那些不明确的情形提出有洞察力的见解。在这一章我们将遵循第二个途径。但是在开始制定定义的细节前，我们还应作一些初步的说明。首先，我们不事先受这样一种观点的约束，即主语是每种语言的语法必不可少的描写范畴：完全有可能有些语言里这个范畴不适用，当然同样也有语言（包括英语）是适用的。其次，我们也不受这样一种观点的约束，即只要主语一般适用一种语言，每一个句子必定有一个主语。再其次，我们还不受这样一种观点的约束，即把语言甲里由某个名词短语充当主语的一个句子译成语言乙时，由同一个名词短语充当主语。我们将在下面列举这几项说明的例子。

最后，虽然我们将提出的观点是话题和施事这两个概念必须在确定主语定义时起作用，但我们还认为，即使在英语里，主语的概念显然不能跟这两个概念的任何一个相等同。例如，如果我们按照动词一致的标准，那么很明显在被动句 the men were hit by the boy（那些人挨那个男孩打）里，复数动词 were 并不与施事一致；同样也很明显，在话题提前的句子 John I know（约翰，我认识）里，非第三人称单数动词并不与话题一致。不管语法关系、语义角色和语用角色三者之间的联系可能多么密切，也不能把它们互相等同起来。

5.2 定义和范畴

在具体着手讨论主语的定义前，为了避免以后产生某些误解，我们必须对定义的性质，特别是对语言学范畴的定义性质作一些初步说明。我们将要阐明的那种主语定义如下：典型的主语是施事和话题的重合，也就是说，从各种语言看，最明确的主语同时是话题和施事。这个定义有两个重要特点：第一，定义有多重因素；第二，定义用典型来表述，而不是用识别主语的必要和充分条件。这第二个特点尤其重要，因为有许多语言的许多结构，它们的主语要么不是话题，要么不是施事，甚至两者都不是。

采用多重因素的定义未必令人感到惊讶，因为这样的定义在语言学和其他领域里很普遍，例如，我们对前置词的定义是它既是附置词又位于受支配名词短语的前面。但是，用典型来给语言学范畴定义的企图却遭到过分的反对和歧视，因此值得花一点时间来探讨这个问题。我们将不从主语特性方面直接讨论这个问题，而是用一些其他例子，这些例子更明显地表明用典型来定义的合理性。需要指出，这种类比本身并不证明根据典型给主语定义是合理的，但它确实表明我们不能事先抵制这种定义，而是必须在它们适合语言材料的情况和参照其他定义对它们的评价方面权衡正反两方面的理由。

在第 2 章里，我们曾在一个非常明显的领域举例说明用典型给范畴下定义似乎是必要的，这个领域就是颜色词。人类对一个颜色词似乎是识别它的中心色或焦点值，而不是它的明确界限。这就是说，如果一个物体要被称作红色，并不存在一组它必须满足的必要和充分条件。当然这也并不是说我们不能对红色这个词的使用施加任何限制：这个词最适合于一个中心色值，当逐渐偏离这个中心区域而接近其他颜色词的中心色时它就越来越不适合。因此这个例子证明至少在一个领域人类确实按照典型划分范畴，从而开创了这种定义方式的实际可能性。

还可以发现一些类似的例子，涉及更明确的语言学范畴。这里我们要举的例子是俄语里名词和形容词的区分，特别是数词跟这两类词的关系。一般来说，俄语里名词和形容词的区别是明确的，我们因此可以确定一些跟名词和形容词的中心值（典型）相关联的标准。然而数词介于这两种典型之间，这种相间的方式使我们不得不任意地确定它两头的截止点。在区分形容词和名词时，我们可以取两个可以比较的结构类型，一个是由一个修饰性形容词和中心名词组成的名词短语（例如 xorošij mal'čik［好男孩］），另一个是由一个表示数量的中心名词和一个表示度量对象的从属性领属成分组成的数量短语（例如 stado ovec［羊群］）。

以下四条标准确定定语结构里的形容词：(a)形容词在数上跟中心名词一致，即有单数/复数的区别，例如 xorošij mal'čik（好男孩［单数］），xorošie mal'čiki（好男孩［复数］）；(b)形容词在格上跟中心名词一致，例如主格 xorošij mal'čik（好男孩），与格 xorošemu mal'čiku（给好男孩），工具格 xorošim mal'čikom（用好男孩）；(c)形容词在性上跟中心名词一致，即区分三种性：阳性/阴性/中性(但只限于单数),例如 xorošij mal'čik(好男孩),xorošaja devočka(好女孩),xorošee okno(好窗户);(d)许多名词根据它们是不是有生命而有不同的宾格形式,而形容词在这种区别上跟中心名词一致,例如无生命宾格 xorošij stol(好桌子),有生命宾格 xorošego mal'čika(好男孩),尽管 stol(桌子)和 mal'čik(男孩)都是阳性单数。数量结构里的中心名词没有上述任何一个特性。例如我们有 stado ovec(羊群),其中 ovca(羊)是阴性,又有 stado gusej(鹅群),其中 gus'(鹅)是阳性。在数方面,我们有 massa benzina(一摊汽油)和 massa ljudej(一堆人)。在格方面,我们发现中心名词的格有变化,但从属名词持属格不变,例如主格 stado ovec(羊群),与格 stady ovec(给羊群),工具格 stadom ovec(用羊群)。最后,中心名词不根据从属名词有没有生命而变化,试比较宾格 massu ljudej(一堆人)和 massu karandašej(一堆铅笔)。

另一方面,数量结构的中心名词有好几个特性是定语结构里的形容词所没有的,它们是:(e)中心名词可以不依赖从属名词而发生数的变化,例如 stado ovec(羊群),stada ovec(羊群[复数]);(f)数量结构的中心名词可以带一个跟它一致的定语,例如 xorošee stado ovec(好的羊群),其中 xorošee(好的)是中性单数主格,跟 stado(群)一致,而 ovec(羊)是属格复数;(g)从属于中心名词的名词持属格不变,如果是可数名词就是属格复数——这跟(c)里定语结构的形容词和中心名词必须同格的情形形成对照。

按照俄语数词是否符合以上七个标准的情况,我们发现可以把它们分为若干类。首先,数词"一"具备形容词的所有特性而没有中心名词的任何特性:它甚至能跟"对合复数"的数相一致,例如 odni(复数)nožnicy(一把剪刀)。另一个极端是数词 million(百万)和所有比它数位更高的数词,它们有名词的所有特性而没有形容词的任何特性。介于两者之间的数词具备的形容词和名词的特性数目各不相同,如下面表格所示。在表格中,A 表示数词具备合适的形容词特性,N 表示数词具备合适的名词特性;A/N 表示两类特性都具备,A/(N)表示特性明显偏向于形容词;(A)表示数词有形容词特性,但形式有限,特别是数词"二"只有两种性的对立,区分阴性 dve 和阳性-中性 dva;(N)表示对名词特性的类似限制,例如 sto(百)的复数只有几种有限的使用形式。在表格中,注意"四"的特性跟"三"一样,从"五"到"九十"包括"九十"的非复合数词的特性跟"五"一样。

俄语数词的形容词和名词特性

特性	odin (1)	dva (2)	tri (3)	pjat' (5)	sto (100)	tysjača (1000)	million (1000000)
(a)	A	N	N	N	N	N	N
(b)	A	N	N	N	N	N	N
(c)	A	(A)	N	N	N	N	N
(d)	A	A/(N)	A/(N)	N	N	N	N
(e)	A	A	A	A	(N)	N	N
(f)	A	A	A	A	A	N	N
(g)	A	A	A	A	A	A/N	N

如果我们提出俄语数词是形容词还是名词的问题,显然没有简单的答案,只有"一"(形容词)和"百万"(名词)的情形是例外:具体地说,我们不能在形容词和名词之间一刀切,除非任意这么做,也就是任意决定在七个标准中我们将以某一个而不是另一个标准为准——但即便如此,个别标准中有一些仍然不能为准,因为表中有用斜线隔开的交替项或用括号括起的项。实际情况是我们有一

些明确的典型,还有一个把那些典型——区分开来的连续体,这跟颜色词的情形很相近,尽管显然我们这里处理的是语法范畴。

实际上,如果我们在可以交替的情形里考虑到统计上的偏向,俄语数词的形容词特性和名词特性之间区别的有如连续体的性质就还会显现得更明晰。例如,在"二""三""四"三个数词后,形容词可以是主格复数(假如这些数词是形容词,这是预料中的)或者是属格复数(假如这些数词是名词,这也是预料中的)。如果计算这两种可能性在文中出现的次数,结果是"二"偏向于形容词类的程度最高,"四"偏向于形容词类的程度最低,这就是说,即使对于两个邻近的数词,我们也可以确定其中较小的数词比较大的数词更像形容词。

总之,必须承认根据典型下定义是一种可能性。

5.3 作格性

在5.1节,我们提出一个针对任何一个句子的句法分析的一般问题:句子的主语是什么?鉴于5.2节的讨论,我们可以稍许改变这个问题的提法。原来问题的含义是问题会有一个明确的分离的答案,也就是说某一个名词短语要么是主语要么不是主语。但是,从我们把主语的性质确定为施事和话题的重合来看,由于施事和话题是两个逻辑上彼此独立的概念,在一个给定句子里不需要恰好重合,很明显我们问题的答案完全可以是不太明确的:情形可能是某一个名词短语具备某些主语特性但不具备全部特性,也就是说,我们不会简单地说一个名词是或者不是主语,而是把它描述为在某种程度上是主语。同样,也有可能在一个句子里各主语特性将分配给几个名词短语，或至少在两个之间分配，而不是统统只用来确定一个名词短语的性质。因此，在许多情形里，对"这个句子的主语是什么？"的问题预期一个明确的答案就跟对"俄语 pjat'（五）是名词还是形容词？"的问题预期一个明确的答案一样都是没有意义的。在这一节我们将进一步考察这方面的含义，特别是关于作格结构的性质即"作格性"。

在5.1节我还提出一个较具体的问题，即如何识别作格结构的主语。为了充分讨论这种结构，特别是关于这种结构跟主格-宾格结构的相似点和不同点，有必要提出一组介于这两个系统之间的中性术语。我们建议的这组术语如下：我们将用 S 表示不及物谓语的唯一论元；显然这是为了帮助记忆它是主语，因为一般来说对各种语言里大多数不及物（单一论元）结构的主语地位极少或根本没有争议，这个适合记忆的符号在内容上也是合适的。在及物结构里，有两个论元，为了避免循环论证这两个论元我们都不用符号 S 表示。在典型的及物情形里，两个参与者分别是施事和受事，不管任何一种语言里句子的形态变化或句法表现怎么样，这一点总是固定不变。因此我们可最先从描述行动的及物谓语着手，用 A 表示施事，用 P 表示受事，例如在 I hit you（我打你）的句子或把它译成楚克奇语的句子里，不管各个不同名词短语的格标记是什么，I（我）是 A，you（你）是 P。这两个标签显然同样是为了帮助记忆它们分别表示施事和受事。但是，用任意的标签 A 和 P 而不实际用施事和受事的好处在于，即使当我们超出典型的及物情形（即行动）而涉及语言里形态和句法相类似的其他结构时，我们可以继续使用这两个任意符号。例如，英语里及物动词 see（看见）的形态变化和句法表现跟表示行动的及物动词 hit（打）非常相像，因此虽然在 I saw you(我看见你)里代名词 I(我)的语义角色不是施事,我们仍然可以用 A 来表示它。可见 A 和 P 是句法术语,它们的典型是用语义术语来定义的。

于是,在讨论本章开头列出的两个例句(1)和(2)时,我们可以说在(1)里楚克奇语 ɣəm(我)和英语 I(我)都是 S;在(2)里楚克奇语 ɣəmnan(我)和英语 I(我)都是 A,而楚克奇语 ɣət(你)和英语 thee(你)都是 P。此外,英语里,用同一个格表示 S 和 A——这一种格称作主格;另用一个格表示 P——这一种格称作宾格。在楚克奇语里,用同一个格表示 S 和 P——这一种格称作通格;另用一个格表示 A——这一种格称作作格。到目前为止的讨论基本上跟形态有关,我们在第 6 章还要讨论作格-通格和主格-宾格的格标记。现在可以讨论主语的句法特性。

从到目前为止对英语主语的说明中,应该看清英语把 S 和 A 同样当作主语是出于句法目的,当然包括迄今讨论过的那些句法目的,而且实际上还包括大多数其他句法目的。为了说明这一点我们可以举并列结构的一些例子,特别是两个有一共同名词短语的小句的并列,其中第二个并列小句里略去那个相同名词。如果我们试图把句子(8)(9)和(10)连接起来,取一个及物小句和一个不及物小句并按这种顺序连接,那么很明显,要略去第二次出现的同指名词短语,我们只能连接(8)和(9),不能连接(8)和(10):

The man hit the woman. (8)
(那个男人打那个女人。)
The man came here. (9)
(那个男人到这儿来了。)
The woman came here. (10)

（那个女人到这儿来了。）

　　The man hit the woman and came here. (=8+9)　　(11)

（那个男人打了那个女人就到这儿来了。）

尽管句子(11)里没有明显包含不及物谓语 came here（到这儿来了）的 S,但是说英语的本族人绝对明白这个句子唯一可能的解释是那个男人到这儿来了,尽管另外一种解释（那个男人打了那个女人,那个女人就到这儿来了）也完全讲得通。换句话说,要允许第二个并列小句略去一个名词短语,英语要满足两个条件:(a)语义条件是两个名词短语必须同指;(b)句法条件是两个名词短语或者是 S 或者是 A。出于句法目的,英语对 S 和 A 作同样处理,因此英语主语意味着 S 或 A。

　　我们可以把这种情况跟迪尔巴尔语里存在的情况作一对比,上面(8)—(10)三个英语句子的迪尔巴尔语译句如下：

　　Balan d^{y}ugumbil baŋgul yaraŋgu　balgan.　　(12)

　　　　女人-通格　　　男人-作格　打

　　(The man hit the woman.)

　　Bayi yara　　　　banin^{y}u.　　(13)

　　　　男人-通格　　来-这儿

　　(The man came here.)

　　Balan d^{y}ugumbil banin^{y}u.　　(14)

　　　　女人-通格　　来-这儿

　　(The woman came here.)

　　Balan d^{y}ugumbil baŋgul yaraŋgu balgan, banin^{y}u. (=12+14)

(15)

(The man hit the woman, and the woman came here.)

(那个男人打了那个女人,那个女人就到这儿来了。)

(迪尔巴尔语里,名词通常有一个附着的量词,它在类别上,包括性和格,跟名词一致;上列例句中它们是 balan, baŋgul 和 bayi。)特别注意(15)不是而且在迪尔巴尔语里也不可能是英语句子(11)的意思;这两种语言的两个句子,它们的意思对说本族语的人来说都是一清二楚的,只是意思恰巧在两种语言里不相同。跟英语一样,迪尔巴尔语对略去一个名词短语的并列结构也有两条限制,但是语义限制虽然跟英语一样(两个名词短语必须同指),句法限制却不同:迪尔巴尔语里两个同指的名词短语必须是 S 或者 P。可见出于句法目的,迪尔巴尔语对 S 和 P,而不是 S 和 A 作同样处理,因此迪尔巴尔语里适当的语法关系是把 S 和 P 归并在一起的语法关系,换句话说,迪尔巴尔语的主语意味着"S 或 P"。

虽然或许看上去这种句法上的差异是根据形态上的差异得出的,即英语是主格-宾格形态而迪尔巴尔语是作格-通格形态(这可以从比较(12)—(14)的例句中看出),但是应该强调指出实际情形并不是这样。在英语里,即使对于形态上没有主格-宾格区别的非代词名词短语照样可以在句法上识别 S 和 A。在迪尔巴尔语里,第一和第二人称代词却恰恰有主格-宾格的格标记,这个事实我们在第 6 章还要讨论,但这并不影响并列结构是以作格-通格为基础的:

ŋad^{y}a　　ŋinuna　　balgan.　　　　　　　　　　(16)
我-**主格**　你-**宾格**　打

(I hit you.)

(我打你。)

ŋadʸa   baninʸu.   (17)
我–主格   来–这儿
(I came here.)
(我到这儿来了。)

ŋinda   baninʸu.   (18)
你–主格   来–这儿
(You came here.)
(你到这儿来了。)

ŋadʸa ŋinuna balgan, baninʸu.   (19)
(I hit you, and you/ * I came here.)
(我打了你,你/ * 我就到这儿来了。)

我们还应指出并不是所有语言采用的模式要么像英语要么像迪尔巴尔语。例如,在楚克奇语里,并列结构里略去的不及物动词的 S 可以理解为跟前面动词的 A 或者 P 同指:

ətləɤ-e   talayvənen ekək   ənkʔam əkvetɤʔi.   (20)
父亲–作格 他–打–他   儿子–通格 又   他–离去
(The father beat the son, and the father/the son left.)
(父亲打了儿子,父亲/儿子就离去了。)

在伊迪尼语里,如我们已在 3.4 节里看到的,略去的 S 偏向于作哪种解释是根据形态(与及物小句的通格或者主格名词短语同指),因而把句法的主格–宾格系统和作格–通格系统结合起来,而楚克奇语的这个例子在这两个系统之间是完全中性的。伊迪尼语的材料特别清楚地说明一个重要问题,把一种语言确定为要么属于要么不属于作格语言的做法令人误解,相反我们必须这样提问:这种语言在什么程度上和在哪些具体结构上属于作格语言,也就是它的句法在哪些地方根据主格–宾格系统起作用,又在哪些地方根据作格–通格系统起作用。就伊迪尼语而言,在及物结构里,并列时的有些情形是 A 具备主语的各个特性(第 3 章例 44),有些情形是 P 具备主语的各个特性(第 3 章例 43),还有一些情形是主语的各个特性在两个名词短语之间分配(第 3 章例 45)。

跟许多但不是所有语言一样,英语和迪尔巴尔语在编排几个相同语义角色时都有不同的句法手段,即不同的语态。例如,英语里,我们可以取及物句(8),其中的 the man(那个男人)是 A,the woman(那个女人)是 P,然后把它重新表述为一个被动句,即一个不及物结构,其中的 the woman 充当 S,the man 充当旁格宾语(即 S,A 或 P 都不是):

  The woman was hit by the man.   (21)
  (那个女人挨那个男人打。)

由于 the woman 是(21)的 S,而且是不及物句(10)的 S,这就可以把这两个句子并列起来,在第二个并列小句中略去同指的 S,得出(22),(22)的意思跟迪尔巴尔语句子(15)的意思完全相同:

  The woman was hit by the man and came here. (22)
  (那个女人挨了那个男人打就到这儿来了。)

在迪尔巴尔语里,可以取一个有如(12)的及物句(就此而言也可取16),然后把它重新表述为"那个男人"充当 S,"那个女人"充当旁格宾语,并在动词上附加后缀-ŋay。这种把基本语态的 A 变作 S 的语态在近来有关作格性的论著中已经被称作反被动语态:

Bayi yaṛa   dagun dʸugumbilgu balgalŋanʸu.　　(23)
男人-通格　　女人-与格　　打-反被动

（那个男人打那个女人。）

于是，在迪尔巴尔语里可以把(23)和不及物句(13)连接起来，(13)里的"那个男人"也是 S。由于不属于我们这里讨论范围的原因，这个特定并列结构唯一可能的词序是不及物小句位于前面：

Bayi yaṛa baninʸu, bagun dʸugumbilgu balgalŋanʸu.　 (24)
（那个男人到这儿来了，他打了那个女人。）

可见，语言里不同语态的功能在于重新分配主语的特性：在英语里是为了使原先应是 P 的名词短语获得主语特性（充当 S）；在迪尔巴尔语里是为了使原先应是 A 的名词短语获得主语特性（充当 S）。

作为这一节讨论的结束我们可以扼要重述一些主要观点，并再举一个例子加以阐明。虽然主语的分配在大多数不及物结构，特别在那些实际上是单向谓语的结构里是明确的，但在及物结构里我们可以发现主语的各个特性或者分配给 A，在这种情形下我们有主格-宾格系统的句法，或者分配给 P，在这种情形下我们有作格-通格系统的句法。对于这两种句法，有些语言表现出这种或那种很强的倾向性——例如英语主要是主格-宾格系统，迪尔巴尔语主要是作格-通格系统——而其他语言则比较均衡。在楚克奇语里，不定式结构是按照主格-宾语系统，略去不定式的 S 或 A，加上后缀 -(ə)k：

ɣəmnan   ɣət   tite   məvinretɣət   ermetvi-k.　　(25)
我-作格　你-通格　日后　让-我-帮助-你　不定式-成长-强壮

(让我帮助你长得强壮。)

Morɣənan ɣət   mətrevinretɣət
我们-作格 你-通格 我们-将-帮助-你

rivl-ək   əməlʔo ɣeceyot.   (26)
不定式-搬运   全部   采集的-东西-通格

(我们将帮助你搬运所有采集的东西。)

在(25)里,"长得强壮"的 S 被略去;在(26)里,"搬运"的 A 被略去。而在否定的分词结构里,在分词形式的动词加上后缀-lʔ 后,这种结构可以用来使分词小句的 S 或者 P 关系小句化,但不能使 A 关系小句化(除非分词小句像(29)那样变为反被动句,从而实际效果也是 S 的关系小句化):

E   -tipʔeyŋe -kə -lʔ -in ŋevə́cqet raɣtəɣʔi.   (27)
否定 唱歌   否定 分词 通格 女人-通格 她-回-家

(那个不在唱歌的女人回家了。)

Iɣər a   -yoʔ -kə -lʔ -etə enm-etə mənəlqənmək.   (28)
现在 否定 到达 否定 分词 向格 山   向格 让-我们-去

(现在让我们去那座没有人去过的山。)

En   -aɣtat -kə -lʔ -a   qaa -k
反被动 追逐   否定 分词 作格 驯鹿 方位格

ʔaaćek-a   vinretərkəninet ŋevə́cqetti.   (29)
青年   作格   他-帮助-他们   女人-通格

(那个没有追逐驯鹿的青年正在帮助那些妇女。)

(注意在(29)里反被动动词的宾语为方位格。)

5.4 语义和语用因素

到目前为止,我们还没有把主格-宾格和作格-通格这种句法区别跟另一种区别联系起来,另一种区别是指那些严格说来跟施事密切相关的特性和跟话题密切相关的特性之间的区别。我们现在要进行这方面的讨论,当然我们的讨论必定只涉及对部分特性的举例说明。

我们可以先从跟施事特性联系较密切的那些主语特性开始。在许多语言里,命令句可以不用指出受使人,条件是受使人是 A 或 S,如果受使人是 P 就不行;实际上,有许多语言的条件还要更严,即命令结构的 S 或 A 必须是第二人称(受使人),也就是说,这些语言只有第二人称命令句。就英语来说可以举 come here!(到这儿来!)(即 you come here![你到这儿来!])和 hit the man(打那个男人!)(即 you hit the man![你打那个男人!])的例子来说明,它们可以略去受使人代名词,与此形成对照的是 let/may the man hit you!(让/愿那个人打你!)不可以有这样的省略。十分有意思的是,在迪尔巴尔语里恰恰存在同样的制约:尽管这种语言里 S 和 P 认同的结构广泛而常见,在命令句删略受使人时却跟英语一样 S 认同于 A:

(ŋinda) bani. (30)
你-主格   来-这儿-命令
(到这儿来!)

(ŋinda) bayi yara   balga. (31)
你-主格   男人-通格   打-命令

(打那个男人!)

　　这种分布的动机并不难发现。发出的命令要是合适的话,接受命令的人必须对结果发生的情形有所控制。一般来说,S 和 A,特别是 A,是两个对这种情形最有自控力的参与者,而 P 难得有多少自控力,因此在语言里把命令的接受者表示为 S 或 A 要比表示为 P 更为自然。命令句里受使人的删略只是提供一种表达比较符合意料的情形的较简洁的手段,也就是说,当受使人是施事性较强的 S 或 A 时可以被删略,当受使人是施事性较弱的 P 时不能被删略。可见这是表明一个主语特性跟一个施事特性互相联系的一个明显例子。注意,我们并不是说在这个特性上主语和施事是等同的,也不是说句法规则可以用施事代替主语来表述。对英语来说,情况显然不是这样,因为我们可以构成被动命令句,其中的受使人不是施事但仍可删略,或者其中的施事是受使人但不能被删略(虽然结果得出的句子很不自然):

　　Be amazed by the world's greatest lion-tamer! 　　(32)
　　(为世界上最伟大的驯狮者感到惊奇吧!)
　　Let/may this problem be solved by you! 　　(33)
　　(让/愿这个问题你解决了吧!)

我们这里说明的观点是这个主语特性跟一个施事特性密切相关,因而即使在 S/A 的认同在其他情形里极少起作用或不起作用的语言,如迪尔巴尔语,S/A 认同也是更为自然的。

　　另外,我们的观点不是说因为一个主语特性跟一个施事特性密切相关,各种语言必定有 S/A 认同。我们只是说会有很强的倾向性实现这种认同(也就是说这是倾向共性而不是绝对共性)。例如,在迪尔巴尔语里,人们也许料想那种主格-宾格句法也同样适用于间接命令句,即间接命令句的 S 或 A 如跟命令的受使者同指也可以删略。但是,事实上间接命令句的 A 不能以这种形式被删略,而是必须使用反被动句,把这个名词短语表现为 S,然后根据允许删略 S 或 P 的一般规则可以把它删略:

ŋana yabu gigan ŋumagu buṛalŋaygu. (34)
我们-主格 母亲-通格 告诉 父亲-与格 看-反被动-不定式
(我们叫母亲看着父亲。)

(注意,与格是受事在反被动结构里可以持有的格之一。)如果不定式及物动词用无标记语态,那么只有同指的 P 可以略去,如(35):

ŋad^ya bayi yaṛa gigan gubiŋgu mawali. (35)
我-主格 男人-通格 告诉 医生-作格 检查-不定式
(我叫那个男人接受医生检查。)

命令句受使人删略的例子表明 S 和 A 的自然认同,即表明自然的主格-宾格句法。现在我们可以转而考察自然的作格-通格句法的一个例子。在尼夫赫语里,有一种结果结构,即表示一个事件的结果所形成的状态的结构,使用后缀-ɤəta。对于不及物动词,这种结构只需在动词上加后缀:

Anaq yo -d'. (36)
铁 生锈
(铁在生锈。)

Anaq yo -ɤəta -d'. (37)
铁 生锈 结果

（铁已经生锈。）

（动词词尾后缀-d'是限定标记。）但是，对于及物动词，结果结构跟非结果形式相比发生好些个变化：

Umgu t'us tʰa -d'. (38)

女人　肉　烤

（那个女人烤肉。）

T'us r̃a -ɤəta -d'. (39)

肉　　烤　结果

（肉已经烤好。）

首先，在大多数情形里，绝大多数及物动词在结果结构里它们的 A 必须略去。其次，及物动词的 P 具有决定动词首辅音交替的特性（比较(38)里的首辅音 tʰ-)，而结果动词没有这种交替，这表明那个名词短语不再是 P。不管确切的详细句法分析是什么，我们可以说结果动词只有一个论元，而这个论元对应于非结果不及物动词的 S 而又对应于非结果及物动词的 P。换句话说，S 跟 P 的句法表现相似而跟 A 不一样。

这一次的解释应从结果结构的语用结构中去寻找。任何这样的结构都把状态的变化归因于某一实体。对于不及物谓语，状态变化必然归因于 S：在句子(37)里，发生状态变化的是铁。对于及物谓语，虽然原则上状态变化可以描述 A，如 John has climbed the mountain（约翰已经爬过那座山），但是较通常的是，特别是对于那些描述的行动涉及状态变化的最典型的及物谓语，状态变化归因于 P。如果我们说 the woman has roasted the meat（那个女人已经烤好肉），我们必定是在谈论肉的状态变化，至于那个女人有没有发生状态变化不是谈论的问题。尼夫赫语的处理办法是在语法上表现 S 或 P 在结果结构中这样一种自然的话题化，即只允许 S 或 P 表达出来。

同样，我们的观点不是说语言在结果结构的句法里必须作出 S 和 P 的认同。例如英语就不是这样，因此 the woman has roasted the meat（那个女人已经烤好肉）完全可以被认为是 the woman roasted the meat（那个女人烤肉）的结果式。不过，我们的主张是，语言在结果结构中表现出多用作格-通格句法的倾向。

跟命令句和结果句不一样，在许多其他结构里似乎不存在事先预料中的 S 认同于 A 或者 P 的倾向，例如在并列结构里名词短语的省略。而正是在这些结构上各种语言表现出最大的差异：拿并列结构来说，英语用主格-宾格句法，迪尔巴尔语用作格-通格句法，伊迪尼语两者都用，楚克奇语一种也不用。但是，根据我们目前对这些情形的跨语言分布的了解，似乎主格-宾格句法事实上比作格-通格句法用得更广泛，我们因此可以提问为什么会是这样。另外，如果我们观察一例自然的主格-宾格句法，例如观察命令句受使人的删略，只有极少或根本没有一种语言会违反这种句法而代之以作格-通格句法。但是，如果我们观察一例自然的作格-通格句法，例如观察结果结构的句法，我们确实会发现有广泛的语言违反这种自然句法而代之以主格-宾格句法。换句话说，语言中跟 S 认同于 A 或者 P 的自然倾向交互作用，似乎还存在一种多用主格-宾格句法的总倾向。这种总倾向自身也有一种解释：正如我们将在第 9 章一种稍许不同的情形里看到的，人类有选择施事性较强的实体充当谈论话题的强烈倾向，这就是说在施事和话题之间有一种自然的相互联系：在其他条件相同的情形下，可以预期施事跟话题重合。可见主语的概念只是反映这种预料之中的重合的语法化,这也解释了为什么有这么多语言的主语这个语法关系的核心可以用施事和话题的重合来定义。

施事倾向于跟话题的认同虽然确实看来是各种语言中最常见的认同,但仍有一些语言没有表现这种特定的认同。例如,在迪尔巴尔语里,那些不受施事约束的主语特性,甚至某些受施事约束的主语特性(例如在间接命令句里)依附于 P 而不是 A。因此在迪尔巴尔语里,似乎施事性实际上跟确定主语身份无关,优先考虑的是 P。在好些南岛语里,特别在诸菲律宾语言里,似乎存在一种类似的但不太极端的情形,其中有些句法变换要受跟语义角色(角色关系,属于第 I 套语法关系)相近的语法关系的制约,而其他句法变换要受跟语用角色(指称关系,属于第 II 套语法关系)相近的语法关系的制约;在后一种情形里,优先由受事而不是施事充当这种语法关系。以下例子都取自他加禄语。

他加禄语里的基本系统可以从下面两个例子的比较中看出:

Bumili　　　　ang　babae　ng　　baro.　　　(40)
买-动作者-焦点　焦点　女人　经受者　外衣
(那个女人买了一件外衣。)

Binili　　　　ng　　babae　ang　baro.　　　(41)
买-经受者-焦点　动作者　女人　焦点　外衣
(一个/那个女人买了那件外衣。)

他加禄语里,每一个名词短语前都有一个小词。这些小词大多标示第 I 套语法关系,但小词 ng 是不明确的:它既能和"动作者"(菲律宾语法著作中指第 I 套语法关系的术语,与施事密切相关,即第

Ⅰ套里我们称作主语的术语)一起使用,也能和"经受者"(第Ⅰ套里和受事密切相关的语法关系)一起使用。在小句里,有一个名词短语被选择为"焦点",它是第Ⅱ套里唯一独立的语法关系且与话题有关联,即第Ⅱ套中我们称作主语的术语。该名词短语前有小词ang,替代了Ⅰ中的小词;此外,动词的形态标示了在Ⅰ中哪个语法关系对应于"焦点",所以(40)里的中缀-um-标示动作者焦点(动作者作为"焦点"),而(41)里中缀-in-标示经受者焦点(经受者作为"焦点")。小句里的"焦点"通常是定指的。如果经受者是定指的,那么几乎在所有的情况下它必须作为"焦点";然而,不定指的动作者没有相应的限制,这是优先由经受者(与受事密切相关)而不是动作者(与施事密切相关)占据"焦点"(主语)位置的原因之一。

例(42)和(43)还介绍了一些词形格。小词 sa,属于Ⅰ里的语法关系,可以作许多不同的解释;我们把它解释为与格。代名词也有一些不规则形式,例如,he(他)的动作者形式是 niya,"焦点"形式是 siya。

Humiram siya ng pera sa bangko. (42)
借-动作者:焦点 他:焦点 经受者 钱 与格 银行
(他向银行贷款。)

Himiram niya ang pera sa bangko. (43)
借-经受者:焦点 他:动作者 焦点 钱 与格 银行
(他向银行贷那笔款。)

如果我们把(42)和(43)嵌在意思是"迟疑"的动词后,那么根据推断这个结构倾向于 S/A 认同——人们只能对置于自身控制下的事情迟疑不决——他加禄语在这里允许删略动作者,不管它是不

是"焦点":

Nagatubili siya-ng humiram ng pera sa bangko.　　(44)
迟疑–动作者:焦点 他:焦点

(他对向银行贷款迟疑不决。)

Nagatubili siya-ng hiramin ang pera sa bangko.　　(45)

(他对向银行贷那笔款迟疑不决。)

(后两个例句中,后缀-ng 是小句连接成分;(45)的 hiramin 是相当于 hiniram 的非限定形式。)

但是,如果我们取一个在 S 认同于 A 或者 P 之间保持中性的结构,那么他加禄语把"焦点"当作主语,即指 II 里的语法关系。例如,在他加禄语关系小句里,被关系小句化的名词短语只能是关系小句的"焦点"。如果我们要说"那就是买了那件外衣的女人",那么必须使用动作者–焦点结构(如 40),如(46):

Iyon ang babae-ng bumili　　　ng　　baro.　　(46)
那　焦点 女人　　买–动作者:焦点 经受者 外衣

(那就是买了件外衣的女人。)

但如果我们要说"那就是那个/一个女人买的外衣",那么必须使用经受者–焦点结构(如 41),如(47):

Iyon ang baro-ng binili　　　　ng　　babae.　　(47)
那　焦点 外衣　　买–经受者:焦点 动作者 女人

(那就是那个/一个女人买的那件外衣。)

作为这一章的结论,我们指出把主语当作一个连续的而不是分离的概念虽然初看起来或许削弱了主语的概念,但事实上却向我们提供了一种强有力的手段,使我们能结合业已独立证实的主语跟施事和话题特性的相互联系,对广泛语言中全然不同的现象作出统一的描写,并在很大程度上作出相应的解释。

注释和参考文献

把典型的主语定义为多重因素的概念,这种观点最初是在Keenan(1976b)一文中提出的,但我在这里没有采用他对各个特性的分类。对这种处理的最强烈的批评来自Johnson(1977a),但遗憾的是Johnson的辩论是根据未经证实的假设,即假设定义必须是必要和充分条件的形式。我的关于俄语数词在形容词和名词间连续体上("渐移")的讨论基本上根据Corbett(1978)。

5.3节对作格性的讨论根据Comrie(1978b)。Dixon(1979)提出一些十分相似的观点,只是在术语、重点和概念上有某些差别;特别注意Dixon用O指我的P,用主语指S和A的自然归并,用支点(pivot)指一特定语言里S和A的归并或S和P的归并。迪尔巴尔语的那些例子最初引自Dixon(1972),而例(35)则要感谢Dixon跟我的交流。有关作格性的大量研究收集于Plank(1979)、Dixon(1987)两本论集;楚克奇语的那些例子引自Plank(1979)中Comrie(1979c:226,227,229)和Nedjalkov(1979:242)二文。

把主语各特性区分为施事(角色)特性和话题(参照)特性,特别在诸菲律宾语言里作这种区分,这是由Schachter(1976,1977)提出的;他加禄语的例子都引自其中第二篇。应当强调,与许多对诸菲律宾语言描写给我们的印象相反,动作者和"焦点"这两个概念是句法的,而不直接是语义或语用的;从这个角度说,使用"焦点"这个名称是不妥的(这与 3.2 节的语用角度不同),但这种用法已经固定下来了。对主语的扩散性的直觉见于许多不同的形式句法理论,比如,把不同的语法关系分配给不同"层面"(生成语法的标准理论)或"层"(关系语法)的名词短语,或依靠不同"模块"(管辖和约束理论,如 Baker1988:228)的相互作用,或从指称特性中分离主语的角色特性(角色与指称语法,如 Foley & Van Valin 1984)。尼夫赫语的例子引自 Nedjalkov 等人(1974)。支配主格-宾格句法和作格-通格句法分布的各种因素在 Moravcsik(1978b)一文有讨论;作格-通格区分的语义联系在 Keenan(1984)一文有讨论。命令句受使人删略的讨论根据 Dixon(1979:112-14),结果结构的讨论根据 Comrie(1981a);另请参看 Comrie(1984)。

6 格标记

6.1 格的区别功能

　　考察广泛语言的材料使我们能对一般语言现象获得新的重要见识,这种见识仅仅根据一种语言的调查将多半不能获得,而且肯定不能从对英语的详尽和抽象的分析中获得。这一章我们将考察获得这种见识的一个方面。如果我们看一看传统语法和许多非传统语法对格的用法的说明,通常会发现一种假设——在许多情形里证明是合理的——即某一词形格的使用或者跟某一语义角色或者跟某一语法关系密切相关。例如方位格据说是表达方位的格,离格是表达离开动作的格,等等;主格被描述为表示主语的格,宾格是表示直接宾语的格(或者,在避免区分语义格和句法格的体系里,主格与施事相关,宾格与受事相关)。除了根据语义和/或句法标准建立的各种格标记系统外,近来的语言学研究还发现一些语用标准在格分配中起重要作用的语言,例如日语和他加禄语。

　　但是,除了那些部分或全部的格可以从这方面来说明的语言外,仍然还有一批难以对付的材料,它们在语义角色或语法关系或语用角色的基础上还保留一些不跟任何句法或语义或语用角色直接相关的格,这些格似乎只在某些限定的情形里用于某一给定角色。本章的目的是考查一些这样的实例,特别是跟主语和直接宾语(更确切地说,是跟 S、A 和 P)有关的例子。这种讨论十分符合我们对共性和类型的一般讨论,这是因为我们发现将考查的那些种不对应情形在亲缘和地区上分属不同语系或语群的各种广泛的语言里反复出现,这就是说,从语言共性的观点看我们是在处理一种有意义的现象。此外,我们不仅能为各种语言建立一个有相似分布的一般模式,我们还可以在探寻对这种跨语言相似性的解释方面取得很大进展。

我们的讨论将先从主格-宾格和作格-通格这两个第 5 章已附带介绍过的格标记系统开始。如果我们把 S、A 和 P 作为三种原始关系,并且暂且假设我们只限于讨论那些对这三种关系的每一种都作同质处理的语言,即对不同类型的 S 等不分配不同的格的语言,那么很明显,逻辑上可能有的格标记系统的种类不仅仅是两种而是五种。主格-宾格系统归并 S 和 A(主格)跟 P(宾格)相对。作格-通格系统归并 S 和 P(通格)跟 A(作格)相对。这两种系统在世界的语言里都很普遍。中性的系统应是三种原始关系都用同一形式,但是这就等于这三种关系没有格标记,因此这种系统跟我们的讨论没有直接关系;当然,作为一种系统它在世界语言中很普遍,但是大多数用这种系统的语言还用其他手段,如用动词一致或词序手段来表示及物结构里哪个名词短语是 A 哪个名词短语是 P。第四种可能的类型是三分,即三种原始关系的每一种都有特殊的格标记。第五种类型应是归并 A 和 P 跟 S 相对。

三分系统有发现,但非常罕见。在若干语言里,如我们将在下面详细说明的,这种系统只适用语言里名词短语的一个小类,即只见于语言里并存的主格-宾格系统和作格-通格系统互有重叠的情形。不过,据报告有唯一的一种语言存在这种三分系统并适用于它的全部名词短语,这就是旺古马拉语。因此我们可以有把握地说这种系统在世界各种语言里十分罕见。最后一种类型,即 A/P-S 系统,似乎同样罕见:我们所知道的唯一可靠的实例是这种系统在某些伊朗语言里适用于某些种类的名词短语,但这一系统代表一个居间的历时阶段,即早先的作格-通格标记系统正在瓦解而趋向主格-宾格系统。于是立即产生这样的问题,为什么在四种逻辑上可能的格标记系统中有两种居然就能说明世界上几乎所有用格标记系统一贯区分 S、A 和 P 的语言?如果我们比较不及物结构和及物结构,如(1)—(2)(不管词序)中的三个名词短语论元,就会发现造成这种分布的一种可能原因:

  S V$_{不及物}$ (1)

  A P V$_{及物}$ (2)

不及物结构只有一个论元,因此从功能的观点看,没有必要用任何方式标记这个名词短语以区别于其他名词短语。不过,及物结构有两个名词短语,除非有某种其他方式(例如词序)以示区别,否则不用格标记就会产生歧义。由于从这种意义上讲绝对没有必要从形态上区分 S 和 A 或区分 S 和 P(它们从不在同一结构里同时出现),用来标记 S 的格也可用来标记及物结构里两个论元中的一个。主格-宾格系统就选择 S 认同于 A,另用一个标记表示 P;而作格-通格系统选择 S 认同于 P,另用一个标记表示 A。三分系统过分明确,没有必要,因为除了区分 A 和 P 之外,它还分别让 A 和 P 区别于 S,尽管 S 从来不跟这两个中的任何一个同时出现。A/P-S 系统,从功能的观点看效率异常的低,因为它没有能作出最有用的区分(A 和 P 的区分),却作出一种无用的区分(A 和 S 的区分,同样还有 P 和 S 的区分)。不管功能解释对一般语言学和具体对语言共性的价值可能有多大,这里我们确实有一个合适的例子表明从功能观点作出的一些预测看来非常符合观察到的世界各种语言格标记系统的分布情况。

事实上,这种功能观点还能作出一种预测并为实际的分布所证实。如果有一种格系统,其中用来标示三种原始关系的两个格中有一个在形式上比另一个标记性弱,例如两个形式中有一个不用标记,只有那个有关名词的词干,而另一个有某种明显的词缀,那么情形几乎总是形式上无标记的那一个被用来标示 S,从而在主格-宾语系统中也标示 A,在作格-通格系统中也标示 P。这就是 Greenberg 列出的第 38 项共性:"在有格系统的情形里,唯一确实只有零语素变体的格是在它的各个意思中包括不及物动词主语意思的格。"虽然从那以后已经发现这一概括有极少反例,但都表明主格比宾格更有标记,例如诸尤马语言,它们的主格带后缀-č 而宾格不带后缀。但是,如果我们只限于讨论较一般的模式,那么我们可以看出在主格-宾格系统里,有一个特殊的标记加在 P 上使它区别于 A,而 A 跟 S 一样没有标记。在作格-通格系统里,有一个特殊的标记加在 A 上使它区别于 P,而 P 跟 S 一样没有标记。对这两种格标记系统的功能解释还能用来解释为什么像第 5 章所讨论的在那些语言的格标记系统和句法倾向之间的不一致如此常见:格并不直接跟语法关系有关,而是直接跟 A 和 P 的区分有关。

在继续讨论格标记的功能模式及其意义前我们还要强调一点。我们的观点不是说既然在极其大量的情形里某一个格的功能都能跟各种语义参项发生联系,格标记的唯一功能就是这种意上的区别功能。我们的观点是确实存在许多情形,为了保证对格标记的作用有全面的了解,这种功能观点是必需的。

6.2 及物结构的自然信息流向

6.1 节说明格标记的区别功能在及物结构里表现得最明显,而不是在不及物结构,因为及物结构有必要区别 A 和 P,而不及物结构只有 S 出现。如果一种语言在 S 不同的出现场合用不同的格标记,支配因素通常是语义因素(只要它不是词汇特有的);例如在特索瓦-图斯语里,如第 3 章所讨论的(句子 1—2),不及物主语用作格还是通格的区别取决于 S 对描述情境的自控程度。还有一些情形表明 A 和/或 P 用不同的格标记可以从语义上容易地作出解释而无须借助功能因素。例如,在芬兰语里 P 如果只是部分受行动的影响(例如,一个实体只有一部分受影响)就持部分格,如果全部受影响就持非部分格:

Hän otti rahaa(部分格). (3)
(他取走一些钱。)

Hän otti rahan(宾格). (4)
(他把钱取走。)

但是,在这一节我们关注的是那些跟综合的语义或句法因素联系不如此密切的格的形式区别,特别是试图说明以下事实:有大量的语言用特殊的格来标记有生命和/或定指的 P,以区别于其他P 用的格,而这些特殊的格在其他地方不用作定指的标记;相反,还有许多语言有一种特殊的格只用来标记生命度低的 A,而在其他场合并不用作 A 或者低生命度的标志。

在讨论具体材料之前,承接上一节的讨论,我们先概要说明一种我们将借助的解释,因为这种解释将使引用的各别材料更容易理解。在及物结构里,有一个信息流向涉及两个实体,A 和 P。虽然原则上 A 或者 P 都可以是有生命的或者定指的,但已经有人指出在实际言谈中有一种很强的倾向,要求从 A 到 P 的信息流向跟生命度从较高到较低、定指度也从较高到较低的信息流向相关联。换句话说,及物结构最自然的类型是其中 A 的生命度和定指度较高,P 的生命度和定指度较低;任何对这一模式的偏离会导致较特殊的有标记结构。这对于从功能观点解释格标记是有意义的:在信息流向上较特殊的结构在形式上也有较特殊的标记,也就是说,我们可以预料语言用某种特殊手段来标示 A 的生命度或定指度较低,或标示 P 的生命度或定指度较高。这正是我们在这一节其余部分将试图用材料证明的。

在刚才的讨论中,我们已经引入生命度和定指度这两个术语。本章还要详细讨论定指度,目前我们的讨论可以把定指的一般定义看作一种预设,即一个有定名词短语的所指对象可以被听话人识别。就英语结构而言,有定名词短语是代名词、专有名词,或前面带定冠词或指别词或领属语的普通名词。生命度的现象要复杂得多,第 9 章我们还要讨论。目前,我们只需说明在以下由部分主要标度组成的连续体上,一个名词短语越是靠左生命度也就越高:第一/第二人称代词＞其他人类名词短语＞动物名词短语＞无生命物名词短语。

如果某一给定的及物结构必须用标记表明它不符合正常的信息流向,那么(至少)有两种方式可以作这种标记。第一种,我们可以给整个结构加标记,例如给动词加标记表示 A 和 P 的组合出乎意料;我们将在 6.2.1 节考察这种可能性。第二种,可以给两个名词短语中的一个加标记(或者两个都加),例如给出乎意料的 A(定指度或生命度较低的 A)加一特殊标记,或给出乎意料的 P(定指度或生命度较高的 P)加一特殊标记,或者两者都加;6.2.2 节将讨论这样的例子。

6.2.1 逆向形式

不少语言用特殊的动词形式表示及物动作的发起者是生命度比 P 高的 A 还是生命度比 P 低的 A(对于第三种可能,A 和 P 的生命度相等,则任意作这种或那种处置)。语言学文献中这方面最著名的例子也许出自诸阿尔衮琴语言,在这些语言里有一类动词形式,即所谓正向形式,在 A 的生命度高于 P 的情形里使用,而所谓逆向形式在 P 的生命度高于 A 的情形里使用。阿尔衮琴语实际生命度等级的形式是:第二人称＞第一人称＞第三人称近指＞第三人称另指。第三人称分两小类,近指和另指,前者的生命度高于后者,这种区别保证在及物结构里事实上绝不会有 A 和 P 的生命度相等的情形。

以下例子出自福克斯语,但一般原则适用全体阿尔衮琴语言。这些例子中的后缀 -aa 标示正向形式,而 -ek 标示逆向形式。前缀 ne- 标示第一人称;这表明阿尔衮琴语动词形式的另一重要特性,即前缀总是表示生命度较高的参与者,不管这个参与者的语法角色是什么:

  ne   -waapam-aa -wa.   (5)
  第一人称单数 看见 正向 第三人称

(我看见他。)

| ne | -waapam-ek | -wa. | (6) |

第一人称单数　看见　反向　第三人称

(他看见我。)

6.2.2　A 和 P 的标记区别

语言里对 A 和 P 各种不自然组合的最常见的标记实际上不是加在动词上,而是加在两个名词短语论元的一个上或者两个都加。已经发现的具体模式如下:(a)标记生命度高的 P,即宾格限于生命度高的 P;(b)标记定指度高的 P,即宾格限于有定的 P;(c)标记生命度低的 A,即作格限于生命度低的名词短语。有点使人困惑的是没有发现第四种预期模式的明显例证,即标记无定的 A;看来各种语言实际上都避免这种特殊结构,或者根本不允许或者阻止及物句带无定的 A,结果把它们要么变成被动句要么变成一种呈现句(如英语 there is/are…[有……])。英语里,句子 a bus has just run John over(一辆公共汽车刚从约翰身上辗过)和 a bird is drinking the milk(一只鸟正在喝牛奶)固然是合乎语法的,但是表达这些信息的更自然的方式应是 John has just been run by a bus(约翰刚被一辆公共汽车从身上辗过)和 there's a bird drinking the milk(有一只鸟正在喝牛奶)。在大多数用上面概述的三种方法标示 A 和 P 不太自然的组合的语言里,A 和 P 的格标记是各自独立确定的,也就是说,凡是低于某个生命度的 A 都用作格标记,不管 P 怎么样;相反,凡是高于某个定指度或生命度的 P 都用宾格标记,不管 A 怎么样。这跟 6.2.1 节讨论的逆向动词形式形成对照,因为在那种形式里通常是 A 和 P 之间的关系起重要作用。最后,在详细举例说明前,我们应指出,在有些语言里,特殊的作格或宾格标记的出现不是由生命度或定指度等级中任何特定的截止点严格决定的,而是取决于这样一种较一般的条件:只有在 A 和 P 有可能混淆的情形下才使用特殊标记;对是否有可能混淆的估计是由说话人根据特定语境作出的。赫华语是属于这种类型的语言的一个例子。

关于跟生命度的联系,诸澳大利亚语言提供了特别明显的证据,几乎所有这些语言都由生命度等级决定不同的格标记。从上面的讨论中可以预料,特殊的宾格往往限于接近生命度等级顶端的名词短语:例如在迪尔巴尔语里发现只限于第一和第二人称代词;在阿拉巴纳语里只限于人类名词短语;在撒加里语里只限于有生命的名词短语。相反,特殊的作格应只见于接近等级底端的部分,虽然事实上在这些语言里通常还延伸到等级中较高的部分:例如大多数澳大利亚语言有一单独的作格表示所有非代词的名词短语(例如迪尔巴尔语),有时还延伸到等级中较高的代名词。由于 A 和 P 的格是各自独立决定的,有时会发生宾格和作格标记在等级的中间恰好衔接而没有任何重叠或空缺的情形,但是通常是在等级的中间有重叠,这就是说有些名词短语有三分的标记系统;有时还会发生等级的中间有空缺,这时有些名词短语有中性的格标记系统。例如,拿里撒恩古语来说,它有一个用于代名词的主格-宾格标记系统;有一个用于人类和有智慧动物的三分系统;还有一个用于其他名词,即无智慧动物和无生命物的作格-通格标记系统。还有一些语言,等级的中间部分可以由三分和中性两种格标记系统分占,例如我们在 3.4 节讨论过的卡劳-拉皋-亚语里的赛拜方言,这样就在一种语言内同时存在四种格标记系统,即主格-

宾格、作格-通格、三分、中性。

这种分化的格标记模式引起的一个结果是即使在一个句子里,除了有主格 A 和宾格 P,或者作格 A 和通格 P 外,也可以有以下两种模式的一种:作格 A 和宾格 P;主格 A 和通格 P。这两种可能在早先有关作格性的论著中却实际上被排除在外,它们只严格区分主格结构和作格结构。以下是迪尔巴尔语的一些例子。

Balan dʸugumbil baŋgul yaraŋgu balgan. (7)
女人-通格　　男人-作格　打
(那个男人打那个女人。)

ŋadʸa ŋinuna balgan. (8)
我-主格　你-宾格　打
(我打你。)

ŋayguna baŋgul yaraŋgu balgan. (9)
我-宾格　　男人-作格　打
(那个男人打我。)

ŋadʸa bayi yara balgan. (10)
我-主格　男人-通格　打
(我打那个男人。)

虽然 A 跟高的生命度相关的最引人注目的证据似乎是来自诸澳大利亚语言,但也在其他语言里有发现。例如,在某些东北高加索语言(例如拉克语)里,名词用作格-通格标记系统,而人称代词用中性系统。这一点特别有意思,因为它不符合在其他情形里大致有效的概括,即代名词倾向于比名词区分的范畴多。

宾格标记限于生命度高的名词,这在世界各种语言里十分普遍,我们这里只限于举几个例子。即使英语也在这方面提供相关的证据,因为英语里(许多)代名词有主格-宾格区别,例如 I(我[主格])-me(我[宾格]),但其他名词短语没有任何类似的区别。诸斯拉夫语言提供的一组例子特别明显,其中生命度是确定一个名词短语会不会有一单独宾格的关键参项之一。例如,在俄语里,名词变格法 Ia 的阳性单数名词如是有生命的就有单独的宾格(以-a 结尾),不然就没有单独宾格:

Ja videl mal'čik-a/begemot-a/dub/stol.　　　　　　(11)

(我看见那男孩/河马/栎树/桌子。)

俄语里,所有有生命名词的复数形式有单独的宾格,而无生命名词都没有。在波兰语里,只有人类男性名词有一个复数形式的特殊宾格,用具体形式表明在生命度等级上有一不同的截止点:

Widziałem chłopców/dziewczyny/psy/dęby/stoły.　　(12)

(我看见那些男孩/女孩/狗/栎树/桌子。)

最后四个名词的形式相同,都是主格复数,而"男孩"的主格复数是 chłopcy。

广泛语言的材料表明有定直接宾语有特殊标记:同样这里只需举几个例子说明。在土耳其语里,只有有定直接宾语带特殊宾格后缀-ι(或它的元音和谐变体),所有其他直接宾语都用跟主语(A 或 S)一样没有后缀的形式:

Hasan öküz-ü aldι.　　　　　　　　　　　　　　　(13)

哈桑　牛　宾格　买

(哈桑买走那头牛。)

Hasan bir öküz aldı. (14)
哈桑　一　牛　买
(哈桑买走一头牛。)

(土耳其语里,Hasan öküz aldı 也是可以说的,但它没有说明买走多少头牛,也就是"哈桑买走一头或一些牛"。)在波斯语里,后缀-rā 用来标示有定直接宾语:

Hasan ketāb-rā did. (15)
哈桑　书　宾格　看见
(哈桑看见那本书。)

Hasan yek ketāb did. (16)
哈桑　一　书　看见
(哈桑看见一本书。)

(跟土耳其语一样,波斯语也可以说 Hasan ketāb did[哈桑看见一本或一些书]。)

这方面特别有意思的是有些语言在确定一个 P 是不是应带特殊宾语形式时同时根据生命度和定指度两个参项。例如,在印地语里,人类直接宾语不管是不是有定的通常带后置词 ko;只是偶尔发现 P 位置上的无定人类名词短语不带 ko,但带有情感意义。但是,非人类特别是无生命的 P 如果是无定的就绝不带 ko,但如果是有定的也可以而且通常带 ko:

Aurat bacce ko bulā rahī hai. (17)
女人　孩子　宾格　叫　进行　是(在)
(那个女人在叫那个/一个孩子。)

?Aurat baccā bulā rahī hai. (18)

(bacca[孩子]在后置词前必定以旁格形式 bacce 出现。)

Uu　patrō　ko　paṛhie. (19)
那些　信　宾格　读-礼貌

(请读那些信。)

Ye　patr　paṛhie. (20)
这些　信　读-礼貌

(请读这些信。)

Patr　likhie. (21)
信　写-礼貌

(请写一些信。)

因此,在印地语里为了知道是不是给 P 分配 ko,我们必须根据生命度和定指度两个等级上 P 所处的位置互相权衡,而且即使这样在中间仍有主观判断的余地。

在西班牙语里观察到多少类似的情形,跟使用 a 标记某些直接宾语有关。通常,这个前置词只用于人类 P,但是这种 P 还必须定指度高:具体地说,非特指的人类 P 出现时不带前置词:

El director busca el carro/al empleado/a un empleado/un empleado. (22)

(经理在寻找那辆汽车/那个职员/(某)一个职员/一个职员。)

在这个例子里,P 位置上 a un umpleado(一个职员)和 un empleado(一个职员)的区别在于前者隐含有某一特定个人是经理正在寻找的,而后者的含义只是他需要(任何)一名职员。

在以上简略的讨论中我们对生命度和定指度的处理好像两者都是不成问题的范畴,但事实远不是这种情形。在第 9 章我们还要较详细地考察生命度,但这里作为本章的结束我们要讨论有关定指度的某些问题。我们在作跨语言的范畴比较时面临的一个问题是我们应该有某种依据来识别不同语言的同一范畴。例如,如果我们说有定直接宾语在土耳其语和波斯语里都持宾格,那么我们应该能够证明用同一术语"有定"指这两种语言的有关范畴是合理的,而且用来指英语的有关范畴也是合理的,英语也有有定的范畴但是它不决定格标记。如果不能保证这种跨语言的可比较性,那就意味着我们不是在进行语言共性的研究,而只是在把每种语言作为独立的单位进行分析——而且,跟那些坚持认为这是研究语言的唯一方法的语言学家不一样,我们是在以隐蔽的方式进行这样的研究,也就是通过使用同一术语假托我们的结果可以作跨语言的比较。我们将在下面表明有一个这样的问题似乎跟定指度有关,但解决这个问题的办法事实上也近在眼前,而且这个解决办法实际上将加强我们讨论共性的基础。

这个问题是波斯语和土耳其语里某些 P 尽管明显不是有定的但也持宾格。例如,在波斯语里,如果要说"把它们其中一个送给我",那么虽然名词短语"它们其中一个"根据定义显然是无定的,但波斯语在这里仍然要求用有定标记-rā:

| Yeki | az | ānhā-rā | be | man | bedehid | (23) |
| 一个 | 的 | 它们-宾格 | 给 | 我 | 送 | |

我们曾举例子(14)和(16)为例说明波斯语和土耳其语用不定冠词 yek 或 bir 时没有宾格标记。但是,由不定冠词引出的直接宾语虽

然明显是无定的,这两种语言在这里又允许带宾格后缀,因此完整的材料实际上是:

Hasan bir öküz aldı. (24)

Hasan bir öküz-ü aldı. (25)

Hasan yek ketāb did. (26)

Hasan yek ketāb-rā did. (27)

这两种语言都有第二个例句存在,看来这可以排除任何把这两种语言中称作有定的概念跟讨论英语时称作有定的概念等同起来的可能性。

但是,我们关于生命度的讨论已给我们指明摆脱这一困境的途径。生命度显然不仅仅是有生命和无生命的两分,而是一个我们可以把各实体按照有生命的程度排列的连续体,例如,人比动物生命度高,动物又比无生命物的生命度高。在描写跨语言的定指度时,我们可以利用类似的连续体概念,即定指度(或特指度)的连续体。最高的定指度像英语那样意味着说话人预先假设听话人能识别所指的唯一实体。而在波斯语例(23)里我们显然不是在处理这种最高的定指度,而是在处理这样一个名词短语的所指对象,它由某个特指的可以识别的集合(即ānhā[它们])限定范围,从而表明要送给说话人的实体虽然不是可以识别的唯一实体但必定是那个可以识别的集合的一个成员。这种情形可以用"定指超集"这一名称来描写,意思是一个实体的身份不能绝对确定,但又可以在一定程度上识别它,因为它必定是一个限定集合的成员。

土耳其语例(25)和波斯语例(27)代表实现定指度/特指度这一概念的另一种情形。虽然(24)—(27)两对句子中每一对的两个句子翻译成英语都一样,但在原来的语言里两者远不是等同的。P 名词短语带有宾格标记的句子形式表示提及这个名词短语很重要,即它跟整个语篇有关。换句话说,在以(25)或(27)起头的语篇里,我们将预期那头牛或那本书会在语篇里反复出现。而不带宾格后缀的句子形式在这方面是比较中性的,例如可以只是在叙述发生于哈桑的各种事件时使用,对那头牛或那本书没有任何特别兴趣。我们可以把这种区别称作所指对象识别的相关程度。不用宾格后缀是建议听话人不必费心识别所指对象,而使用这个后缀是提醒听话人这个名词短语的所指对象虽然还不能被他识别,但将跟接下去的语篇有关。可见,使用宾格的各种情形可以按照定指度的等级贯串起来:在等级的一个极端我们能完全识别所指对象;在等级的较下面我们能部分识别所指对象(定指超集);再下面我们意识到所指对象的识别是相关的;最下面,所指对象的识别既不可能也不相关。因此如果我们把波斯语和土耳其语里的宾格标记跟英语里的定指范畴(如普通名词带有的定冠词)进行比较,我们发现所涉及的都是同一个参项,只是在不同的语言里截止点不同罢了。

6.3 小结

作为这一章的总结,我们可以指出,格标记虽然经常被看作各别语言专有特性的一个方面,即使在一种语言内部也通常缺乏概括,但它可以是一些富有成效的语言共性研究的主题,之所以富有成效不仅是因为这些研究涉及对格标记的跨语言概括,还因为它们能为更彻底地分析语言结构的其他方面指明方向。

注释和参考文献

有关 S、A 和 P 格标记的五种同质系统的讨论摘自 Comrie(1978b:330—4)。旺古马拉语的材料 Blake(1977:11;1986:21—2)有讨论。A/P-S 系统在 Comrie(1978b)被认为是未经证实的,但 Payne(1979:443)举罗夏尼语为例加以证实。关于莫哈韦语的格标记,见 Munro(1976:18)。

6.2 节的论述源自 Comrie(1978b:384—8)中包含的一部分观点,已根据 Silverstein(1976)独立得出的一些类似结论作了修改。在阐述时按照 DeLancey(1981)提出的一些观点稍许作了修正,具体地说,如 DeLancey 还有 Hopper & Thompson(1980)所指出的,认为典型的 P 是无生命/无定的观点是使人误解的,实际上 P 只是不如 A 有生命/有定。福克斯语的动词结构在 LeSourd(1976)有讨论。

6.2.2 节的论述中有许多是根据 Comrie(1977b,1978c,1979b);有许多材料引自这些论文和论文中引用的原著。赫华语的作格 Haiman(1979:59—61;1980:360—64)有讨论。澳大利亚语的材料引自 Silverstein(1976)、Heath(1976)(里撒恩古语)、Blake(1977:13—15)以及 Dixon(1972:59—60)。关于定指度连续体的结束语可进一步参看 Comrie(1978a)。

7 关系小句

7.1 英语关系小句的一些类型特点

这一节的目的是要说明直到不久以前对关系小句的研究一直有所偏向的某些方面,这种偏向就是只限于研究英语的材料和提出各种抽象分析来说明这些特点。作为对英语的分析,这些分析不是我们所要批评的,但在本章以后各节的讨论里我们要考察关系小句在广泛语言里的对当情形,这种考察将表明试图仅仅根据英语材料和对这种材料的抽象分析建立一种普遍适用的句法理论存在一些局限性。

在已经引起相当注意的各种区别中有一种是英语里限制性和非限制性关系小句的区别。限制性关系小句有如 the man that I saw yesterday left this morning(我昨天看见的那个人今天早晨离去了),更具体地说是指这个句子里的关系小句 that I saw yesterday(我昨天看见的)。这个小句的作用是限定 the man(那个人)的潜在所指对象:说话人以为句子 the man left this morning(那个人今天早晨离去了)没有向听话人提供足够的信息使他能识别所指的那个人(听话人大概不得不问 which man[哪一个人?]),因此另外加上 that I saw yesterday(我昨天看见的)这一信息特别指明所说的是哪一个人。非限制性关系小句有这样一些例子：the man, who had arrived yesterday, left this morning（那个人，他是昨天到达的，今天早晨离去了），或者 Fred, who had arrived yesterday, left this morning（弗雷德，他是昨天到达的，今天早晨离去了）。在这两个句子里，说话人以为听话人能够识别所指的是哪一个人，并且能意识到所指的是一个特定的、可识别的弗雷德，而关系小句的作用只是向听话人提供一点有关已经识别的实体的额外信息而不是识别那个实体。英语里，非限制性关系小句（又叫同位小句、描述性小句、解释性小句）要求用关系代词 who 和 which，或它们的屈折形式（whom, whose），并且在语调上跟主要小句分开来，在书写时用逗号隔开。限制性关系小句除了用 who 和 which，在大多数情形里还容许用关系代词（或连词？）that 或者根本不用关系代词/连词，如 the man I saw yesterday left this morning；此外，限制性关系小句不必或者很少在语调上跟主要小句分开，在书写时也不用逗号隔开。

尽管限制性和非限制性关系小句的句法结构相似，它在语义或语用方面截然不同，具体说来，限制性关系小句用预先设定的信息来识别一个名词短语的所指对象，而非限制性关系小句是根据所指对象早已能够识别的假设提供新信息的一种方式。然而，从类型学的角度看，这种区别看来几乎完全不相关。限制性和非限制性关系小句的形式区别只零星见于一些语言，大概大多数语言或者根本没有形式区别，或者只在关系小句接续中心名词的地方有一语调区别。有形式区别的语言只需再举一个例子，在波斯语里，限制性关系小句的中心名词必须用后缀-i，但非限制性关系小句的中心名词不需要用：

7 关系小句

Mardhā-i [ke ketābhārā be ānhā dāde budid]
男人   那些书   给 他们 你-已经-送

raftand.   (1)
去

(你已经送给他们那些书的男人去了。)

Mo'allef [ke nevisandeye xubi-st] in   sabkrā
作者   那个作家   好 是 这种 风格

exteyār karde ast.   (2)
已经-选择

(那位作者,他是个不错的作家,已选择这种风格。)

英语里,这种语义上的区别同样适用于名词前的形容词,例如 the industrious Japanese(勤奋的日本人)有两个意思:(a)勤奋的那部分日本人(不包括懒惰的),或者(b)全体日本人,(说起来)他们都勤奋;但是这里没有正式的关系小句潜有的 who/that 区别或语调模式的区别。

有关关系小句的论著,特别是生成语法框架内的论著(虽然也继承传统语法的某些观点)的第二个特点可以从关系小句和对应程度最高的独立句的比较中看出。为简明起见,我们将多半只举 wh-形式的关系小句为例。如果我们把 the man whom I saw yesterday left today(我昨天看见的那个人今天离去了)中的关系小句 whom I saw yesterday(我昨天看见的)和 I saw the man yesterday(我昨天看见那个人)进行比较,那么很明显存在语法关系次序上的差别:在独立句里,跟英语通常词序一样,直接宾语位于主要动词后;但是,在关系小句里,关系代词位于小句的句首,而且实际上英语关系小句构成的一般原则是关系代词必须位于小句句首，或至少是小句句首名词或前置词短语的一部分（为了容许像 with whom I arrived '我跟他（们）一起到达的（那个［些］人）'，the roof of which I repaired '我修理好屋顶的（那所房子）'那样的关系小句）。用转换语法的话来说，英语里关系小句的构成涉及一种移位转换，即把 wh-语词从它在小句的正常位置移到小句句首位置。就眼下目的而言，虽然我们将继续使用移位的术语，它可以较一般地理解为指称独立句词序和关系小句词序之间差别的一种方式，但我们不必承认它是描写这种差别的最适当的形式手段。

事实上我们还可以把英语关系小句的这一特性表述得更具体：它们涉及的移位不在移出的位置上留下任何明显的痕迹。在非标准英语里，有时候可以移动 wh-成分的位置而留下一个明显的痕迹，即一个代词形式，例如 this is the road which I don't know where it leads（这就是那条我不知道它通向哪里的路），跟 I don't know where the road leads（我不知道那条路通向哪里）相比较：在关系小句里，wh-成分 which 已经移到小句句首的位置，但后面仍留下代词 it（它）。这后一种结构可以称作复写转换（复写移位），而前面讨论的那种结构在技术上被认为是一种切断转换（无明显复写形式的移位）。

从以上描述来看，英语在构成关系小句时似乎可以允许任何名词短语移到小句句首位置。但是事实上英语的这种移位要受若干制约。一个这样的制约是不可以这种方式移动带有明显连词的内嵌小句的主语，例如，如果我们先有句子 I don't know where the road leads（我不知道那条路通向哪里），不可能把作为内嵌小句 where the road leads（那条路通向哪里）主语的 the road（那条路）用切断转换移位从而得出 * this is the road which I don't know where leads,至少用切断转换这是不可能的。但如我们上面说明的,对某些英语变体来说,至少有些关系小句的构成可以通过复写而不是切断,从而使这样一个名词短语也可以关系小句化,得出 this is the road which I don't know where it leads(这就是那条我不知道它通向哪里的路)。因此,根据英语的材料,我们或许会断定对关系小句构成的制约是对移位转换的制约,更具体地说,是对切断转换的制约。有些英语变体在保留一个代词的条件下允许某些在其他情形里不可及的位置关系小句化,这一事实似乎加强这样的印象:制约是对切断而不是对复写的制约,因此复写能使这种制约无效。

但是,对广泛语言材料的考察表明,不管这种分析对英语关系小句的构成而言可能多么充分,作为对跨语言关系小句构成的一般句法说明,甚至作为对跨语言关系小句构成的制约的一般句法说明,这种分析并不充分。首先,有许多语言很经常地用代词保留作为构成关系小句的一种手段(进一步参看 7.2.3 节)。如果制约真的只是对切断的制约,那么我们会预期这些语言能自由地使任何名词关系小句化。然而,情形并不是这样。例如,苏黎世德语在大多数名词短语经受关系小句化时要求保留代词,但是跟英语恰好一样,苏黎世德语也不可能使一个自身位于一关系小句内的名词短语关系小句化,例如从 John saw the man that gave me the book(约翰看见那个送给我那本书的人)不能把 the book(那本书)关系小句化得出 * I'm going to sell the book that John saw the man that gave me (it)(意为'我打算卖掉那本约翰看见那个人[把它]送给我的书')。而另一方面,波斯语虽然也保留代词但却允许构成这样的关系小句。可见对切断的制约不足以描写名词短语构成关系小句的跨语言可能性,或称"可及性"。

其次,有许多语言在构成关系小句时似乎根本不涉及任何移位,可是仍然存在对关系小句化的制约。即使是英语,也可以争辩说由 that 或零形式引出的关系小句不涉及任何移位,因为 that 可以被分析为一般的从属连词 that 而不是关系代词。例如不合语法的关系小句 * this is the road (that) I don't know where leads(意为'这就是那条我不知道通向哪里的路')虽然可以不涉及移位,但仍然违反关系小句化所受的一种制约。以下巴斯克语的一些例子表明巴斯克语在构成关系小句时不涉及任何移位;在这些例子中,-k 是(及物)主语(作格)标记,-ri 是间接宾语标记(直接宾语不带后缀),而后缀-n 加在助动词 dio 上表示这是一个关系小句:

Gizona-k　emakumea-ri　liburua　eman dio.　　　(3)
男人　　　女人　　　　书　　　已经–送给
(那个男人已经把那本书送给那个女人。)

[emakumea-ri liburua eman dio-n] gizona　　　(4)
(已经把那本书送给那个女人的那个男人)

[gizona-k emakumea-ri eman dio-n] liburua　　　(5)
(那个男人已经送给那个女人的那本书)

[gizona-k liburua eman dio-n] emakumea　　　(6)
(那个男人已经把那本书送给她的那个女人)

尽管如此,巴斯克语里可以关系小句化的名词短语的范围仍非常有限;特别是领属成分不可能关系小句化,如果直译,不能得出 the boy whose book the man has given to the woman(他那本书已由那个男人送给那个女人的那个男孩）。

所有这些材料合起来说明，在有适当机会对关系小句构成作出跨语言的概括前，必须对世界各种语言里发现的一些不同类型的关系小句结构进行考查。这个问题将在本章其余部分讨论。

7.2 关系小句的类型

7.2.1 关系小句概念的定义

既然到目前为止我们一直非正式地称作关系小句的那些结构在句法结构上各种语言表现出相当大的差异，我们应该在识别跨语言的关系小句（或至少是典型的关系小句）时有某种独立于具体语言句法的可靠方法，这一点是很重要的。为了说明这一点，我们可以把 7.1 节讨论过的英语关系小句跟土耳其语关系小句的一种类型作一对比：

[Hasan-ın Sinan-a ver -diğ-i]　patates-i　　yedim.　　　(7)
　哈桑 的　希南给送　　　他的 土豆　宾格 我–吃
(I ate the potato that Hasan gave to Sinan.)
（我吃了哈桑送给希南的那块土豆。）

从(7)的句法结构来说，(7)跟英语译句有很大差别。动词形式 ver-diğ- 是动词 ver（送）的非限定形式，带有名物化后缀 -diğ；跟土耳其语里其他名物化动词一样，它要求它的主语（Hasan[哈桑]）持属格，并在动名词上加相当的领属后缀（这里是 -i[他的]）。于是，中心名词和关系小句 Hasanın Sinana verdiği patates 的直译是"the potato of Hasan's giving to Sinan"（哈桑对希南的给予的那块土豆)。在英语传统语法里,小句通常限指带一限定动词的结构,因此按照这一定义土耳其语的这个结构不是小句,也就不是关系小句。但是,这个术语只是反映英语句法的一个一般特性:从属关系主要通过限定小句来实现;而在土耳其语里从属关系一般借助非限定结构。因此,在关于土耳其语的某些论述中提出的土耳其语没有关系小句的观点在一种意义上讲是正确的,但从较广泛的角度看,很明显以(7)为例的土耳其语结构实现的功能恰恰跟英语关系小句一样。对(7)作限制性解释时,有一个中心名词 patates (土豆),而关系小句告诉我们具体跟哪块土豆(哈桑送给希南的那块)有关,从而限制中心名词潜在的所指对象。因此我们从这一对比中得知我们需要一个关系小句的功能(语义,认知)定义,根据这一定义我们可以对跨语言的关系小句进行比较,对于各别语言之间的句法差异在我们对关系小句作出定义时可以置之不顾,但可以把它们作为我们类型研究的依据——例如,关系小句限定和非限定结构的区别就是一个类型参项。

现在我们可以对关系小句作出更具体一点的定义,同时得记住跟我们经常所做的那样,我们现在作出的定义也是对典型的关系小句的描述,而不是一组识别关系小句的必要和充分条件。我们假定对关系小句的概念而言限制性关系小句比非限制性关系小句重要,并据此来作出定义。因此一个关系小句必定包含一个中心名词和一个限制性小句。中心名词本身的所指对象有某个潜在的范围,而限制性小句用一个命题来限制这个范围,这个命题必须符合整体结构的实际所指对象。以(7)作为例子,不管是它的英语形式还是土耳其语形式,(7)是一个关系小句,因为它有一个中心名词(土豆)有一系列潜在的所指对象;但实际的一组所指对象被限于命题"哈桑送给希南那块土豆"所符合的土豆(在这个例子里限于那一块土豆)。

从一种意义上讲,这个定义比传统的关系小句的概念稍为狭窄,例如它不包括非限制性关系小句以及某些可争议的、勉强够格的结构类型如 John is no longer the man that he used to be(约翰不再是他过去曾是的那个人了),其中关系小句(如果是关系小句的话)的功能很难说是限制 the man(那个人)的所指范围。但是,从另一种意义上讲,这个定义又宽泛得多。例如,在英语里它不仅包括已经讨论过的那类限定关系小句,而且还包括非限定(分词)结构如 passengers leaving on flight 738 should proceed to the departure lounge(乘坐738航班的旅客请到候机室去),甚至还包括限制性修饰形容词,如 the good students all passed the examination(凡是好学生都通过考试)中的 good(好)。我们认为这不是不利的:注意后面这些结构直接易懂的释义就是传统意义上的关系小句(passengers who are leaving[乘坐某航班的旅客],the students who are good[好的学生]);此外,以下讨论中有关关系小句构成的共性的所有概括不管是包括还是排除这些结构一律不受影响。

对关系小句的定义要满足一个条件:说一种语言有关系小句,实际情形应该是存在某个或某些跟上述定义密切相关的结构。从这种意义上讲,完全有可能有些语言没有关系小句。例如,在沃尔比里语里,通常把 I speared the emu that was drinking water(我用矛刺那只正在饮水的鸸鹋)翻译成:

ŋat^{y}ulu-ḷu   -ṇa   yankiri   pantuṇu
我   作格   助动词   鸸鹋   用矛刺

| kutʸa | -lpa | ŋapa | ŋaṉu. | (8) |
| 连词 | 助动词 | 水 | 饮 | |

但是,这个沃尔比里语句子同样是翻译 I speared the emu while it was drinking water(正当那只鸸鹋在饮水时我用矛刺它)的最自然的句子,也就是说,这个沃尔比里语句子既可用来回答"你用矛刺哪只鸸鹋?",也可用来回答"你什么时候用矛刺那只鸸鹋?"因此,在沃尔比里语里这是一种很一般的从属结构,不是一种唯一的、甚至典型的功能是按照我们的关系小句的定义表达意义的结构。因此我们对有些语言没有关系小句的可能性不作定论,而且,如果我们确实不得不承认这种可能性的话,这些语言将跟针对实际有关系小句的语言作出的那些概括无关(但不形成反例)。

如果这个沃尔比里语的结构被看作是关系小句的话,那它就跟我们熟悉的关系小句类型有一个重要的差别:不是主要小句成分的关系小句仅仅是附接在主要小句上,因此被称作"附接小句";而作为主要小句成分的关系小句有时被称作内嵌关系小句。由此,一个主要的类型差别就是区分内嵌和附接关系小句。根据这种类型分类,内嵌小句将是讨论的主题,即内嵌和附接关系小句之间的区分是主要区分,而内嵌关系小句内部还可以有跟这里讨论相关的进一步分类。

7.2.2　词序和关系小句类型

在第 4 章讨论一般词序类型时,我们曾指出跟词序有关,关系小句有两种最广泛的类型,即名词后类型和名词前类型,前者是关系小句位于中心名词后(如英语),后者是关系小句位于中心名词前(如上面土耳其语例 7)。然而,除了这两种类型还有第三种类型,中心名词实际上位于关系小句之内,这一节我们要举例说明的就是这种类型。

在这种内置中心名词的关系小句类型最明显的例子里,中心名词在关系小句内部仍然出现,并表现为持有那种语法关系的名词在小句里通常表现的形式,而在主要小句里中心名词却没有明显的表现形式。以下是班巴拉语的例子:

N   ye   so   ye.   (9)
我   过去时   房子   看见
(我看见那座房子。)

Tyè   be   [n ye   so   mìn ye]   dyɔ.   (10)
男人 现在时 我 过去时   房子   看见   建造
(那个男人正在造一座我看见过的房子。)

在这个结构里,整个小句 n ye so mìn ye 充当主要小句的直接宾语,但在意思上显然是一个关系小句。班巴拉语的词序是 SOV,因此(10)里主要小句的词序是主语–助动词–直接宾语–动词。一个小句的功能相当一个包括中心名词的名词短语,这一事实在迪奎诺语里甚至更加明显,因为有关小句可以带后缀表示它在主要小句中的句法角色,例如在(13)里表示它是方位格:

Tənay   ʔwa   :ʔwu ;w.   (11)
昨天   房子   我–看见
(我昨天看见那所房子。)

ʔwa   :-pu   -L^y ʔciyawx.   (12)
房子   有定   方位格   我–将–歌唱

（我将在那所房子里歌唱。）

[Tənay ʔwa ːʔwu ːw] -pu -Lʸ ʔciyawx. (13)
昨天　房子　我-看见　有定　方位格　我-将-歌唱

（我将在我昨天看见的那所房子里歌唱。）

这里，后缀-pu-Lʸ附加在内嵌小句的末尾。跟名词前和名词后类型相平行，这种关系小句结构可称之为中心名词内置类型。

在这个结构里，跟大多数种类的关系小句不一样，不存在在句法上处理关系小句的问题——它基本上是一个简单句的结构——但是在推测关系小句内哪一个名词短语应解释为它的中心名词，并且据此推测它在主要小句里的功能时存在一些潜在的问题。在班巴拉语里，这个问题的解决是通过在关系小句内充当那个结构的中心名词的名词短语后加关系标记 mìn，如（9）—（10）。但是，在有些语言里没有这样的标记，因而在解释关系小句内哪个名词短语应是中心名词时可能有歧义，如下面因巴布腊凯楚阿语的例子：

[Kan　kwitsa-man　kwintu-ta　villa-shka]
你　　女孩　　　给　故事　宾格　讲　名物化标记
-ka　sumaj -mi. (14)
话题　有趣　证实标记

（你讲故事给她听的那个女孩/你讲给那个女孩听的故事 很有趣。）

第二类有时被称作中心名词内置的关系小句结构是下面印地语里的相关结构：

Ādmī　ne　jis cākū　se　murgī　ko
男人　作格　那　刀　用　鸡　宾格

mārā thā, us cākū ko Rām ne　dekhā.　　(15)
杀死　　　那刀　宾格 拉姆 作格 看见

(拉姆看见那个男人用来杀死那只鸡的那把刀。)

如逐字对译,(15)应是:"那个男人用那把刀杀死那只鸡,拉姆看见那把刀。"虽然在(15)里第一个小句的名词短语在第二个小句里重复,但也可以在第二小句不重复名词短语而用一个同指的代名词。显然,这种结构确有一内置中心名词,因为关系小句 ādmī⋯thā 包含一个充当中心名词的完整名词短语 jis cākū(那把刀)。但是,这些例子中的关系小句并不是主要小句的句法成分,因此,更可取的办法是把它们看成附接关系小句,就像例(8)说明的沃尔比里语类型一样(如果它确是一种关系小句的话)。

7.2.3　中心名词在关系小句中的角色

根据 7.2.1 节对关系小句所下的定义,很明显关系小句的中心名词实际上在整个关系小句结构的两个不同的小句里都担任角色:一方面它在主要小句里担任角色(传统上,中心名词这一名称限指在主要小句里出现时的有关名词短语),但同样它也在限制性小句里担任角色,即在按内嵌(从属)小句解释的关系小句里担任角色。这在有如(15)的相关结构里看得特别清楚,因为(15)里两个小句都有一个明显的名词短语。然而,从跨语言方面看,通常是中心名词在两个小句之一以改变或缩略后的形式出现,或者干脆省略。7.2.2 节讨论的中心名词内置的关系小句表明中心名词在主要小句省略的情形。在这一节,我们将讨论中心名词在内嵌小句担任角色的表达形式。虽然从原理上讲这似乎并不比中心名词在主要小句里的角色更重要,但结果证明,从类型变异的观点看,在内嵌小句里这种角色的表达形式在跨语言研究中是最有意义的参项之一。下面，我们按照这个参项区分四种主要类型：非缩略型、代词保留型、关系代词型、空缺型。

非缩略型就是指中心名词在内嵌小句里以完整的、未经缩略的形式出现，它或者有正常出现的位置，或者有用于这种小句里表达那种特定功能的名词短语的正常格标记，或者两者兼有。这一类型的例子有上面班巴拉语的(10)和迪奎诺语的(13)，即中心名词内置类型。

在代词保留类型里，中心名词以代名词的形式在内嵌小句里保留。我们早已附带指出，这种类型见于非标准英语，例如从句子 I know where the road leads（我知道那条路通向哪里）构成关系小句 this is the road that I know where it leads（这就是我知道它通向哪里的那条路）。在这个结构里，代词 it(它)表示关系小句化的位置，也就是它使我们能循索出被关系小句化的是间接问句的主语。在英语里，这种类型的存在比较勉强，但在许多语言里，它是构成关系小句的主要手段，而且在许多情形里是必须利用的手段，在风格上没有任何低俗的色彩。例如，在波斯语里，除了主语和直接宾语，其他语法关系的关系小句化必须保留代词；对于直接宾语，代词保留不是强制的；对于主语，代词保留很少见，虽然也有一些实证的例子。下面的例子分别表明主语、直接宾语、间接宾语的关系小句化：

Mard-i [ke (＊ u) bolandqadd bud] juje -rā košt.　　(16)
男人　那　他　高　　　　是　鸡　宾格　杀死
(那个个子高的男人杀死那只鸡。)

```
Hasan mard-i-rā  [ke zan  (u -rā)  zad] mišenāsad.     (17)
哈桑   男人 宾格那  女人  他 宾格 打    认识
```
(哈桑认识那个打那个女人的男人。)

```
Man zan  -i-rā [ke Hasan be u  sibe zamini dād]
我  女人 宾格 那  哈桑  给 她 土豆       送
mišenāsam.                                              (18)
我–认识
```
(我认识哈桑送那块土豆给她的那个女人。)

在(18)里,省略 be u(给她)或单独去 u(她)都是不可能的。

  在讨论下一种类型前,我们应该指出在以上讨论中已逐渐明确的两点。第一点是一种给定语言在它一整套可能构成关系小句的方式中可以有不止一种类型的关系小句结构。例如(16)—(18)表明波斯语有空缺(见以下说明)和代词保留两种类型,在某种程度上呈互补分布(主语只用空缺型,非直接宾语只用代词保留型),但有时也有重叠的情形(如直接宾语用的类型)。当然,同样的情形也适用于其他类型参项,例如一种语言可以有限定和非限定两种类型(如英语,参看前面提到的非限定分词结构),或者有位于名词前和位于名词后两种类型,如他加禄语:

```
babae  -ng  [nagbabasa    ng   diyaryo]              (19)
女人   那   阅读         P   报纸

[nagbabasa ng diyaryo-ng] babae                       (20)
```
(那个看报的女人)

但是,在一种语言内各种类型的分布不是完全任意的,这一点我们在 7.3.3 节将会说明。总的方面要指出的第二点是这里对四种类型的讨论是按照关系小句内中心名词担任角色的表达形式从最明确到最不明确的次序进行的。非缩略型最明确，不可能比它更明确；代词保留型的明确性略差，因为整个关系小句结构在可以被理解之前必须确定代词适当的回指关系。

　　第三种类型是关系代词类型。这种类型在欧洲语言里见得最多，但从整个世界的语言看作为一种类型并不特别常见。跟代词保留型一样，在关系小句内也有一个代词表示中心名词，但从线性词序来说它不是位于表达那种语法关系的代词通常所处的位置，而是移到小句句首的位置（偶尔前面还有一个成分，如前置词）。为了让这个有关的代词表示出中心名词在关系小句内担任的角色，而这又不可能通过词序来实现（代词必须位于小句句首），于是这个代词必须有格标记，至少跟主要小句里各名词短语需要格标记的程度相同，用来标明它担任的角色。在英语里，有些英语变体区分主格 who 和宾格 whom（那个[些]人），可以称存在关系代词型的关系小句，但较明显的例子见于格系统较丰富的语言，例如俄语：

Devuška　　prišla.　　　　　　　　　　　　　　(21)
女孩-主格　　到了
（那个女孩到了。）

devuška, [kotoraja　prišla]　　　　　　　　　(22)
女孩　　　那个-主格 到了
（到了的那个女孩）

Ja　videl　devušku.　　　　　　　　　　　　(23)
我　看见　女孩-宾格
（我看见那个女孩。）

```
devuška,  [kotoruju    ja videl]                    (24)
女孩      那个-宾格    我 看见
```
（我看见的那个女孩）

```
Ja   dal   knigu  devuške.                          (25)
我   送给   书    女孩-与格
```
（我把那本书送给那个女孩。）

```
devuška,  [kotoroj    ja  dal    knigu]             (26)
女孩      那个-与格   我  送给   书
```
（我送给她那本书的那个女孩）

在每一个俄语关系小句的例子里，关系代词 kotor-（那个人）虽然固定不变地位于小句句首位置，但都毫不含糊地表明中心名词在关系小句内担任的角色。然而，跟代词保留型相比，这种关系代词型涉及内嵌小句结构的变形较多：关系代词不是出现在主语、直接宾语或非直接宾语在基本词序里的位置，而是必须出现在小句句首。正是由于这个原因我们把这种类型描述为多少不如代词保留型明确的类型。

在有些语言里，非重读代词，如附着代词，不管它们的语法关系是什么，倾向于在句子第二个位置出现。由此可以产生另一种类型的关系小句，它可以被确定为同时代表代词保留和关系代词两种类型，例如捷克语口语。这种口语的正常词序是主语-动词-宾语：

```
To   děvče  uhodilo  toho   muže.                   (27)
那个 女孩   打       那个   男人
```
（那个女孩打那个男人。）

如果宾语是代名词,它以附着代词出现并紧跟在第一个主要成分之后,例如,把 toho muže(那个男人)变成代词 ho(他)必然涉及词序改变:

To   děvče   ho   uhodilo.   (28)
那个   女孩   他   打
(那个女孩打他。)

捷克语里构成关系小句的一种方式是用固定不变的连词 co,当被关系小句化的是直接或间接宾语时另用附着代词回指:

muž, [co   ho   to   děvče   uhodilo]   (29)
男人 连词 他   那个   女孩   打
(那个女孩打的那个男人)

大体上,这可以看作代词保留型(代词占据附着代词的正常位置),也可以看作关系代词型(代词倾向于在句首位置出现,形成一个单一的音位词 co-ho,带宾格标记)。由于我们还不知道有任何至关重要的类型概括取决于这种特殊情形的类型归属,看来合理的办法是把关系代词型这个名称限于关系小句特有的那些移位例子,而把捷克语取决于其他一些原则的移位例子排除在外。

当一种语言要求或允许简单句里出现跟完整名词短语同指的代词,并且在关系小句里也这样允许或要求时,就会产生一个类似问题,但这个问题确实对关系小句构成的共性有一定意义(见 7.3 节)。例如,在豪萨语里,简单句的主语必须后面跟一个同指代词:

Yūsufù   yā   zō.   (30)
约瑟夫   他   来了

（约瑟夫来了。）

*Yūsufù zō 是不合语法的。因此当主语被关系小句化时关系小句必须保留一个代词也就不足为怪了：

  dōkìn [dà ya mutù]   （31）
  马 那 它 死了
  （死掉的那匹马）

既然这个代词必须出现跟关系小句的构成无关，我们就不把它归入代词保留型的例子，从而把这个名称只限于那些除了在主要小句出现代词的可能性外在关系小句另有代词的例子。

  上述三种类型的共同之处是关系小句内中心名词担任的角色都有明显的表示——用完整的名词短语、代词或移位的关系代词。最后一种主要类型——空缺型，就是对关系小句内中心名词担任的角色不作任何明显表示。在英语里，至少在那些没有 who/whom 区别的变体里，这种类型用来使主语和直接宾语关系小句化：

  the man who/that gave the book to the girl （32）
  （把那本书送给那个女孩的那个男人）
  the book which/that the man gave to the girl （33）
  （那个男人送给那个女孩的那本书）

在其他一些语言里，这种类型的分布要广泛得多，甚至能用来使多种非直接宾语关系小句化，例如下面朝鲜语位于名词前的关系小句：

  [Hyənsik-i kɨ kä-lɨl ttäli-n]   maktäki （34）
  玄植 主格 这 狗 宾格 打 关系小句标记 棍子

（玄植用来打这条狗的棍子）

既然这种类型缺乏任何明显的形式来表示中心名词在关系小句内担任的角色，自然就会产生对这类结构怎么可能作出可靠理解的问题。实际上，借助的方策有好几种，包括以有关语言的句法特性为依据的方策，也包括有关现实世界特性的知识。例如，在英语里，由于基本词序是主语-动词-宾语，而且在大多数情形里这是唯一的词序，因此像 the man that saw the girl（看见那个女孩的那个男人）那样的关系小句结构只能理解为主语的关系小句化：直接宾语的位置已经由 the girl（那个女孩）占据，而 saw（看见）前面的主语位置空缺。实际上，由于英语有严格的词序，很难构造出有歧义的例子，虽然也可能发现诸如 the model that the artist helped to paint 的例子（有两种意思：(a) the artist helped the model to paint [美术家帮助模特儿画画]，(b) the artist helped to paint the model[美术家帮助画模特儿]）。在词序较自由的语言里，这种方策无法利用，但当动词必须有的一个论元没有出现时也常有可能作出明确的理解。例如在土耳其语例(7)里，关系小句的动词"送"通常带三个论元（主语、直接宾语、间接宾语）；主语和间接宾语已在关系小句里表达出来，因此把这两者排除后被关系小句化的位置必定是直接宾语。巴斯克语关系小句(4)—(6)里每个句子的理解也以同样的方式确定：这在区分"把那本书送给那个女人的那个男人"和"那个男人把那本书送给她的那个女人"这两种意思时尤其明显，因为其他两种意思"那个女人把那本书送给他的那个男人"和"把那本书送给那个男人的那个女人"也是说得通的。

但是，在有些情形里，这两种以结构为依据的方策都不起作用，而必须求助于常识：例如在朝鲜语例(34)里，因为现实世界里某人打一条狗的行为和一根棍子之间最有可能的关系是行为和工具的关系,因而唯一自然的理解是"玄植用它打这条狗的棍子",而不是"玄植为了它打这条狗的棍子",也不是"玄植在它后面打这条狗的棍子"。还有一些情形,甚至连这种策略也不起作用,结果得出的关系小句就有歧义,如下面因巴布腊凯楚阿语的例子:

[Kan　shamu-shka　　llajta-ka] uchilla-mi.　　　(35)
你　　来　名物化标记　　城镇 话题　小　证实标记
(你 要来的这个/来自的那个 城镇 很小。)

既然可以来到也可以来自一个地方,这两种理解都是容许的。在有些语言里,有时对这类有潜在歧义的结构的理解范围施加限制,例如在朝鲜语里,跟因巴布腊凯楚阿语不一样,例(36)可以指玄植来到的地方,不能指他来自的地方:

[Hyənsik-i　o　-n]　　　　mikwuk　　　　　(36)
玄植　主格　来　关系小句标记　美国
(玄植来到的美国)

这类限制显然跟两种理解的特殊性较强和较弱的区别有关,但是我们还不知道对这类情形有过任何详尽而广泛的跨语言研究。

在空缺型关系小句内限制理解范围的其他一些方式将在下面讨论,涉及等同型(7.2.4 节)和对关系小句化可及性的制约(7.3 节)。

7.2.4　中心名词在主要小句中的角色

在世界大多数语言里,中心名词在主要小句里担任的角色似乎对构成关系小句的可能性或对具体使用的关系小句结构没有多少影响或根本没有影响。但是也存在一些例外,这一节将讨论这些例外。

有一种散见的现象是传统的拉丁语和希腊语语法学家都知道的所谓形态同化,也就是一个小句里中心名词的格标记受另一小句中心名词格标记的影响而被同化。波斯语提供了关系小句起同化作用的特别明显的例子。没有发生同化时,主语和直接宾语的关系小句化应分别是(37)和(38):

Ān　zan　-i-rā　[ke　diruz　āmad]　didam.　　(37)
那个　女人　宾格　那个　昨天　来　　我-看见
(我看见昨天来的那个女人。)

Zan -i　[ke　didid]　injā　-st.　　(38)
女人　那个　你-看见　这里　是(在)
(你看见的那个女人在这里。)

然而,我们可以有(39)的作为(37)的另一种说法,(39)的里-rā 在主要小句的直接宾语后被略去(但直接宾语仍是有定的),因为这个中心名词还充当关系小句的主语:

Ān zan-i [ke diruz āmad] didam.　　(39)

同样,由于(38)里中心名词不仅是主要小句的主语,而且是关系小句的直接宾语,这个在主语位置的中心名词也可以用直接宾语标记-rā:

Zan-i-rā [ke didid] injā-st.　　(40)

在古希腊语里,同化的方向通常相反,关系小句里预期的宾格关系代词被同化为它的先行词的格:

```
ek    tōn     póleōn    [hōn         éxei]              (41)
从    那些    城市-属格   那些-属格     他-有
```
(从他占有的那些城市)

前置词 ek 要求用属格,因此主要小句里的 tōn póleōn 用属格在意料之中;可是,动词 éxei(他有)按预料应带一个宾格宾语,但实际上关系代词已被同化为主要小句里那个名词短语的格。

主要小句和内嵌小句之间还有一种互相作用有较深的根源见于有等同型关系小句的语言,在这种语言里,关系小句或至少一定范围内的关系小句要合乎语法就必须让中心名词在两个小句内担任同样的角色。在某些澳大利亚语言里,只有在两个小句有相同主语(回顾 5.3 节,主语的定义是及物结构里的 P 和不及物结构里的 S)的条件下才可以略去一个名词短语,这个一般条件引申到关系小句结构在一个小句里略去中心名词这一较特殊的情形时,要求中心名词必须是两个小句的主语。注意,既然名词短语的省略使它在那个小句内的角色失去表达形式,等同型实际上是空缺型关系小句的一个次类。等同型较为广泛的使用见于近代希伯来语:如果一个通常要求带前置词的位置被关系小句化,此外,如果这同一个前置词还出现在主要小句中心名词的前面,那么至少对许多说话人来说,这个前置词(以及附带的代词)可以省略,例如:

```
Natati sefer le oto   yeled [še Miriam natna (lo)  sefer].   (42)
我-送书  给相同男孩那  玛丽    送    给-他 书
```
(我送一本书给玛丽也送一本书给他的那个男孩。)

虽然等同型关系小句确实在除此以外亲缘、地区和类型上十分不同的一些语言里出现,它毕竟还是一种非常受限制的类型。看来没有一种语言只有等同型关系小句而同时又有在广泛句法位置上关系小句化的可能性。从功能的观点看，很容易说明为什么是这样：如果真有这样一种语言，倒是很容易表达如"尽管多雨庄稼长势良好，旅行也尽管多雨照常进行"这种不太寻常的信息，但不可能或很难表达"你看见的那个人已经卖掉他的房子"。等同型似乎只有在某一种或某一些其他类型是基本关系小句类型的语言里，或者只有在关系小句里可以被关系小句化的一些位置也受严格限制的语言里才作为一种缩短表达形式的边际手段而存在。此外，这一节所举的那些例子虽然确实存在并表明主要小句里中心名词的角色跟关系小句的构成相关，但又总是跟中心名词在关系小句内担任的角色相联系，也就是说，实际的制约是对主要小句和内嵌小句内两个角色之间的关系的制约。由于7.2—7.3节讨论的许多例子都表明中心名词在关系小句里担任角色的重要性；这就证明最初提出的看法是合理的，即中心名词在从属小句里担任的角色是进行跨语言比较的一个较主要的类型参项。

7.3 关系小句构成的可及性

7.3.1 简单句

在7.3节，我们将重新讨论7.1节对英语作简略处理时讨论过的问题中的一个问题，即对各名词短语位置能否构成关系小句的可及性的制约。根据7.2.3—4节的讨论，显然我们将主要关注而且实际上只关注中心名词在内嵌小句内担任的角色。在这一小节里，我们只限于讨论简单句里各成分的关系小句化。这方面英语基本上没有什么迹象表明存在任何种类的制约,例如,英语可以在主语、直接宾语、非直接宾语以及领属结构里的领属成分这些位置上构成关系小句:

the man [who bought the book for the girl] (43)
(给那个女孩买那本书的那个男人)

the book [which the man bought for the girl] (44)
(那个男人给那个女孩买的那本书)

the girl [for whom the man bought the book] (45)
(那个男人给她买那本书的那个女孩)

the boy [whose book the man bought for the girl] (46)
(那个男人给那个女孩买他那本书的那个男孩)

但是,在许多语言里,在这些位置上构成关系小句有严格的限制。从本节的目的出发,我们将只限于讨论刚才提到的四种位置,因为在关系小句化方面似乎正是这四种位置构成一个适用于跨语言的等级。某些其他位置,如方位成分和时间成分似乎不能纳入这个等级:在有些语言里它们很容易关系小句化,在另一些语言里又很难关系小句化。

这一节讨论所依据的直觉十分简单:"主语>直接宾语>非直接宾语>领属成分"这个等级确定构成关系小句的可及程度,也就是说,从某种直觉上讲,主语的关系小句化要比任何其他位置的关系小句化容易,直接宾语的关系小句化又要比领属成分的关系小句化容易,如此等等。但是,在这种直觉被严格证实之前显然还需要作出更具体的说明。有一个对这种直觉的具体说明似乎可以被证明属于语言共性:如果一种语言可以在这个等级的某一位置上构成关系小句,那么它也能在等级中所有较高的(靠左的)位置上构成关系小句;另外,对于这个等级中的每一个位置,存在某种可能有的语言,它能够在这个位置以及所有靠左的位置上构成关系小句,但不能在任何靠右的位置上构成关系小句。事实上,为了给这两点中的第二点提供证据,对等级中每一个截止点我们至少需要一种实际语言作示例;所幸的是尽管一系列实际语言在其他方面可能有很大的偏差,但确实为我们提供了所需要的实际例子。

例如,有些语言,如马尔加什语,只能使主语关系小句化。从像(47)的简单句出发,唯一可以有的关系小句是(48):

Nahita　ny　vehivavy　ny　mpianatra.　　　(47)
看见　　那个　女人　　那个　学生
(The student saw the woman.)
(那个学生看见那个女人。)

(前面曾提到马尔加什语的基本词序是动词-宾语-主语。)

ny　mpianatra [izay　nahita　ny　vehivavy]　(48)
那个　学生　　那　看见　那个　女人
(the student who saw the woman)
(看见那个女人的那个学生)

句子(48)不可能有 the student whom the woman saw(那个女人看见那个学生)的意思,而且没有任何方式能把这个英语关系小句逐字对译为马尔加什语(我们将在下面看到这种信息在马尔加什语里是如何表达的)。

同样,也有语言只能使主语和直接宾语关系小句化,例如金亚

7 关系小句

旺达语：

N -a -bonye umugabo [w -a
我 过去时 看见 男人 关系小句标记 过去时
-kubise abagore]. (49)
打 女人

(I saw the man who struck the woman.)
(我看见打那个女人的那个男人。)

Nabonye abagore [Yohani yakubíse]. (50)
我-看见 女人 约翰 他-打
(我看见约翰打的那个女人。)

但是，不可能使(51)中 n-ikaramu（用那支笔）的工具成分构成直接对应于 the pen with which John wrote the letter（约翰用来写那封信的那支笔）的关系小句：

Yohani yanditse ibaruwa n -ikaramu. (51)
约翰 写 信 用 笔
(John wrote the letter with the pen.)
(约翰用那支笔写那封信。)

这个等级再往下，我们发现有的语言容许在等级前三个位置上但不能在领属成分上构成关系小句，如北弗里西亚语的弗林方言。最后，还有像英语这样的语言可以在所有四个位置上构成关系小句。

在本章最后引用的那篇论文中由 Keenan & Comrie 取样调查的约 50 种语言里，几乎全部符合以上概括。但还存在少数反例，特别是有一些南岛语（更具体地说，是诸西印度尼西亚语言）典型的情形是容许主语关系小句化,不容许直接宾语关系小句化,却又容许非直接宾语和/或领属成分关系小句化,从而明显违反上述作为绝对共性的概括。例如,在马来语里,(52)表明主语的关系小句化,(53)表明领属成分的关系小句化;但不可能使直接宾语或(大多数)非直接宾语关系小句化:

Gadis [yang duduk di atas bangku] itu　kakak Ali.　　(52)
小姐　那　　坐　在上面长凳　　那个 姐姐　阿里
(坐在长凳上的那个小姐是阿里的姐姐。)

Orang [yang abang-nya memukul saya] itu　　　　　(53)
人　　那　哥哥 他的 打　　　我　那个
(他的哥哥打我的那个人)

面临在其他情形里全都适用的共性有少数反例这种情况,总是有两种处理方式。一方面,我们可以简单地说这个共性属于倾向性,而不是绝对共性:相对全部取样而言例外的数量很小,此外大多数例外只属于亲缘和地区上的一个语系或语群,这一事实只能突出它们的特殊性质。另一种方式是试图重新阐述这一共性,实际上是把它表述得弱一些,从而使反例不再成为反例;这就是Keenan & Comrie 在所引论文中采取的方式。我们认为,如果我们区分构成关系小句的不同方策,具体地说,如果我们(a)区分位于中心名词前、位于中心名词后、中心名词内置三种关系小句,(b)区分中心名词的角色在关系小句里有表示([＋格标记])和没有表示([－格标记])两种关系小句,那么那个较一般的共性可以由两个较具体的共性取而代之:(a)每种语言都能使主语关系小句化;(b)关系小句化的任何一种方策必定在可及性等级上适用于一个连续的片断。

　　作这样的重新阐述后,几乎所有的反例,特别是诸西印度尼西亚语言的反例就不复存在。有一个反例确实还存在,即在汤加语里,[＋格标记]的方策用于(某些)主语和所有非直接宾语和领属成分,但不用于直接宾语,直接宾语用[－格标记]的方策;不过,如果注意到汤加语的作格性程度较高,主语的各个特性在及物结构的 A 和 P 两者之间分配,那么也许可以排除这个反例。为了论证,让我们假设按照这种重新阐述反例不再存在。这样我们显然已经成功地用一个绝对共性取代倾向共性,而在其他条件相同的情形下绝对共性显然更可取。但是,在这种处理过程中失去了原先直觉中的基本部分。这种重新阐述不再符合等级中较高的位置比较低的位置容易关系小句化这个原有的直觉,因为,举例来说,在马来语里,领属成分的关系小句化显然比直接宾语容易(事实上不可能使后者关系小句化)。这里我们只是指出处理原先概括的反例时采用的两种方式各自的长处和短处:要决定哪一种方式好并没有明显的解答,但就当前目的而言,尽管没有现成的解决办法,理解所涉及的这个问题是很重要的。

　　既然我们现在是用像主语这类语法关系来表述构成关系小句时对可及性的普遍制约,可能自然产生的一个问题是:有关的语法关系是属于表层结构的语法关系呢,还是需要进行较抽象的句法分析?事实上,研究结果表明有关的语法关系属于表层结构的语法关系;至少对某些共性来说,应该用一些较具体的层次上的分析来表达,这项特定研究的结果因而提供了这方面的证据。这种证据在那些对关系小句化有严格限制的语言里最容易看清楚,例如马尔加什语(只适用于主语)或金亚旺达语(只适用主语和直接宾语)。

在马尔加什语里,除了如(47)所示的主动语态外,还有一些其他语态能使动词的其他论元充当表层结构的主语。例如,以下(54)是主动语态;(55)是所谓被动语态,由主动句里的直接宾语充当表层主语;(56)是所谓的境况语态,由非直接宾语(这里是受益者)充当表层主语:

Nividy ny vary ho an'ny ankizy ny vehivavy. (54)
买　　那米　给　　那　孩子　那女人
(The woman bought the rice for the children.)
(那个女人给那些孩子买那些米。)

Novidin' ny vehivavy ho an'ny ankizy ny vary. (55)
给买　　那女人　　给　那　孩子　那米
(The rice was bought for the children by the woman.)
(那些米是那个女人给那些孩子买的。)

Nividianan' ny vehivavy ny vary ny ankizy. (56)
给买–给　　那　女人　　那米　那孩子
(The children were bought rice by the woman.)
(那些孩子是那个女人给买的米。)

在(54)里,只有主语 ny vehivavy(那个女人)可以关系小句化。但是,如果要传递像英语 the rice that the woman bought for the children(那个女人给那些孩子买的那些米)或 the children for whom the woman bought the rice(那个女人给他们买那些米的那些孩子)那种关系小句的信息,那么只有在使用适当的非主动语态的情形下才办得到,即由关系小句化的名词短语占据主语位置。

例如从(55)我们可以构成(57)，从(56)我们可以构成(58)：

ny vary [izay novidin'ny vehivavy ho an'ny ankizy]　　(57)
(th rice that was bought for the children by the woman)
(由那个女人给那些孩子买的那些米)

ny ankizy [izay nividianan'ny vehivavy ny vary]　　(58)
(the children who were bought rice by the woman)
(由那个女人给买米的那些孩子)

同样在金亚旺达语里，除了句子(51)，还可换用另一种结构，其中语义上的工具充当直接宾语：

Yohani yandikishije ikaramu ibaruwa.　　(59)
(John wrote the letter with the pen.)
(约翰用那支笔写那封信。)

要把这个例句逐字对译成英语其实是不可能的；注意语态的改变由动词上的后缀-ish标示。在这个结构里，"笔"可以关系小句化，就跟任何其他直接宾语一样，得出一个信息内容相当 I saw the pen with which John wrote the letter(我看见约翰用来写那封信的那支笔)的句子：

Nabonye ikaramu [Yohani yandikishije ibaruwa].　　(60)

注意，在讨论这些马尔加什语和金亚旺达语的派生句子时完全不需要任何其他的原则：这些句子的派生完全并直接符合这些语言里关系小句化实际上受表层结构的语法关系的制约这一概括，另外还依据这些语言除基本语态外另有上述那些语态这一知识。因此，虽然也可以在这里再识别出一种类型的关系小句，即动词标示类型（动词形式标示出关系小句化的位置），但看来没有必要这么做。但是，我们倒可以进一步大胆提出这样的看法，即对关系小句化的严格制约倾向于跟存在广泛种类的语态互相联系，因而不能直接关系小句化的那些位置通过采用不同的语态可以增强可及性。这个概括看来能得到证实，虽然这只是一种统计上的相关，而不是各种程度的可及性跟各种语态之间的绝对联系：例如，英语有被动语态，但这并没有增强关系小句化的可及性，因为直接宾语可以直接被关系小句化。我们还可以注意到在上面讨论过的那些西印度尼西亚语言里，如果在已经确定的等级上有若干空位不能被关系小句化，那么这个或这些空位通常可以通过采用派生语态间接地被关系小句化，从而不失去传递这种信息的可能性。例如，在马来语里，直接宾语实际上可以通过采用被动语态而被关系小句化，因而有关的名词短语改以主语出现后就可以被关系小句化：

Kawan saya [yang dipukul oleh Ali]　　　(61)
朋友　我的　那　　打-被动　被　阿里
（我那个挨阿里打的朋友）

7.3.2　复杂结构

在 7.3.1 节，我们只考察了简单句，而且一次只考察一个位置。不过，我们也许可以大胆提出，如果我们还考察较复杂的结构，7.3.1 节作出的那类概括还可以进一步扩展。在这一节里，我们将考察这种扩展看来确实适用的两种情形，但也同时考察一些还存在的没有解决的问题的例子。

一种明显的扩展是从简单句的论元扩展到从属小句的论元。

以下扩展看来是适用的:从属小句里某一个成分的关系小句化决不会比主要小句里相同成分的关系小句化容易,举例来说,从属小句里直接宾语的关系小句化不会比主要小句的直接宾语容易。我们可以把这一点重新阐述为一个蕴含共性:如果一种语言能使从属小句的直接宾语关系小句化,那么它也能使主要小句的直接宾语关系小句化。有一些语言能使两者都关系小句化,例如英语。也有一些语言两者都不能关系小句化,例如马尔加什语。还有一些语言例如俄语则可以使主要小句的直接宾语但不能使从属小句的直接宾语关系小句化:

  devuška, [kotoruju ja ljublju]　　　　　　　　　　(62)
  女孩　　　她-宾格　我 爱
  (我爱的那个女孩)

  *devuška, [kotoruju ty dumaeš, čto ja ljublju]　　(63)
  女孩　　　她-宾格　你 以为　　那 我 爱
  (你以为我爱的那个女孩)

由于没有一种语言能使从属小句的直接宾语但不能使主要小句的直接宾语关系小句化,这个共性看来可以成立。

  类似的扩展也适用于领属结构。在 7.3.1 节里,我们只是一般提出有没有可能使领属成分关系小句化的问题,但没有问及领属成分是其中一部分的整个名词短语充当什么角色,例如,没有问及属于主语名词短语一部分的领属成分是否比属于直接宾语名词短语一部分的领属成分容易关系小句化。同样,也有语言提供了支持这一点的证据:例如,在马来语里,可以使主语里的领属成分但不能使非主语里的领属成分关系小句化:

orang [yang abang -nya memukul saya] itu (64)
人　　那　哥哥　他的　打　　　我　那
（他的哥哥打我的那个人）

* orang [yang saya memukul abang -nya] itu (65)
人　　那　我　打　　　哥哥　他的　那
（我打他的哥哥的那个人）

但是，这些扩展的概括也存在一些问题，表明这些方面有一些还需要作进一步研究。例如，有一种扩展看来是合理的，即认为从属小句的主语应该比非主语更容易关系小句化（就像主要小句的主语比非主语更容易关系小句化一样）。但是，所有的证据都表明情形正好相反。在英语里，从属小句的非主语可以自由地关系小句化，而主语只有在没有连词的条件下才能关系小句化：

the girl [that you think (that) I love] (66)
（你以为我爱的那个女孩）

the girl [that you think (*that) loves me] (67)
（你以为爱我的那个女孩）

对有些说匈牙利语的人来说，跟连词基本无关，从属小句的主语都不能关系小句化，而非主语倒常常可以：

a pénz, [amit　mondtam, hogy a fiú elvett] (68)
那　钱　那-宾格 我-说　　连词 那 男孩 拿走
（我说那个男孩拿走的那些钱）

* a fiú, [aki mondtam, hogy elvette a pénzt] (69)
那 男孩 他 我-说　　连词 拿走　　那 钱-宾格
（我说拿走那些钱的那个男孩）

(定指直接宾语用 elvette，其他场合用 elvett。而另一些说匈牙利语的人认为(69)符合语法。)在因巴布腊凯楚阿语里，可以用空缺型使内嵌小句的非主语关系小句化，但不能使内嵌小句的主语关系小句化：

[Marya　Juan　wawa-ta　　riku -shka
玛丽亚　朱安　小孩　宾格　看见　名物化标记
-ta　ni -shka]　llugshi-rka.　　　　　　　　　　(70)
宾格 说 名物化标记 离去 过去时–第三人称单数
(那个玛丽亚说朱安看见的孩子离去了。)

*[Marya　　warmi　Juan-ta　　riku -shka
玛丽亚　　　女人　　朱安 宾格　看见 名物化标记
-ta　ni -shka]　llugshi-rka.　　　　　　　　　　(71)
宾格 说 名物化标记 离去 过去时–第三人称单数
(那个玛丽亚说看见朱安的女人离去了。)

可见有充分的跨语言证据支持从属小句的非主语比从属小句的主语容易关系小句化这一概括，尽管这一概括是出乎意料的，但是对于为什么会是这种情形表面上还没有合理的解释。

7.3.3　关系小句类型的分布

在 7.2 节，我们曾指出，实际情况常常是某一种语言有不止一种关系小句类型，通常至少有一些类型互相不重叠。我们还提出，在这类情形里，关系小句的分布不是任意的。例如，当在代词保留型和空缺型关系小句之间作出选择时，情况几乎总是代词保留型用于可及性等级中较低的部分(更一般地说，用于在各种语言里可及性较低的那些位置)，而空缺型用于等级中较高的部分。正如前面已经提及的，波斯语的空缺型用于主语和直接宾语，而代词保留型用于直接宾语、非直接宾语和领属成分(以及从属小句和并列结构里的各个成分)。在马来语里,空缺型用于主语,代词保留型用于领属成分(以及某些非直接宾语,它们的构造基本上有如领属成分)。在英语里,代词保留型勉强可用,但在某些变体里用于可及性最低的几个位置中的一个,即用于带明显连词的从属小句的主语。这种观察结果大致可以作一定程度的概括:每当一种语言构成关系小句有较明确和不太明确两种方式(按7.2.3节论述的意思)时,较明确的类型将用于等级中较低的部分,不太明确的类型将用于等级中较高的部分。

可见,这一概括具有功能的基础:一个位置的关系小句化越是困难,越需要明确标示是哪一个位置已被关系小句化,以便于这一信息的复原。当然,这只不过是对1.3.3节早已提出的那种功能解释的一种概括。

注释和参考文献

Lehmann(1984)对关系小句作了详尽的类型学考察。有关许多不同语言里的关系小句,Peranteau 等人(1972)所编的论集提供了有用的情况。波斯语的材料引自 Lambton(1957:75—8)。

关于英语里移位转换所受制约的主要论著是 Ross(1986[1967])。Keenan(1975:406—10)对把这类制约纯粹表述为移位(切断)的制约提出批评,该文讨论了苏黎世德语和波斯语的例子。巴斯克语里的关系小句 de Rijk(1972)作过讨论。

7.2 节建议的对关系小句特点的描写是根据 Keenan & Comrie(1977:63—4)。沃尔比里语的例子引自 Hale(1976),该文还讨论了其他澳大利亚语言里类似的一些结构。

7.2.2节里,班巴拉语的例子引自 Bird(1968),迪奎诺语的例子引自 Gorbet(1976:43—4)。这一节及以下所举因巴布腊凯楚阿语的例子引自 Cole(1982:47—60)。7.2.3节里的分类大致按照 Maxwell(1979)的分类法,该文又是以 Givón(1975a)为依据的。这一节及以下所举朝鲜语的例子引自 Tagashira(1972)。7.2.4节古希腊语的例子引自 Goodwin(1894:220)。希伯来语的例子 Cole(1976:244)作过讨论。

7.3.1节的讨论是对 Keenan & Comrie(1977)的简化和改写;该文或该文的姐妹篇(Keenan & Comrie,1979)中引用或提及的例子这里不再提及。间接宾语和比较宾语这两个位置由于跨语言的证据较少这里从略。原先,等级的制约是作为绝对共性提出的(但对汤加语有保留)。金亚旺达语的例子引自 Gary & Keenan(1977)。我对马来语例子的理解极大地得益于跟 Chiang Kee Yeoh(马来西亚科学大学、明登、槟榔屿)的讨论,这些例子也引自 Yeoh(1979);Keenan & Comrie(1977,1979)作出的(句子)合格性判断是有问题的,至少对标准马来西亚语和印度尼西亚语来说是如此。比如(67)(带 that)不合语法,这在生成语法内部有许多争论(以 Perlmutter [1971:99—122]为开端,最近的术语是"that-语迹效果");可是,尽管有许多著作讨论过这个问题,却没有一个普遍接受的解决办法,这点可以从 Van der Auwera(1984)看得很清楚。

8 使成结构

使成结构在近期语言研究的历史中起重要作用,不仅从类型学的角度看是如此,而且它还代表语言学和邻近学科诸如哲学(使成现象的性质)和认知人类学(人类知觉和使成现象的分类)互相交叉的一个重要领域。在语言学内部,使成结构之所以重要是因为对它的研究,即使只在一种语言内,但在跨语言方面也许更明显,涉及整体语言描写中各个不同层面的交互作用,这些层面包括语义、句法和形态。举例来说,除了类型学,使成结构的研究对生成语义学的发展一直是至关重要的。不过,在这一章,我们主要关注的是使成结构的共性和使成结构的类型,但在研究中也间或指明为什么生成语义学家(通常只依据英语材料)提出的一些问题在这一框架内仍然未能解决。

在这一章,我们要讨论使成现象的各种不同的语言表达形式,一个实用的出发点是对整个使成情景(事件)作一描写。任何一个使成情景由两个情景成分组成,即成因和成果(结果)。让我们设想这样一种场景:公共汽车迟迟不来;结果,我开会迟到。在这个简单的例子里,公共汽车迟迟不来起成因的作用,我开会迟到则起成果的作用。因此,这两个微观情景结合起来产生一个复杂的宏观情景,即使成情景。对于这个例子,英语里自然表达这个宏观情景的方式是把两个小句组合在一起,例如,the bus's failure to come caused me to be late for the meeting(公共汽车迟迟不来使我开会迟到),或者 the bus didn't come,so I was late for the meeting(公共汽车迟迟不来,所以我开会迟到),或者 I was late for the meeting because the bus didn't come(我开会迟到,因为公共汽车迟迟不来)。不过,其中一个微观情景(多为成因)的表达形式常常可以缩略,得出像 John caused me to be late(约翰使我迟到)的句子:这里,结果显然是我迟到,而成因的表达形式已缩略,因此不明确是约翰的哪一个具体行为使我迟到。我们因此可以多少从广义上理解成因的定义,使这样一个句子中的 John(约翰)也能被当作一种成因。

  以上对成因的描述基本上跟各结构参项无关,而且事实上在英语和其他语言里有许多方式可以表达这样一种使成情景,例如用使成或结果连词(because[因为],so that[因而])或前置词(because of[因为],thanks to[由于]),用独立的使成谓语(如动词 to cause[造成]或 to bring it about that[带来]),或用本身包含使成概念的谓语,如 John killed Bill(约翰杀死比尔)(可以分解为成因——约翰的某种行动,但未具体说明——和结果——比尔的死亡)中的 killed(杀死)。但是,从语言学上讲,事实表明这些使成表达形式中有一些比另一些更有意义,这大致跟这种意义主要是不是类型学上的意义无关。具体说来,大部分注意力都集中在那些使成概念包含在谓语里的使成结构,不管这种谓语是像英语 cause(造成)或法语 faire(作成)的独立谓语还是把使成作为一个语义成分的谓语,如英语的 kill(杀死)或土耳其语的 öl-dür(杀死,致死)(比较 öl[死亡])。本章将要讨论的正是这样一些使成谓语结构。

如上所述，近来对使成结构发生强烈兴趣的原因之一是这种研究涉及形式句法和语义分析的交互作用，而且在许多情形里涉及形式参项和语义参项的互相联系。在 8.1 节我们将概述一些主要的有关参项，进而在 8.2 节根据一系列语言中的例子讨论这些参项的互相作用。

8.1 使成结构研究中的参项

8.1.1 形式参项

诸主要形式参项中有一个，而且事实上是常常见于早期有关使成动词讨论中的唯一一个参项，是宏观使成情景的表达形式和微观结果情景的表达形式之间的形式联系，例如，cause to die（造成死亡）和 die（死亡），或者 kill（杀死）和 die（死亡）之间的形式联系。按照这个形式参项，我们可以划分出三种类型，当然，跟许多其他类型划分一样，语言形式并不总是齐整地属于这三种类型中的这一种或那一种，而是能发现许多中间类型。整个连续体的范围从分析型使成式到形态型使成式直到词汇型使成式。

分析型使成式的典型情形是表达使成概念和表达结果各有独立的谓语形式，例如英语 I caused John to go（我使约翰去了），或 I brought it about that John went（结果我使约翰去了），其中有两个独立的谓语 cause（使）或 brought it about（造成）[成因]和 go（去）[结果]。虽然这类结构被语言学家广泛引用，特别在注释其他结构类型时被广泛引用，这种纯分析型的使成式却比较罕见。例如，在俄语里，倒是可以说 ja sdelal tak, čtoby Džon ušel，按字面解释是"我这样做了,因而约翰离去",但这是一种非常不自然的结构;最接近的自然结构表达的内容都比简单使成式多得多,例如 ja zastavil Džona ujti(我迫使约翰离去),其中包含直接强迫的意思,举例来说,如果"约翰"由一个无生命的名词短语所取代,那么这种说法就不合适。

现在来看形态型使成式。典型的情形具有以下两个特点。第一,使成谓语通过形态手段跟非使成谓语发生联系,例如通过词缀,或通过有关语言可利用的任何其他形态方式。简明的例子见于土耳其语,在这种语言里后缀-t 和-dır(后者有元音和谐变体)可以附加到几乎任何一个动词上得出对当的使成形式,例如 öl(死亡),öl-dür(杀死),göster(展现),göster-t(使展现)。典型的形态型使成式的第二个特点是这种把使成谓语跟非使成谓语联系起来的手段是能产的:在理想的类型里,我们可以取任何一个谓语通过适当的形态手段构成它的使成式。土耳其语非常接近于这种理想类型,因为如上所述我们几乎可以从任何一个动词构成它的使成式,甚至还可以构成使成式的使成式:从 öl(死亡)我们可以构成 öl-dür(杀死),而从 öl-dür 出发我们又可以用同样的手段构成 öl-dür-t(使杀死)。但是,反复运用这种手段有一定限度,因而一连串许多使成后缀虽然偶尔见于手册中的举例说明,在语言里只是勉强可以接受。从这种意义上讲,大概没有一种语言能具体体现纯典型的形态型使成式,可以无限制地反复运用有关的形态手段。

在上一段给出的那些例子里,一律都是使成谓语由非使成谓语派生而成的情形,对具体选用的土耳其语的例子而言是通过附加后缀。但是,也可能发现逆向派生关系的例子,即表达结果的谓语比使成谓语的形态成分多,例如俄语里 lomat'(打碎)[及物]和 lomat'sja(破碎)[不及物],其中后缀-sja/-s'使内含使成意思的简单动词派生为非使成式。这样派生而成的非使成式有时被称作逆向使成式。于是,在俄语里我们有像以下的成对句子:

  Palka slomala-s'.   (1)
  (棍子断裂了。)
  Tanja slomala palku.   (2)
  (丹娘把棍子折断了。)

还有一些情形,很难或不可能谈及形态派生是什么方向。例如,在斯瓦希利语里,不及物动词"沸腾"是 chem-k-a,而及物动词"使沸腾"是 chem-sh-a:这里结果动词和使成动词只是用不同的后缀,因此从派生形态的意义上讲,两者的复杂程度相同。没有方向性的类似情形还见于英语中 die(死亡)和 kill(杀死)这种词干相异的交替形式:虽然我们可以争论 kill 是不是应在句法上从 die 派生而成,在形态上这两个形式完全不相干。但是,在微观结果情景和宏观使成情景两种表达形式的关系方面,可以把所有这些次类型同等看待,尽管它们在能产的程度上有差别(例如,真正的派生使成式可以是一种能产的过程,但派生的逆向使成式不是,因为我们不能反复降低一个谓语的及物性;一旦已经成为不及物谓语,那就必定是派生过程的终结)。

  上一段引入的 die/kill 的关系已使我们得到形态方面的第三种类型的使成式,即词汇型使成式,也就是指那些结果表达形式和宏观使成表达形式之间的关系毫无规律性因而只能作词汇处理而不能作任何能产过程处理的情形。这方面最明显的例子就是异干交替,如英语 kill 是 die 的使成式,或俄语 ubit'(杀死)是 umeret'(死亡)的使成式。异干交替形式是词汇型使成式最明显的例子,因为根据定义,交替对的两个成员之间的形式联系没有任何规律性。

虽然语言里有许多例子具体体现了这些理想的类型,或非常接近于理想类型,但也还有许多结构在连续体上介于两个邻近的类型之间。介于分析型和形态型之间的中间类型有一个极好的例子,即法语里带 faire(作成)的结构,例如 j'ai fait courir Paul(我已使保罗奔跑)。初看起来,这似乎是明显的分析型使成式,因为它有表示成因的独立谓语 faire(作成)和表示结果的独立谓语 courir(奔跑)。但是,一当我们把这一结构跟其他明显带两个谓语的结构作一比较时,这个例子表面上的明显性就消失了。通常,在法语有两个谓语的结构里,每个谓语都带它自己的一组名词短语论元,例如 j'ai demandé à Paul de courir(我已要求保罗奔跑)或 j'ai demandé à Paul de manger les pommes(我已要求保罗吃苹果)。动词 demander(要求)除了带主语外还带一个由前置词 à(向)引导的间接宾语。在不定式结构里,跟法语里这种结构通常的情形一样,不定式的主语被略去,但不定式动词必须有的或容许有的任何宾语仍然保留: courir 是不及物动词,但对于及物动词 manger(吃),我们在上面的例子里仍发现带直接宾语 les pommes(苹果)。而带 faire 的结构很不一样,因为尽管出现 faire 和依附的不定式两个词语,这个复杂形式在大多数场合的表现有如一个单一的复合谓语。对于大多数说话人,在两个成分之间不可以插入名词短语,例如,即使我们事先预料 j'ai fait courir Paul 里的 Paul(保罗)或者是 faire 的宾语或者是 courir 的主语,这个名词短语却不能插在faire和courir之间，尽管faire的宾语理应紧跟在faire之后，courir的主语理应紧接在courir之前。在我们的这个例子里，复杂形式faire courir（使奔跑）的表现有如一个单一的复合短语，Paul是这整个复合短语的直接宾语，因此很自然地出现在整个复合短语之后。当我们在8.2节作更详细的讨论时这一点会看得更清楚，到时我们将考察faire后面的及物不定式，因为被使者（受使而行事的实体）必须作出调节以适应faire加不定式构成的整个复合谓语的配价。由于及物动词本身已有一个直接宾语，被使者事实上以间接宾语出现，例如j'ai fait manger les pommes à Paul(我已使保罗吃苹果)。这可以和demander结构的表现进行比照，因为在demander结构里被要求执行的人总是间接宾语，这是主要小句动词demander的配价所要求的。

在纯形态方面，如我们在2.3节已看到的，分析型和综合型之间的区别是一个连续体而不是截然的区分；而在这里我们又看到，即使在纯形式方面，一个结构可以看上去明显属于这种或那种类型，但对它的表现作进一步研究可能表明它实际上是一种居间的类型。更一般地说，在划分使成结构的类型时我们可以按照两个独立谓语（成因和结果）归并成一个单一谓语的程度，从冗长但明确的说法如I brought it about that John left(我造成约翰离去)过渡到I caused John to left(我使约翰离去)，再变为I had John left(我设法使约翰离去)，又经过法语faire型结构等最后变成严格意义上的形态型使成式。

同样，也有介于理想的形态型和理想的词汇型（异干交替型）之间的结构，特别是那些用来表达结果和表达使成的谓语之间虽有明显的形式联系但这种形式联系又没有规律性的例子。这里一个适当的具体例子是日语,日语既有规范的形态型使成式又有形态联系的能产性较弱的使成式。规范的形态型使成式用后缀-(s)ase,如 sin-ase-(致死)(比较 sin-[死亡]),tomar-ase-(使停止)(比较 tomar-[停止][不及物]),ori-sase-(使下来)(比较 ori-[下来])。然而,除此之外,有许多动词还有存在的联系是非能产的使成式,例如,除了 tomar-ase 还有 tome-(停止)(及物),除了 ori-sase 还有 oros-(把……弄下来)。在日语里,这种非能产使成式的表现有如规范的词汇型使成式,例如,koros-(杀死)是 sin-(死亡)的词汇型使成式。然而,在其他语言里,异干交替型和非能产非异干交替型两种使成式之间经常在句法表现上有区别。例如,在英语里,有许多使成式的构成可以在动词上不发生任何形态变化,例如 melt([使]融化)(及物和不及物)。及物的 melt 和不及物的 melt 之间的联系跟 kill 和 die 这种异干交替对的两个成员之间的联系不太一样,这可以用下面一对句子为例来说明,其中(3)比(4)要自然得多:

  John tried to melt the glass,but it wouldn't (melt). (3)
  (约翰试图熔化玻璃,但玻璃不熔化。)
  *John tried to kill Mary,but she wouldn't (die). (4)
  (约翰试图杀死玛丽,但她不死。)

可见形式联系的存在,即使不是能产的,也确实有助于识别一对成员中的使成式和非使成式,达到复原略去信息的目的。

  跟其他词汇联系一样,使成式和非使成式动词之间假设的语义联系有时也有特异性,例如英语的 fall(倒下)和 fell(砍倒),后者的意思比"使倒下"狭窄得多——fell 的非比喻用法只限于使树木倒下。尽管如此,规范的和接近规范的词汇型使成式还是有足够的跨语言的例子,它们的意义联系是有规律的,因而可以把这类使成式纳入对使成结构的一般类型研究的范围。

除了区分分析型、形态型、词汇型三种使成式外,事实证明还有一个形式参项在使成结构的跨语言比较中是至关重要的,这就是被使者这个语义关系在使成结构中的语法表示形式,如 I caused John/the tree/the vase to fall(我使约翰/那棵树/那只花瓶倒下)中的 John/the tree/the vase(约翰/那棵树/那只花瓶)的语法表示形式,以及在表达相同基本意思的其他方式中的语法表示形式。由于这是一个相当复杂的参项,跟 8.1.2 节将要讨论的那些参项有密切的交互作用,因此专用一整节即 8.2 节来讨论交互作用这个方面,被使者的表示形式也推迟到那一节再讨论。

8.1.2 语义参项

在这一节,我们关注的是两个主要的语义参项,即直接使成和间接使成之间的区别和被使者在宏观使成情景中保留的自控度问题。当然在使成结构中还可以作出其他语义区分,但这里我们不予集中讨论。可是有一个这样的参项倒是值得一提,这就是纯使成和允许两者之间的区别。在英语里,这两种类型的区分是通过在通常的分析型结构中使用不同的主要动词,例如 I made the vase fall(我使那只花瓶倒下)[纯使成]和 I let the vase fall(我听任那只花瓶倒下)[允许]。然而在许多其他语言里,特别在那些有形态型使成式的语言里,同一结构既表达纯使成又表达允许的意思,例如格鲁吉亚语:

| Mama | švil | -s | c̣eril | -s | a-c̣er-in-eb-s. | (5) |
| 父亲 | 儿子 | 与格 | 信 | 宾格 | 写 第三人称单数 | |

(父亲使/帮助/让儿子写信。)

(在这个例子里,前缀 a-和后缀系列-in-eb 表示使成。)根据我们最初对(纯)使成的描述,不难看出纯使成式和允许式之间的联系。在这两种结构里,先发生的事件(或它的施事)对结果是否能实现都具有某种控制:在纯使成式里,先发生的事件/施事具有导致结果实现的能力;在允许式里,先发生的事件/施事具有阻止结果实现的能力。在这两种类型里,结果的实现都至少部分处于主使者/允许者的控制之下。

在讨论使成结构内部的语义区别时,大致跟我们先前在 3.1 节讨论一般语义角色时一样,我们只关心那些至少在某些语言里跟语法相关的语义区别,因此我们感兴趣的主要是语义参项和形式参项之间的相互关系。既然如此,在以下的讨论中我们将经常提到前面 8.1.1 节作出的那些形式区别,然后继续在 8.2 节讨论形式和语义之间的交互作用。

直接使成和间接使成的区别跟成因和结果之间联系的媒介有关。一方面,在有些情形里,成因和结果在时间上互相十分接近,因而很难把宏观情景具体分解为成因和结果,尽管在概念上还是可以这么分解。例如,如果我走过餐具柜时手碰了一下花瓶因而使花瓶从餐具柜上跌落下来,成因(我碰了一下花瓶)和结果(花瓶从餐具柜上跌落)之间的联系非常直接。但是,在另外一些情形里,成因和结果之间的联系可能疏远得多,例如以下情景:枪械工知道持枪格斗者即将参加一场严酷的决斗,他设法保证使那支委托他修理的枪支到时不能射击；若干小时以后，格斗者出去参加决斗，由于枪已被做了手脚，他被杀死了。这里成因和结果之间的联系十分间接，尽管在成因（枪械工在枪上做了手脚）和结果（决斗者死亡）之间仍存在一连串必然已发生的事件。

许多语言有跟这种直接和间接使成的区别相联系的形式区别。而且，各种语言里发现的这种形式区别是一致的：从分析型经形态型到词汇型这个连续体跟从不太直接到比较直接的使成这个连续体互相联系。例如，对于英语 Anton broke the stick（安东把棍子折断了）和 Anton brought it about that the stick broke（安东使棍子断裂了）之间的区别，或者对于俄语中意思对当的 Anton slomal palku 和 Anton sdelal tak, čtoby palka slomalas' 的区别，如果我们不得不确定跟它们相联系的不同情景，那么为此目的我们大概要为这两种语言的第二个例句设想这样一种情景，即安东的行动和棍子实际断裂两者之间要相隔好几个阶段。同样，在尼夫赫语里，动词 če-（变干）[不及物]的词汇型和形态型使成式可以在语义上加以区别：

If   lep   seu-d'.   (6)
他   面包   变干

If   lep   če   -gu -d'.   (7)
他   面包   变干 使成

在尼夫赫语里，形态型使成式带后缀-gu；在这个特定例子里，词汇型使成式涉及首辅音交替这个非能产的派生过程。例(6)只是表述他把面包弄干了，最适用于当事人故意着手弄干面包的情景，例如把面包放入烘箱。而例(7)却相当于"他使面包变干"，甚至相当

8 使成结构

于"他让面包变干",含义是,他忘记给面包遮盖,结果面包干了。

必须强调指出,直接和间接使成之间的区别是一个连续体上的程度区别。要构建明显只容许作直接使成解释或只容许作间接使成解释的例子,这是十分困难甚至是不可能的。但是当我们把分析型-形态型-词汇型这个连续体上各不相同的使成结构作对比时,那么很明显越是接近于分析型一端的结构越适用于关系疏远的(间接)使成,而越是接近于词汇型一端的结构越适用于直接使成。由于还没有认识到这一点,所以在生成语义学内部关于英语 kill(杀死)和 die(死亡)间关系的争论产生许多不必要的分歧,论争的参与者来回争辩 kill(杀死)和 cause to die(使死亡)两者到底是不是同义词。诚然,要设想这两个表达中的这个或那个被排除在外的情景是困难的,但是很容易设想一些情景,尤其是设想一对情景,其中这两个变体中有一个比另一个更适用。

我们希望讨论的第二个语义参项是使成结构中被使者保留的自控度。由于这个语义参项在使成结构中特别跟被使者的表达形式相互关联,关于这种形式和语义间的交互作用大部分将留到 8.2 节再讨论。当被使者是一个无生命实体时,例如 John caused the tree to fall(约翰使那棵树倒下)中的 the tree(那棵树),这个被使者一般没有对宏观情景实施任何控制的潜能,因此自控问题不会产生。但是,在被使者是有生命的场合,被使者保留连续体上程度不等的自控潜能。如果我们取一个如 I brought it about that John left(我使约翰离去)的英语句子,那么它几乎没有表明是我直接使用强力造成约翰离去(例如把他打昏然后在他无法抵抗时将他架出去)还是我微妙地利用他的深奥心理试图说服他离去并终于达到目的——不管是哪一种情形,我都做了某件事(成因),最终结果是约翰离去(结果)。当然,英语可以通过选择适当的主句动词来表达这种区别,例如 I compelled John to leave(我强迫约翰离去),I made John to leave(我使约翰离去),I imposed John to leave(我硬让约翰离去),I persuaded John to leave(我说服约翰离去)之间的区别。然而在许多其他语言里,这个连续体上的差异可以用被使者不同的格来表达。我们可以暂且满足于举一个匈牙利语的例子来说明:

Én	köhögtettem	a	gyerek-et.	(8)
我	使咳嗽	那	孩子 宾格	
Én	köhögtettem	a	gyerek-kel.	(9)
我	使咳嗽	那	孩子 工具	

例(8)里的被使者为宾格,含义是保留的自控度较低,例如,(8)适用于我在孩子背上拍一掌而引起他咳嗽的情景,不管他自己想不想咳嗽。(9)里的被使者为工具格,保留较高的自控度,例如,含义是孩子在我的要求下咳嗽。当被使者被说服做某件事而不是强迫去做时,他究竟是否实际上保留较多的自我意愿,对这个哲学问题我们不作定论:无论如何,语言确实作出跟保留的自控度有关的区别。

8.2 形态型使成式中的价变

从类型学的观点看,近些年来使语言学家最感兴趣的使成结构的特性也许是形态型使成式的配价,特别是被使者的语法表示形式。关于这个问题可以列出两种对立的基本观点,正如我们下面将建议的,对使成结构的总体分析似乎需要包括这两种对立观点的各个方面。第一种观点可以称作句法观点,它主张手头问题的全部或至少大部可以在纯句法范围内处理,无须求助于语义学。第二种观点是语义观点,它主张手头问题的全部或至少大部需要从语义上来表述,句法只相应地起较小的作用。

在转而讨论支持和反对每一种观点的证据之前,我们可以先注意一下这两种观点所表述的某些有关使成结构的共性。这里我们关心的是使成结构在句法和语义学上的倾向共性,而不是绝对共性,但是当我们按逻辑上可能的变异范围考察在各种语言中也许已能发现的变异时,实际的变异范围却十分狭窄,这一事实确实有突出的意义。

形态型使成式通常比对应的非使成式高一个配价,因为除了有非使成谓语的那些论元外它还有一个主使者。对于分析型使成式来说这不会引起问题,因为表达成因和结果的两个谓语各自都保留一组论元。但是,对于形态型使成式,两个语义谓语的全部论元必须只组合成属于一个谓语的一组论元。从跨语言方面看,这个增价问题几乎一律通过改变被使者的表达形式而获得解决。有一种简单的解决办法就是在使成结构中略而不提被使者,这在处理及物动词的使成式时作为一种可能性在各种语言中特别常见,如下面桑海语的例子:

Ali　　nga-ndi　tasu　di.　　　　　　　　　　(10)
阿里　吃 使成　米饭　那
(阿里使某人吃那米饭。)

当然,略去被使者的结果确实是信息的失缺——在(10)里根本不清楚是使谁吃那米饭——而且看来也没有一种语言把它作为唯一的可能性,用来解决一系列广泛类型的使成句。实际情况是改变被使者的语法表示形式使它符合新的形态型使成谓语的总体配价模式。

这方面在跨语言中的标准模式可以用土耳其语的例子来说明。在一个非使成式的土耳其语句子里,相当于被使者的名词短语是持主格的主语,如下例(11)(13)和(15)。在对应的使成式里,主语的位置已经由主使者占据,由于土耳其语跟大多数语言一样不允许一个小句有两个主语,被使者不能同时充当主语。当非使成动词如(11)那样是不及物动词时,被使者就以持宾格的直接宾语出现,例如(12):

Hasan　öl -dü.　　　　　　　　　　　　　　(11)
哈桑　死 过去时
(哈桑死了。)

Ali　Hasan-ı　öl　dür　-dü.　　　　　　　　(12)
阿里　哈桑 宾格　死　使成　过去时
(阿里使哈桑死亡,杀死哈桑。)

当非使成动词是及物动词时,直接宾语的位置已经由非使成动词的直接宾语占据,因此在土耳其语这种一个小句只允许有一个直接宾语的语言里,被使者不能以直接宾语出现,而是持与格作为间接宾语出现:

Müdür　mektub-u　imzala-dı.　　　　　　　(13)
局长　信　宾格　签名 过去时
(局长在信上签名。)

Dişçi mektub-u müdür-e imazala-t -tı. （14）
牙医　信　宾格　局长　与格　签名　使成　过去时

（牙医使局长在信上签名。）

当非使成动词已经有一个间接宾语时，这个位置也不可能再由被使者获得——以下对这一点有所保留——在土耳其语里，遇到这种情形，被使者以旁接宾语出现，带有后置词 tarafından：

Müdür Hasan-a mektub-u göster-di. （15）
局长　哈桑　与格　信　宾格　展示　过去时

（局长向哈桑展示那封信。）

Dişçi Hasan-a mektub-u müdür tarafından göster-t
牙医　哈桑　与格　信　宾格　局长　由　展示　使成
-ti. （16）
过去时

（牙医使局长向哈桑展示那封信。）

在土耳其语的材料以这种方式罗列之后，从形式上解释这种分布的答案也就清楚了。它须要建立一个如下的语法关系等级：主语＞直接宾语＞间接宾语＞旁接宾语。被使者的语法表示按以下方式进行：被使者占据这个等级上还没有被占据的最高（最靠左的）位置。例如在(14)里，由于主语位置已被主使者占据，直接宾语的位置也已被"签名"的直接宾语占据，剩下的最高位置是间接宾语，而这确实就是被使者的语法表示。虽然我们将在下面指出这种概括的一些反例以及这种形式处理未能解释的几点疑问，我们仍然坚持认为实际情况确实是形态型使成式的广泛特性可以从这个等级得到解释，而这些特性是无法用其他说明来解释的。

这个等级跟第 7 章提出的那个等级十分相似,在第 7 章我们曾指出关系小句构成的可及性也取决于一个等级:主语＞直接宾语＞非直接宾语＞领属成分。显然,领属成分跟使成动词配价的讨论无关,因为它属于名词短语而不是动词的论元。可见唯一的区别在于使成等级中包括间接宾语。而且有一些尽管轻微的来自关系小句构成的证据,证明那个等级也应包括间接宾语,插在直接宾语和旁接宾语之间,这样就使两个等级的有关部分相一致。(注意,我们用非直接宾语这个名称作为间接宾语和旁接宾语的统称。)然而,要确立这两个等级的等同关系还存在一些问题。首先,有一个一般问题是确定间接宾语是一种有效的语法关系:在土耳其语里,据我们所知,没有独立的证据(即跟使成结构的句法表现无关的证据)可以把间接宾语跟其他非直接宾语区分开来。在许多语言里,似乎只有在使成结构里间接宾语才是一种相关的语法关系,然而正如 3.3 节所述,在语言内部证明一种语法关系的有效性须要好几个逻辑上彼此独立的参项。其次,即使我们假定存在间接宾语这种语法关系,事实表明支持这个位置跟关系小句构成相关的证据确实十分勉强:几乎没有一种语言把间接宾语作为一个明显的截止点。然而,在使成结构的跨语言研究中,间接宾语似乎是被证明最有效的位置之一,而且在及物动词的使成式中用间接宾语来表达被使者,这在世界各种语言中分布极其广泛。因此,就当前目的而言,我们将采取比较谨慎的态度,只是指出关系小句和使成结构的两个等级之间极其相似,但不一定互相等同;另外,我们还指出,如果真能证明间接宾语在用这种结构表示及物动词使成式的语言中不是一种语法关系,那么必须找到某种其他方式(即语法关系以外的方式)来描述等级上的这个位置。

8 使成结构

关于上面概述的形式处理,接着要考虑的一个问题是许多语言允许这个等级中一个位置被双重占据。例如,在梵语里,事实上不可能把及物动词使成式里的被使者表达为与格,被使者必须以工具格(见以下讨论)或者宾格出现,从而得出带两个宾格的结构:

Rāmaḥ bhṛtyaṁ kataṁ kārayati. (17)
拉玛–主格 佣人–宾格 地席–宾格 准备–使成
(拉玛让佣人铺好地席。)

然而事实表明,几乎所有在使成结构中允许这种可能性的语言都是在其他情形里允许小句有两个宾格宾语的语言——甚至可以想象我们应该说"所有的语言"而不是"几乎所有的语言",虽然某些有这种使成结构的语言我们还不能找出有关非使成结构带两个直接宾语的证据。然而,当我们转而考察间接宾语时,这种双重占据的可能性要广泛得多,实际情况似乎是凡是允许被使者在双宾语动词结构中表达出来的语言都允许在这个位置上由两个间接宾语占据,例如,即使在土耳其语里,作为(16)的另一种说法,我们有:

Dişçi müdür-e mektub-u Hasan-a göster-t-ti. (18)

在某些语言里,这种例子可能有歧义(但在土耳其语里,第一个与格理解为被使者),或者在某些情形里由于其他原因在风格上不合适,但毫无疑问这种结构是可能存在的。以这种方式带有两个间接宾语的可能性并不跟一个小句带有两个间接宾语的任何可能性相联系,因此如果把使成结构构成的形式共性看作一种绝对共性,这是较直接的一个反例。

虽然这个共性不能作为一种绝对共性,但它仍不失为一种很强的倾向共性。实际上,我们甚至可以作出比这更有力的论点。正如我们在以上讨论中指出的,还没有发现使成结构能带双重主语;双重直接宾语得到证实,但分布有限;双重间接宾语分布十分广泛。换句话说,某一种语法关系双重出现的可能性随着等级上位置的下降而增加。可以设想,凡是有旁接宾语的语言都不会受一个小句只允许有一个旁接宾语之类的限制。

迄今为止的讨论中,当我们提到旁接宾语时,我们只是把它们当作单一的没有区别的一类,但是很明显,即使从讨论使成结构这种有限目的出发,这样处理也是不充分的。例如,在土耳其语里,实际情况并不是双宾语动词使成式里的被使者可以任意以任何一种旁接宾语出现,而是它必须用后置词 tarafɪndan。同样在法语里,这样一个被使者必须用前置词 par(被):

J'ai fait écrire une lettre au directeur par Paul. (19)
(我已使保罗给局长写信。)

不仅在一种给定语言内部旁接宾语的选择不是随意的,而且在各种语言之间存在一种高度的一致性:被选择的旁接宾语在典型情形下是在被动结构中用来表达施事的成分,例如土耳其语的 tarafɪndan 和法语的 par。这显然启示我们对使成结构中出现这个特定的旁接宾语,除了用等级解释外另外提出一种解释,即旁接宾语的出现不是由于等级上位置的下降,而是由于在使成结构的派生中运用被动变换。这两种解释初看都有一定程度的可能性。下面我们将论证,虽然被动变换这种分析可能确实适用于某些语言,但不是适用所有这类情形的一般解答,也就是说,等级上位置的下降至少就目前而言必须仍然作为一种可能性而存在。

被动变换分析可能有效,这可以用法语的材料举例说明。首先,我们应注意到在及物动词的使成式(即便动词不带间接宾语)里,法语允许被使者前面用 par(被)来表达:

Jean a fait manger les pommes par Paul. (20)
(吉恩已使保罗吃苹果。)

因此形式等级作为一种绝对共性的话,这是一个反例,因为按照等级理应只下降到间接宾语(这在法语里是另一种可能性)。但是,被动变换分析可以预言像(20)这种句子的存在,因为一般说来法语里任何及物动词都可以变为被动语态。例如,论证的过程将是从属小句 Paul manger pommes(保罗吃苹果)先变成被动形式 pommes manger par Paul(苹果被保罗吃),其中 pommes(苹果)成了不及物结构的主语。于是结构(20)成为这个不及物结构的使成式,然后被使者 pommes 通过按规律的下降过程最终成为整个使成结构的直接宾语。被动变换分析存在的一个问题是,在法语以及几乎所有有形态型使成式的语言里,使成动词绝对没有任何被动形态的痕迹,也就是说,下面的说法是不可能的:

* Jean a fait être mangées les pommes par Paul. (21)
(吉恩已使苹果被保罗所吃。)

但是,许多语言里在被动结构和可能用类似被动施事形式的使成结构之间存在细节上的密切联系,这种联系甚至表现在对被动变换的特殊词汇限制,因而我们也许可以安于忽略形态问题。而且,至少对法语来说,确实被动变换的解释有相当的可信性。

但是,被动变换的解释还是存在一些问题。首先,有些语言,如匈牙利语和芬兰语,尽管它们没有任何被动结构,或至少没有施事所持的格跟它在使成结构中所持的格相同的被动结构,但它们仍允许用旁接宾语表达被使者。这就需要建立一种只在使成结构中出现的被动形式,从而丧失了对使成结构作被动变换分析的任何可能有的独立依据。然而,把被动变换分析作为使成结构中出现旁接宾语的通用解答还有更严重的问题,因为事实上在有些语言里,土耳其语是一个极好的例子,被使者表达为旁接宾语只限于双宾语动词的使成式,而被动变换能自由地适用于所有的及物动词。在土耳其语里,不可以用带 tarafından 的介词短语取代(14)里的与格宾语:

    * Dişçi mektub-u müdür tarafından imzala-t-tı.   (22)

可见,在土耳其语里,在等级上下降到最低的位置只有在需要避免某种语法关系出现两次的情形里才会发生;对被动形式不存在这种制约,这就是说仅靠被动变换本身不能解释被使者语法表示形式的分布情况。

    以上我们已经指出降级分析作为一种绝对共性的一些例外,即被使者出现在比等级所预言的位置较高的位置上,从而在某个位置上出现双重占据。还有一些例外的产生是由于被使者出现在比等级所预言的位置较低的位置上。其中有一些我们已经指出过,例如法语例子(20),它跟被动变换分析有关。除此之外,有些语言在等级上不用间接宾语的位置,而是在表达被使者时直接在直接宾语和旁接宾语之间选择。当我们考察对等级作绝对解释的其他例外时,尤其是考察那些被使者可以有其他表达形式的例子时,语义因素所起的作用就会明显得多。因此,在从形式和语义两个角度较细致地考察语言材料之前,我们可以先概要说明对被使者语法表示形式的语义处理可能用哪种方式进行。

这里涉及的基本因素是被使者所持的自控度。如我们在 8.2 节所指出的,自控度的差别在有生命的被使者身上最易觉察。在许多语言里,除了词形格和语法关系之间互相联系之外,在词形格和语义角色之间也还有相当密切的联系,这种联系经常以语法关系为中介。例如,宾格是表示直接宾语的基本形态,典型的宾格是指自控度非常低的实体。另一方面,工具格或者不管什么格,只要是用来表示被动施事的,则经常用来表示自控度较高的实体,特别在被动结构里,或者在语义角色作工具理解被排除的其他结构里。与格是感受者或收受者的典型表示形式,它占据一个居间的位置:感受者确实自控度较低,但因为它必须是有知觉的,所以仍不同于受事;收受者的居间性质就更加明显,因为在 John gave the book to Mary(约翰把书送给玛丽)的情景里,虽然玛丽的自控度显然低于约翰(因为约翰是最初的发动者),但她确实具有一定的自控力,例如,她能够拒绝接受礼物,而书没有任何自控力。于是我们可以建立一个等级:工具格＞与格＞宾格,这是按自控度(由大到小)建立的等级,它跟前面建议的形式等级极其相似(为便于阐述,这两个等级的排列次序相反)。

现在来考察被使者的表达形式:一般来说,及物动词的主语比不及物动词的主语有更多的自控力;有许多不及物动词表达的情景中主语没有任何自控力(例如 John is tall[约翰长得高]),当然也有许多不及物动词有潜在的自控力(例如 John went[约翰去了]);相反,虽然也有及物动词的主语自控度很低的情形(例如 John underwent an operation[约翰经受一次手术]),但主语施加自控的情形要典型得多。不及物动词使成式里的被使者持宾格,而及物动词使成式里的被使者持与格（或者在不用与格的语言里持工具格），这个事实至少跟上面给出的等级有十分密切的联系：施加较大自控的被使者在等级中选择位置较高的格。

如果我们考察被使者跟非使成动词的配价无关的交替表达形式，这个观点就得到进一步的证实。根据句法等级作出的形式解释在这里不起作用：充其量它只能把这类交替表达形式当作共性的例外，因为这种共性毕竟只是倾向共性而不是绝对共性。我们发现不及物动词有这类交替表达形式，以下匈牙利语的例子，正如我们已经讨论过的（参看 8—9），其中使用工具格而不是宾格的含义是被使者持有较高的自控度：

  Én köhögtettem a gyerek-et（宾格）   （23）

  Én köhögtettem a gyerek-kel（工具格）   （24）

  （我使孩子咳嗽。）

类似的区别见于日语，日语里 o 是宾格的标志；由于日语用 ni 既表示间接宾语又表示被动施事，那就不可能在这两者之间作出形式区别：

  Taroo ga Ziroo o ik-ase-ta.   （25）

  （太郎使次郎去了。）

  Taroo ga Ziroo ni ik-ase-ta.   （26）

  （太郎设法使次郎去了。）

这种区别还见于许多语言里的及物动词。例如，在卡纳达语里，我们发现存在（27）与格（自控度较低）和（28）工具格（自控度较高）之间的对立：

Avanu   nanage   bisketannu   tinnisidanu.   (27)
他-主格   我-与格   饼干   吃-使成
（他喂我一块饼干。）

Avanu nanninda(工具格)bisketannu tinnisidanu.   (28)
（他设法使我吃那块饼干。）

这类例子表明在交替形式和跟自控度有关的不同意义之间存在着跨语言一致的相互联系，因而说明语义学必定在使成结构的跨语言研究中起某种作用，这对关心共性和类型研究的语言学家来说尤其如此。但是，这不等于说这种语义解释，至少按它迄今为止阐述的详尽程度，可以取代以上对使成结构的句法解释。使成结构的句法中仍有许多方面不能用语义解释来说明。例如，有些语言如土耳其语，其中语义因素似乎完全跟被使者的表达形式无关：在不及物动词使成式里它必定是宾格；在单宾语动词使成式里它必定是与格；在双宾语动词使成式里它可以是与格或者用后置词tarafından，但两者在自控度上没有任何明显区别。还有一些情形表明在某一种语言内部不存在任何变异：例如，不及物动词使成式里被使者的两种表达形式之间的变异虽然在匈牙利语和日语等语言里被证实，但这种变异在许许多多其他语言里绝不是可以广泛利用的选择，而且即使在这两种语言里及物动词的使成式也没有对应的选择：这里，匈牙利语必须用工具格表示被使者，日语必须用后置词 ni。

　　对使成结构句法的跨语言制约的倾向性所作的形式解释至少能保留部分的有效性，支持这一点的还有一项证据，那就是在许多语言里用来标志使成式的形态跟用作增价的一般标志相同（同样，逆向使成式的形态跟减价的一般标志相同），这跟使成结构的语义参项没有任何必然联系。例如，在沃洛夫语里，后缀-al 可以标志使成式：

Di	naa	toog-al	nenne	bi.	(29)
将来时	第一人称单数	坐 使成	孩子	那	

（我将使那孩子坐下。）

然而，它也用来增加单宾语动词的配价，使它成为双宾语动词。例如，它能使动词 dyàng（阅读）的配价包括一个间接宾语：

Mungi	dyàng-al	eleew	yi	téeré-ém.	(30)
他	阅读	小学生	那-复数	书 他的	

（他正把他那本书读给那些小学生听。）

可见，从使成结构的类型研究中除了获得一些具体结论和方法论的启示外，我们获得的主要认识是，对语言类型所作的任何详尽研究，实际上也是对语言任何方面的详尽研究，如果要想发现全部相关的因素，那就必须把形式和语义两种观察结合起来。

注释和参考文献

　　Shibatani(1976a)和 Xolodovič(1969)两部论文集提供了有关使成结构的各种不同材料和观点。Shibatani(1976b)在前一部论集中的导言对整个领域作了有用的介绍。

　　这里对使成结构特点的一般描写是根据 Nedjalkov & Sil'nickij (1969a)。Nedjalkov & Sil'nickij(1969b)对形态类型参项作了讨论并举例说明。日语的例子引自 Shibatani(1976b:17)。尼夫赫语的例子引自 Nedjalkov 等人(1969:183)。

对使成结构价变的形式句法处理在 Comrie(1975)里最初提出,然后在 Comrie(1976)作了详细阐述;引用的例子中有许多出自这两篇论文。我对语义处理的重要性在同 Peter Cole(伊利诺伊大学香槟分校)的讨论后有特别明确的认识;有关印地语的材料,也可参看 Saksena(1980),较一般的情况参看 Shibatani (1976b)。较早试图把两种处理方法综合起来的是 Comrie (1985),但处理的重点很不一样。桑海语的例子引自 Shopen & Konaré(1970)。匈牙利语的例子引自 Hetzron(1976:394),但不是所有的人都接受例(9)。卡纳达语的例子是 Peter Cole 和 S. N. Sridhar(纽约州立大学石溪分校)提供的;有一些讨论可参看 Sridhar(1976:137—40)和 Cole & Sridhar(1977),后者的论点特别反对对工具格被使者作被动变换分析。沃洛夫语的例子引自 Nussbaum 等人(1970:390—1)。

近期关于使成结构的著作都集中关注于其形式特点;可参看 Baker(1988:147—228)及其所引文献。

9 生命度

9.1 引言：生命度的性质

　　这一章是有关语言共性和类型共时研究的最后一章,但又多少不同于以前各章。以前各章关注的大部分是考查贯串一系列语言的某种特定结构或形式现象,而这一章的统一主题是语言之外的概念特性,即生命度,我们将把不同语言中生命度在结构中得以体现的一系列形式上很不相同的方式归纳到一起。因此,在以前各章我们基本上是从语言形式出发进行研究并作出概括,有些概括跟概念相关,而这一章的方法大致相反。但是,从另一种观点看,这一章的材料确实十分切合以前各章的材料:我们认为生命度之所以跟语言学有关,其原因基本上在于我们发现同样一些种类的概念区别在一系列广泛的语言里都跟结构相关。尽管我们最初对生命度的直觉可能是它不属于语言——这反而是个有利条件,因为对这种直觉的验证可以独立于语言学的反思——对一系列广泛语言的考察仍然能为最初仅仅根据少数语言作出的推测或概括加强必要的基础。

　　作为对生命度的最初描写,我们把它定义为一个等级,其主要成分按生命度由高到低的次序是:人类＞动物＞无生命物,不过我们将看到,有些语言作出的区别不是这么细致(例如只有人类和非人类的对立,或动物和无生命物的对立),或者比这种区别还要细致。(全部讨论中,我们按通常词义而不是生物学上的意义使用动物这一名称,即把人类排除在外。)虽然我们材料的大多数将来自对各种语言的共时分析,也有一些可资比较的材料来自对生命度跟语言演变有关的历时语言研究,我们将在几个地方附带指出这一点。这一点特别重要,因为生命度可以是一个跟语言演变有关的参项,即使在语言演变前处于共时状态时生命度并不特别显著的情形里也是如此,这就表明生命度是一个普遍存在的概念范畴,它的存在跟它在任何特定语言里的体现形式无关。以下关于斯拉夫语的讨论跟这一点特别有关,因为生命度作为一个确定直接宾语格标记的重要参项而突然出现是印欧语这一分支内部发生的根本变化。

我们用生命度作为本章讨论材料时使用的统称,而且我们所关注的参项显然跟生命度的原义有十分密切的联系,尽管如此,讨论中的某些特殊例子需要对这个狭义的生命度概念稍作扩充。在第 6 章里,我们介绍了在许多语言里跟生命度有关的一个结构方面,即及物结构里 A 和 P 的格标记,我们曾特别指出一个独立宾格的存在往往跟高的生命度相联系。然而,某些具体区别要求我们不能到此为止。例如,按照这个格标记准则,常常要把第一和第二人称代词看成更"有生命",虽然按照原义第一人称代词 I(我)的生命度并不比普通名词短语 the author of this book(本书作者)来得高。同样,有些语言把专有名词看成比普通名词短语有"较高的生命度",虽然严格地说按生命度的原来意义 William Shakespeare(威廉·莎士比亚)和 the author of *Hamlet*(《哈姆雷特》的作者)并没有什么区别。本章的主体部分将不着手解决这个问题,而是留待 9.4 节再讨论,那时我们要提出一些建议对所涉及的等级作较确切的描写。这里先稍许提一下,我们的建议很可能事实上涉及好几个不同的等级,虽然它们之间有过多的重叠因而相似处远远超出相异处。

正如我们在第 6 章的讨论中已经提出的,在许多语言里,就格标记而言,而且事实上对生命度在语言里的许多其他体现也是如此,生命度跟其他一些参项交互作用,而不是完全仅靠自身起作用,因此某种语言里仅仅一种现象(例如印地语里用后置词 ko)可能既需要参照生命度,又需要参照例如定指度或话题性等参项。这是我们将在 9.4 节继续讨论的。3.1 节在讨论语义角色时我们曾引入自控度的概念。当时我们指出,必须区分生命度和自控度,生命度是名词短语固有的特性,而自控度是名词短语跟其谓语之间保持的一种联系。在这一章我们所关注的只是生命度。虽然在语言的形式特性上存在一些生命度和自控度交互作用的情形——例如,在特索瓦-图斯语里(见第 3 章例 1—2),只有当一个名词短语同时有很高的生命度(第一或第二人称代词)和很高的自控度时它才可能充当作格不及物主语——这些情形似乎比较罕见,而且跟本章的讨论没有直接关系。

然而,对生命度较一般的考察还可以涉及另一个参项,我们将在 9.4 节加以探讨,这个参项就是名词短语相对于谓语而确定的语义角色。语义角色跟自控度之类的参项不一样,自控度需要用一个连续体来解释。因此我们发现有许多语言,其中有一些将在下面一一列举,它们在确定动词一致关系或者理解有潜在歧义的句子时都取决于通常分配给某个特定语法关系的生命度,例如在间接宾语和直接宾语之间动词被认为倾向于跟间接宾语一致,在受益者和间接宾语之间动词被认为倾向于跟受益者一致。目前我们只需先记住有这类情形。

最后,在转而考察材料本身之前,我们应该指出我们将要讨论的语言现象和生命度概念之间的相互联系十分密切,要比许多倾向共性的联系密切得多,但这种联系仍然不是绝对共性,因此当我们发现个别语言中有个别例子违背这种一般倾向时不必感到惊奇。在许多语言里,即使有一种区别跟生命度有密切的联系,但在生命度较高和较低两个类别之间某些语项的分布仍是随意的,例如拉丁语里无生名词在阳性、阴性(属类型的有生命类)和中性(几乎全属无生命类)之间的分布。我们还可以发现具有某一生命度的一些名词短语内部的区别显然本身不是由生命度决定的,例如,在瓦伦古语里,人称专有名词和亲属称谓可以任意选用特殊宾格,但条件是它们必须以元音结尾。最后,我们还会发现一些明显的例外,一个语项的句法表现跟它在等级上相邻的名词短语很不一样。在英语里,第二人称代词 you(你[们])没有主格/宾格的区别,而这种区别是生命度很高的名词短语(比较 I[我-主格]-me[我-宾格])的特点,也见于处于等级上较低部分的第三人称代词 he(他[主格])-him(他[宾格]),甚至还见于可以指无生命物的 they(它们[主格])-them(它们[宾格]);在有单数和复数形式区别的语言里,这种区别也是生命度很高的名词短语的特点,但英语的 you(你[们])又是例外,尽管连无生名词也有这种区别。

这方面还有一个参项,它跟生命度的交互作用带有某种双重性,那就是数。我们不打算对数能提高还是降低名词短语的生命度作任何概括,哪怕是 9.4 节较广泛意义上的概括,但肯定有相当的证据记录了数在两个方向上都能起作用,但总的来说,数所起的作用是随意的,没有重要意义。例如,在诸斯拉夫语言里,我们发现有些语言,如俄语,复数增加了名词短语带特殊的有生宾格词尾的可能性(比较主格-宾格单数 mat'[母亲],主格复数 materi,宾格复数 materej);但也有些语言如波兰语,复数降低了名词短语带特殊的有生宾格词尾的可能性(比较主格单数 pies[狗],宾格单数 psa,主格-宾格复数 psy)。

9.2 受生命度支配的现象

关于形态——不管是按原来意思指名词短语的实际形式还是更一般地指可以用于某一结构的交替形式——生命度似乎是决定形态系统内部区别的主要参项之一,以下详细讨论时将举例说明。因为在许多情形里发现的具体对立似乎跟生命度没有内在的联系,例如没有任何理由可以说明为什么芬兰语 hän 应该是指人类的人称代词,se 是指非人类的人称代词,而不是两者相反,我们因此可以把这些情形称作生命度跟结构的任意联系。这种任意联系在各种语言里极其广泛地存在,这一事实充分证明显著的生命度是一个概念特性,它构成分类的依据,尽管它除了总的显著性外没有其他任何理由应该成为分类的依据。

现在我们可以来比较另外一些对立的情形,这些情形里生命度作为对立的支配因素似乎确实有某种动因。例如,在第 6 章我们看到支配主语和直接宾语特别是直接宾语格标记对立的经常起作用的参项为数较少,而生命度是其中之一;此外,牵涉到生命度的性质,对于为什么这种对立恰恰就以这样的方式发生,我们还提出过一种解释。这并不仅仅是生命度决定是否存在一个特殊的宾格,而是高的生命度决定理应有一个特殊宾格以保证这种对立一定存在。在这一节的详细讨论中,我们将考察生命度在一系列对立中作为任意支配因素或者作为有动因的支配因素而起作用的一些方面。这种区分在目前必然是临时性的,因为情况完全可能是对某些目前看来是任意的例子,将来在一定的时候有可能作出解释,说明为什么应该是这样一种分布方式而不是相反。也有一些例子似乎理应存在有动因的联系,但我们还缺乏足够的跨语言材料来证明这种猜测,并证明我们看到的表面上的动因并非出自偶然。有一个例子是伊迪尼语反被动结构里用与格和方位格交替表达 P,其中与格用于生命度较高的名词短语,这可能跟一般来说有生名词短语比较倾向于持与格(收受者的格)而不是取方位格(处所的格)相联系。目前,我们对这种猜测不作定论。

由于我们已经在这一章以及前面的第 6 章开始讨论格标记,在这一章转而讨论其他方面前,我们可以简略地结束格标记的讨论。有些最明显的证据来自诸澳大利亚语言,尤其是有关及物结构里 P 的格标记,我们发现除了有些语言没有宾格(如亚拉恩加语)和 P 都用宾格(如旺古马拉语)外,有的语言独立宾格只适用第一和第二人称代词(如迪尔巴尔语),有的只适用代名词、专有名词和亲属称谓(如关班格尔语),有的只适用人类名词短语(如阿拉巴纳语),还有的只适用有生名词短语(如撒加里语)。但是澳大利亚语言的材料虽然十分明显,我们不应忽略世界上其他地区的一些语言也提供同样印象深刻的证据,除了支持格标记的连续体跟生命度相联系还支持以上部分或全部截止点的存在。例如,在诸斯拉夫语言里,或者是人类和非人类之间的区别,或者是有生命物和无生命物之间的区别跟是否存在一个特殊的、有如属格的宾格相联系（通常连同其他参项起作用，其中有些参项如数和名词变格类别不跟生命度等级直接挂钩）。在印地语里，是否用后置词 ko 跟生命度（以及定指度）相联系，虽然在人类和非人类之间没有明显的截止点。

关于名词短语的形态，还有一种跟生命度密切相关的对立是存在还是不存在数的区别，对立的情形总是生命度较高的名词短语存在这种区别而生命度较低的名词短语不存在这种区别。因此这看来是一种有动因的联系，也许反映了人类比较关心生命度较高的实体作为个体出现，因而是可以计数的，而生命度较低的实体更容易被看作一团模糊体。在楚克奇语里，人称代词、专有名词和某些亲属称谓必须有单数-复数的对立（专有名词复数的意思是"X 及其同伙"）；非人类名词持各种旁格（即通格以外的格，持通格的名词短语都区分单数和复数）时没有数的区别；其他人类名词短语持各种旁格时也通常没有数的区别，但它们可以任意表现这种区别，也就是说，它们介于上述第一类和第二类名词短语之间。在汉语北方话里，人称代词必定有数的对立（例如"我-我们"，"他/她-他们/她们"），而其他名词短语大多数没有这种对立，虽然某些人类名词短语可以有这种对立（例如，"朋友"[也可表示复数]和"朋友们"）。在许多南岛语里，代名词经常有数的对立，往往除了单数和复数还另有一个特殊的双数（偶尔还有三数），而大多数名词短语没有这种对立；在名词短语内部，有少数确实通常有数的区别，典型的是亲属称谓，但如是非人类名词就很罕见。

虽然我们目前关注的主要是名词短语的形态，跟数的区别有关，我们还可以附带指出，有些语言在表示动词一致关系时，当复数名词短语的生命度较低时动词取单数,而当名词短语的生命度较高时动词取复数,例如古希腊语、波斯语、格鲁吉亚语。

语言里还有几种其他具体的格选择取决于生命度等级,但这里涉及的是不是非任意的联系并不都是很明确的。有一组特别有意思的对立见于楚克奇语,这种语言里及物动词的 A 可以有三种形态标志。A 的形态总是区别于 S 或 P 的形态,因此格标记系统是一贯的作格–通格系统。人称代词有一个单独的不同于所有其他格标记的作格,用词尾-nan 表示,例如 ɤəm-nan(我)。专有名词和某些亲属称谓必须用方位格,其他人类名词可以选用方位格(但较罕见,尤其是单数名词),单数的词尾是-ne,复数的词尾是-rək(其中-r 是复数词尾,-k 是方位格标记),例如 rintə-ne(林廷)。所有其他名词短语用工具格,词尾是-(t)e,例如,riquke-te(貂)。可以看出这种区分完全符合前面提到的数标记的三分情形。

在楚克奇语里,这种不同形式的选择有严格的截止点,只有普通人类名词可以任意在两种系统中选择一种。然而,在伊迪尼语里,我们发现用格来标志反被动结构里的 P 时,在与格和方位格之间的选择却体现为一个连续体。指人的名词短语必须持与格,但所有非人类名词短语可以持与格也可以持方位格,只是生命度较高的名词短语倾向持与格,生命度非常低的名词短语(例如"石头")强烈倾向持方位格。

在名词短语的形态里,更一般的是我们经常发现不同的变格类型或对语项的不同选择跟生命度相联系。我们已经指出芬兰语第三人称代词在指人和不指人时有不同的形式,指人是 hän(他,她),不指人是 se(它);复数指人是 he(他们),不指人是 ne(它们)。事实上,只有指人的形式才是真正的人称代词,不指人的形式是指示词,这种模式在各种语言里很常见。当然,英语有类似的区别,但指人代词内部还增加性的区别这一方面,即单数分 he(他)、she(她)、it(它)。英语同样还在疑问代词上区分指人的 who(谁)和不指人的 what(什么),而俄语则区分有生命的 kto(因而包括动物)和无生命的 čto。在伊迪尼语里,跟这种语言里其他方面一样,我们发现在两个形式之间的选择涉及一个连续体而不是一个绝对的截止点:指人的必须用一组指示词,例如 ŋunʸdʸu-(那),但其他名词短语可以在两组中选用一组,例如 ŋunʸdʸu-或者 ŋuŋgu-(那),虽然有关的名词短语如果生命度较高倾向于用前者。

从名词短语的形态转而考察动词一致关系,我们在一系列广泛的语言中发现一个共同的、有动因的模式:一致关系往往以这样的方式来表现,即动词跟生命度较高的名词短语相一致,而不跟生命度较低的名词短语相一致,在某些特定情形或一般情形里生命度甚至使语法关系失效,而语法关系在各种语言中通常是决定一致关系的因素。前面我们已经提到有些语言里复数无生名词短语不能触发动词取复数的一致形式,而现在的讨论可以被看作对这种看法的扩充,尽管是详尽得多的扩充。我们将在 9.4 节再来讨论对这个特殊分布的可能解释。

在唐古特语里,动词取一致形式是可有可无的,但只能跟第一或第二人称名称短语相一致。当一个及物结构只包含一个第一或第二人称论元时,动词就跟这个名词短语相一致,不管这个名词短语是什么语法关系。语法关系只有在有两个第一或第二人称名词短语时才起作用,在这种情形里动词事实上跟 P 而不是跟 A 相一致。在各名词短语之间的等级关系比语法关系更重要的各种最简单的系统中,这个例子只代表其中一种。

还有一个较局限但同样明显的例子见于楚克奇语。在楚克奇语里，及物动词在大多数时-态里跟它的 A 和 P（楚克奇语里 P 包括双宾语动词的受事而不包括收受者）相一致。然而双宾语动词的情形比这更复杂一些，但只是对一个动词 yəl-（送给）而言。如果受事和收受者都是第三人称，那么适用的是 P 通常跟受事相一致的规则，如 tə-yəl-ɣʔan ərək（我把它送给他们），其中动词表现出跟第一人称单数 A 和第三人称单数 P 相一致，而与格代名词是第三人称复数；又例如 tə-yəl-nat ənək（我把它们送给他），其中动词表现出跟第一人称单数 A 和第三人称复数 P 相一致，而与格代名词是第三人称单数。但是，如果收受者是第一或第二人称，那么跟 P 相一致必须是跟收受者而不是跟受事，例如 na-yəl-ɣəm（他们把它/它们送给我）（跟 P 相一致是跟第一人称单数相一致），tə-yəl-tək（我把它/它们送给你们大家）（跟 P 相一致是跟第二人称复数相一致）。有关楚克奇语的这些例子还应该说明两点。第一点，虽然当收受者是第一或第二人称时动词跟收受者相一致，相应的名词短语如果表达出来的话仍然保持与格，而不是持通格，通格是 P 通常所持的格——动词 yəl-似乎是允许跟名词短语不是通格的 P 相一致的唯一动词。第二点，在楚克奇语里动词 yəl-不可能带第一或第二人称的受事，因此当受事和收受者都是非第三人称时应该怎么一致的问题不会产生。

在迄今为止考察过的动词一致的例子中，生命度等级（实际上是非第三人称和第三人称的对立）已使语法关系失效。然而，有些语言设法做到既保留规定按语法关系相一致的规则又保留动词跟生命度较高的名词短语相一致的倾向性，具体通过语态的区别把适当的名词短语置于能够触发一致关系的位置。例如，在楚克奇语里，动词在所谓"现在时-II"里的一致形式以作格–通格为依据，即动词只跟 S 或 P 相一致。然而，动词又跟"第一、第二人称＞第三人称"这个等级上位置最高的 A 或 P 相一致。当 A 在等级上实际高于 P 时，那就必须采用反被动结构，带前缀 ine-，这样动词就能跟一个派生的 S 相一致。比较 nə-lʔu-muri（他/他们看见我们）和 n-ine-lʔu-muri（我们看见他们），在两个例子里后缀 -muri 都表示跟第一人称复数相一致。

上面提到的是改变语态从而使名词短语触发的一致形式不违反一致关系和语法关系之间的相互联系。跟这种现象有关的是一种较一般的现象，即在有些语言里发现必须改变语态使生命度较高的名词短语移到主语位置——不管一致关系有什么可能性。南提瓦语提供了一个简洁的例子，也跟非第三人称和第三人称之间的区别有关。在及物结构里，如果 A 是第一或第二人称，因而生命度高于或等于 P，那么必须用主动结构，在这种结构里动词开头表示一致关系的前缀将同时标示 A 和 P（一种融合形式）：

Bey　　　　　　　　　　-mu -ban.　　　　　(1)
第二人称单数–第一人称单数　看见 过去时
（你看见过我。）

但是，如果 P 的生命度高于 A，也就是 A 是第三人称而 P 是第一或第二人称，那么必须采用被动结构使 P 变为主语；由于这个结构已经成了被动句，动词只跟 S（原来的 P）相一致：

Seuanide-ba　　te　　　　　-mu -che -ban.　(2)
男人　工具格　第一人称单数　看见 被动 过去时
（那个男人看见过我。）（字面上是"我被那个男人看见过。"）

当 A 和 P 都是第三人称时,主动句和被动句都可以采用。语态的改变确实对一致关系有影响,因为在被动结构里动词不跟 A 相一致,但是这显然并不是说可以把一致关系看作语态变化的唯一动因,因为在主动句里有一个溶合的前缀同时跟 A 和 P 相一致。

在纳瓦霍语里,被动语态带前缀 bi- 而不是 yi-,凡当 P 的生命度超过 A 时就用被动语态,当两者的生命度相等时可以任意选用被动语态;当 A 的生命度高于 P 时只能用 yi-形式:

Diné 'ashkii y-oo'į̇. (3)
男人　男孩　看见

'Ashkii diné b-oo'į̇. (4)
男孩　男人　看见
(那个男人看见那个男孩。)

At'ééd nímasi yi-dı́ɫid. (5)
女孩　土豆　烧焦
(那个女孩把土豆烧焦了。)

At'ééd nímasi bi-dı́ɫid. (6)
女孩　土豆　烫伤
(土豆把那个女孩烫伤了。)

上面所举的生命度支配动词一致形式的明显例子中事实上大多数涉及非第三人称和第三人称的区别,而不是严格意义上的生命度,只有一个例外,那就是观察到的某些语言里动词复数形式只跟有生名词短语相一致。我们可以引用埃希特哈迪语的作格结构里动词跟宾语相一致的一些材料,这只是为了表明动词的一致形式还可以涉及其他生命度的区别。这种语言的一致系统区分两个性(阳性,阴性)和两个数(单数,复数),阳性和单数没有标记。至少对比较老的一代说话人来说,当直接宾语是有生命物时就很一贯地保持性的区别,在其他情形里则不保持这种区别。在以下例子里,宾语名词 asb(马)是阳性,而 mādiuna(母马)和 siva(苹果)是阴性:

Asb arāši -eš. (7)
马　使飞跑-阳性　他-作格

(他使马飞跑。)

Mādiuna arāšia -š. (8)
母马　　使飞跑-阴性　他-作格

(他使母马飞跑。)

Hasan-e siva -š bexārd. (9)
哈桑 作格　苹果　他-作格　吃-阳性

(哈桑吃苹果。)

至于数的区别,一致关系也只见于有生命的直接宾语,只是在这里反而也不常见。从历时上看,这代表受生命度等级支配的一致关系正在消失这种有意思的现象。

9.3　概念上的生命度区别

到目前为止,我们已经考察了生命度在语言里的各种表现形式,而我们的目的是找出语言学参项和语言学以外参项之间的相互联系,现在是遵循这个目的来考虑以这些语言学材料为依据对生命度的性质作出什么概括的时候了。一方面,由于我们早已指出在有些情形里结构上跟生命度的联系存在一些任意的例外(例如英语 you"你[们]"),我们在建立生命度等级时将对这类例外不予考虑——但如果一个设定的例外真的在数量足够多的互不关联的语言里反复出现,那么很明显,这就表明它不是例外,从而促使我们对等级作相应的修改。另一方面,为了在生命度等级上作出一种区别,必须证明这种区别除了在概念上合理外还至少在一种(最好不止一种)语言里起作用。在刚才 9.2 节的讨论中举例说明的那些区别这里不再举例说明,但对其他一些区别,尤其对这些类别内部较细致的区别我们还将举例说明。

以上及第 6 章曾几次举例说明的一些最明显的区别之一是以第一和第二人称(言语行为的参与者)为一方和以第三人称为一方之间的区别,而这种区别将在 9.4 节被证明具有重要意义:虽然言语行为的参与者必定有很高的生命度,因为他们是人类,但从原来意义上讲,他们并不比其他指人的名词短语生命度高,尽管他们的句法表现是有区别的。还有一种类似的区别见于许多语言,甚至更难直接跟原来意义上的生命度联系起来,那就是以全部代名词为一方和以非代名词为另一方之间的区别。这实际上就是说一个所指对象生命度较低的代名词却比一个所指对象生命度较高的名词短语置于等级上较高的位置。上面已经就楚克奇语对这一点举例说明,在楚克奇语里,有一类名词短语包括全部代名词,不管生命度的原来意义是什么。还有一个比这更明显的例子见于某些斯拉夫语言,特别是俄语。在俄语里,特殊的有如属格的宾格用于所有的代名词,包括第三人称单数中性代名词,而这个代名词的所指对象几乎不可能是有生命的,而且它能取代一个绝对不能带有如属格的宾格的中性单数名词短语,试比较 ja otkryl okno[宾格=

主格］（我打开窗子）和 ja otkryl ego［宾格＝属格］（我把它打开）。

这最后一个例子是关于代名词和非代名词之间的区别，它具体表明将和 9.4 节有关的另一个观点：即使以纯语言学术语建立的这种等级也不是一个单一的线性参项，不是按照这个参项个别名词短语都可以按线性排列。代名词/非代名词的对立事实上跟人类/非人类或有生命物/无生命物的对立相交叉。

生命度在语言里常见的一种反映是人类和非人类之间的区别，前面已多次举例说明。除了这种简单的两分外，我们还发现在许多语言里人类名词短语内部又作区分（除了可能有的代名词的区别外）。进行这种区分的一种通常方式是把专有名词和/或（某些）亲属称谓的生命度看作比所有其他人类名词的生命度高：个别例子已在 9.2 节列举。同样，这类名词短语的所指对象固有的生命度按生命度的原来意义并不比普通名词的高，而且实际上常常是同一个人既可用专有名词/亲属称谓指称也可用普通名词指称。这方面楚克奇语实际上还作出一种更细致的区别：只有表达和说话人有亲属关系的亲属称谓，而且只有指称比说话人年长的亲属的亲属称谓才被看作有较高的生命度。在专有名词的某些情形里，我们同样发现跟这方面有关的几个不同特征互相交叉，例如，指动物的专有名词可以在生命度等级上提高到等于甚至高于指人普通名词的位置。在楚克奇语里，指称驯鹿的专有名词其句法表现有如指人的专有名词，也就是说，它们必须有数的区别，而且有一个有如方位格的作格，尽管指人的普通名词反而很少有这些特性，而指称驯鹿的普通名词绝对没有这些特性。

有时发现在人类名词短语内部作出区分的另一个参项是性别，据我们所知最明显的例子来自诸斯拉夫语言，这些语言的男性名词常常有特殊的有如属格的宾格而女性名词没有。在有些情形里,这种区别可以从跟等级无关的功能上加以解释,因为女性名词为单数时大多数有一个传统上有别于主格的宾格,因而不需要有一个单独的有如属格的宾格。但是女性名词为复数时,它的主格和宾格从原始斯拉夫语起就一直相同,因此这种解释在这里不适用。然而我们仍然发现,例如在波兰语里,有如属格的宾格见于男性复数名词短语,如 widziałem chłopców(我看见过那些男孩),而女性复数名词短语的形式跟主格一样,如 widziałem dziewczyny(我看见过那些女孩)。回顾诸斯拉夫语里有如属格的宾格产生的历史,似乎早期曾存在一种甚至还要严格的以社会差别为基础的区别,也就是说这种新产生的形式只适用男人、成人、生来自由的人或健康的人,不适用女人、儿童、奴隶或残疾人。虽然把儿童作为比成人生命度较低来处理见于好几种语言,这种生命度高低的极其有限的情况我们发现并不广泛存在。(在早期斯拉夫语里,一些超自然神灵的名称不管出于什么原因也被当作非人类处理。)

以上我们还举例说明过有生和无生名词短语这种简单的区别,但是在动物这个总类内部我们也发现有些语言作更细致的区分。在有些情形里,这些区分似乎很明确,例如里撒恩古语里,特殊宾格代名词缀用于人类和高等动物,如狗和袋鼠等,而这个词缀不用于低等动物,如昆虫和鱼等,也不用于无生命物。在伊迪尼语里,如前所述,各种动物之间没有明显的区分,而是体现为一个连续体,高等动物只是比低等动物更有可能被当作有生命处理,但对任何特定动物选用生命度较高或较低的形式没有绝对的限制。两种动物之间的区别,有许多是很明显的,例如大多数哺乳动物和昆虫之间的区别,但对于在生命度概念上比较接近的动物之间也许很难甚至不可能在等级上确定它们的次序。从生命度上讲虽然有些动物名称经常在各种高等动物的名单中出现,例如 dog(狗),对这个课题我们还不知道有谁作过任何详尽的跨语言研究。

最后,我们来看无生命物的情形。大多数语言似乎就让它作为没有区别的一类,或者,如果有什么内部区别的话,这种区别也多半是任意的(这只是我们能看到的情形),例如较古老的诸印欧语言里无生名词在三种性之间的分布。但是,已经发现有一种语言,无生名词短语有十分明显的等级,那就是纳瓦霍语。在纳瓦霍语里,能自发动作的无生命实体被划为生命度高于其他无生命物的一类,前者包括诸如风、雨、流水、闪电等。前面曾指出,当两个名词短语的生命度几乎相等时,动词形式可以用 yi-前缀,也可以用 bi-前缀;如果我们以"闪电击毙那匹马"为例,那么"闪电"和"马"被认为十分接近,因而允许用两种变体,但如果是"衰老使我的马死亡",那就只能用 bi-这个变体,表示 P 的生命度高于 A:

'Ii'ni' ł įį' yi-yiisx į̇.   (10)
闪电 马 杀死

Ł įį' 'ii'ni' bi-isx į̇.   (11)
(闪电击毙那匹马。)

Shi -ł įį' sá̧ bi-isx į̇.   (12)
我的 马 老年 杀死
(我的马衰老而死。)

9.4 结论:生命度的性质

这一章的许多讨论已经表明原来意义上的生命度,即从人类经动物到无生命物这个等级参项,不可能是我们必须在其范围内进行讨论的唯一框架。有许多相关的区别,例如代名词和非代名词,专有名词和普通名词之间的区别显然不是原来意义上的生命度的直接反映。在这一章作出结论时,我们将试图——也许不太明确地——指出我们一直在讨论的现象所涉及的究竟是什么样的概念背景。很明显,在许多情形里,生命度按其原来意义确实给我们提供了一个十分接近实际的名词短语的排列等级,出于结构上的理由,我们发现这个等级是合理的,因此情形完全可以是生命度按其原来意义将仍然作为我们整个概念体系的一个组成部分,而不是被纳入其他某个参项并作为那个参项的一个特例。

我们早已知道,例如第 6 章格标记的讨论已经表明,某一现象受不止一个逻辑上彼此独立的参项所支配,这是很常见的,例如生命度和定指度的联合作用,因此我们迄今为止一直称作生命度的东西如果真的也被证明属于这种情形,那也不足为怪。在以下的思考中,我们将考虑处理严格意义上的生命度有哪些不同的替代方式,并指出每种方式的长处和短处。

可能有一种建议是相关的这个等级不是生命度的等级而是话题价值的等级。假设我们有独立的证据,例如由语篇结构的分析表明,有某些名词短语比较倾向于作为话题出现,那么我们可以进而发问这种倾向是否跟我们已经提出的生命度等级有密切联系。而结果表明确实存在程度很高的相互联系。两者几乎完全一致,甚至在某些情形里还可以进一步发展，例如9.1节所建议的可以把不同的话题价值度分配给各别语法关系和语义角色。但是，把话题价值和生命度等级等同起来还存在一个较严重的问题，这个问题跟第一和第二人称代词之间的关系有关。如前所述，在生命度等级内部不存在第一和第二人称之间的区别，而且缺乏这种区别似乎确实被材料所证实：例如，如果我们考查诸澳大利亚语言提供的有关格标记的一系列丰富的材料，我们会发现在有些语言里第一人称的作用好像在生命度上高于第二人称，有些语言里情形正好相反，还有一些语言里两者相等。然而对话题价值的研究强烈表明第一人称充当话题比第二人称更自然，或者更一般地说话题的选择是以自我为中心的。可见根据话题价值作出一种区分，这种区分在讨论生命度在语言中的反映时没有被证实。

把话题价值看作生命度等级的原始基础还存在第二个问题。对于原来意义上的生命度，在给各个实体分配生命度时我们有语言以外甚至概念以外的依据——即大致不带对特定语言或文化偏见的科学知识。但是，对于话题价值度，我们缺乏这种独立的描述，因此自然就会产生这样一个问题：话题价值的依据是什么？这里面临的危险是用循环论证回答这个问题，即陈述的作为话题价值的依据恰恰就是生命度等级所包含的那些参项。因此看来话题价值取决于生命度等级的概念基础至少跟后者取决于前者有同等的可能性。

第二种建议是可以试图把生命度等级变为个体化等级，或者与之基本相同的显著性等级。显著性跟人们先把一个情景中出现的某些行为者作为注意中心而加以关注的方式有关，在这以后人们才把注意移到不太显著、个体化程度不高的对象。这里我们有可能进行不以语言为依据的感知测试，因此至少从一种意义上讲可以避免循环论证的危险。显著度确实跟生命度等级上的生命度有密切联系,但也有某些不一致的地方。具体地说,对显著度的研究表明单数实体的显著度高于复数实体,但生命度在语言中的反映没有提供任何证据证明把这种区别移置到语言学的生命度是合理的;正如我们前面指出的,复数有时促进有时又妨碍生命度在语言中的反映。

我们在话题价值上发现的问题在这里也露头了,也就是说显著性本身不是作为一个原始依据来处理,而是作为好几个因素交互作用的结果,例如这些因素包括严格意义上的生命度、定指度、单一性、具体性、专有名称的可分配性等。可见根据显著性来解释生命度等级也最终冒着循环论证的危险,因为显著性本身是根据构成生命度等级的各个原始参项来解释的。

因此,我们的结论是,生命度等级不可能归结为任何单一的参项,只包括原来意义上的生命度本身,实际上生命度等级反映了人类在好几个参项之间一种自然的交互作用,这些参项包括严格意义上的生命度,但还包括定指度(也许是其他各个参项中最容易跟生命度解脱关系的参项),以及提高一个实体的个体化程度的各种手段——例如给它分配一个专有名称,从而也使它更有可能成为交谈的话题。这一章我们讨论过的各个参项常常互相密切联系,但也存在个别不可缩小的差异,而总体模式是一个复杂交错而不是单一和线性的等级。

注释和参考文献

这一章的大部分内容都是我的独创见解,过去我还没有用书面形式把它们集中到一起，因而大多数参考文献都是原始语言材料。

诸斯拉夫语言里支配有如属格的宾格的各个因素，除了在各别语言的详编语法中有描写外，Comrie(1978c)作了概括。诸澳大利亚语言中有关格标记的材料 Blake(1977:13—5)作了概括并附有参考文献。生命度在楚克奇语里的各种反映由 Comrie(1979a)归集到一起。有关伊迪尼语里生命度的材料引自 Dixon(1977:110—2)。唐古特语里的动词一致形式 Kepping(1979)作过讨论。

南提瓦语的材料引自 Allen & Frantz(1983)。关于纳瓦霍语里的 yi-和 bi-有丰富的文献，这里的讨论主要依据 Frishberg(1972)。有关埃希特哈迪语的材料引自 Yar-Shater(1969:237,239)。里撒恩古语的材料引自 Heath(1976:173)。

Timberlake(1977:162)提出个体化的标准。话题价值的等级 Hawkinson & Hyman(1974)作过讨论。

10 类型和历史语言学

10.1 共性和类型的历时方面

如果我们观察两种语言之间的相似特性,这些相似特性的存在大体上有四个原因。第一,它们可能是出于巧合。第二,它们可能出于实际上有亲缘关系的两种语言,而共同特性是从它们的母语继承来的。第三,两种语言可能有区域上的联系:共同特性可能是一种语言从另一种语言借用来的,也可能是两种语言都从第三种语言借用来的,或者是直接借用,或者又间接通过其他一些语言。第四,这种特性可能属于一种语言共性,或者是绝对共性或者是倾向共性。对于一个对历史比较语言学感兴趣的语言学家来说,能够区别相似特性的四种基础是很重要的,因为只有这样他才能适当地建立语言之间存在的联系,例如,他在确定亲缘关系时就因此需要排除出于借用或属于倾向共性的相似特性。

根据定义,巧合作为一种潜在因素是不可能排除的,但是我们假设有关的各种语言表现出一系列足够的逻辑上彼此独立的相似特性,因而这些相似特性出于巧合的概率极小。于是还剩下其他三个因素。一般来说,至少在原则上,历史比较语言学家一直十分谨慎地区别出于共同原始母语的相似特性和出于借用的相似特性,但是他们在区别这两种相似特性中的任何一种,尤其是区别出于共同原始母语的相似特性跟属于共性的相似特性时就常常远不如这么谨慎。有一个例子足以说明这一点。乌拉尔-阿尔泰语系包括乌拉尔语系、土耳其语系、蒙古语系、通古斯语系(每一种语系本身的地位都已确立),在提出乌拉尔-阿尔泰语系时,早期的研究者往往把自己局限于只注意这些语系各种语言之间某些总的结构相似特性,例如:以黏着和后缀形态为主,以动词结尾和以附加语-中心语为词序(形容词、关系小句、领属成分位于中心名词前,用后置词不用前置词)的倾向很强。但是,正如我们在第 4 章讨论词序时说明的,这些参项,尤其是词序的各个参项普遍倾向于同时出现,因此在这四个语系内这些参项的同时出现本身不足以确立它们的亲缘关系。这个例子告诉我们,一些经常重复出现的语言类型,它们的内聚性由于倾向共性而必然存在,因而不能据此建立语言间的亲缘关系。

在以下 10.2 节讨论区域类型学时,我们还要讨论区分亲缘、区域、类型等不同因素的问题,特别是关于其中的第二个因素。

语言共性研究可能跟历时语言学有关的另一个方面是确定语言间潜在变异的限度。很明显,如果语言共性的研究表明某一种语言类型虽然在逻辑上是可能的,但事实上没有实现的可能,那么把这种类型的语言确定为一些已经证实的语言的共同母语而作出的任何构拟必须被否定(当然,或者是那种共性必须被否定)。由于已明显确定的绝对共性为数很少,能够从最严格的意义上运用这种技法的场合也比较少,而比较常见的情形是,在构拟中利用的不是绝对共性而是倾向共性,所依据的假设是构拟的语言在世界各种语言中多半相似于一种比较常见的类型而不是相似于某种极其罕见的类型。在这个基础上,举例来说,我们多半会把一种原始语言构拟成 SOV 而不是 OVS,虽然这两种类型都已被证实。伴随这种方法而来的是一种严重的危险,即构拟只有统计上的可靠性,如果倾向共性的统计有效性本身就比较低的话,这种危险就尤其严重。在 10.3 节,我们将举例说明这种方法的一些用途以及由此带来的一些危险。

有一个方面我们可以比较直接地把历时考察跟语言共性研究联系起来,那就是探寻语言演变的共性。例如,实际情形似乎是声调语言里的声调音位只可能有为数较少的几种历史起源,诸如邻接辅音喉音特性的影响,重音的移位(如塞尔维亚-克罗地亚语),音节构造的重新调配(如某些斯堪的纳维亚语言)。如果这类概括可以在广泛可靠的材料基础上明确提出,那么我们就可以相当有把握地认为可以把它们推广到语言的历史研究,如果这种研究没有确凿的关于声调起源的历史或比较证据的话。但是,迄今为止已经确立的具有这种强度的语言演变共性的可靠方面即使有的话也为数极少。在 10.3.2 节我们将批判地考察在这方面已经提出的一种建议,即关于从语素顺序构拟词序的可能性。实际上,用共性和类型研究的成果进行构拟的论著中大多还只限于词序类型这个方面,这再次证明类型学的这个特定方面近来已经产生的巨大影响,虽然这种影响并不都是有益的。

在 10.4 节,部分是为了以比较肯定的调子结束这一章,我们将考察一个特定方面,其中语言共性和类型的研究已被证明对历时研究有用,能为涉及语法关系特别是主语的历时演变提供一种解释框架(涉及前面第 5 章里某些材料)。

在讨论语言演变的普遍性制约时,必须打破一种广泛存在的神秘感,这就是认为一种语言所属的类型不管是怎么确定的,它是某种神秘的永久不变的东西。这种想法有时表现为这样的说法,即一种语言虽然可以而且无疑会发生变化,变化原因包括内部和跟外部语言的接触,然而它的结构还是有某些基本方面将保持不变。毫无疑问,没有任何证据可以支持这种说法,相反倒有许多反对的例子。英语的历史就是一个很好的例子,因为英语在形态类型(从综合型演变为分析型,并伴随融合度的降低)和词序类型(主语-动词-宾语词序实际上被确立为唯一允许的词序)两方面都经历了重大变化:在这些参项方面,很难想象有两种语言之间的差别会比古代英语和近代英语的差别还大。

作为第二个例子,这里显然跟语言接触有关,我们可以考察土耳其语从波斯语借用而出现连词 ki(比较波斯语的 ke[相当英语 that 的情形])。我们曾在第 7 章指出,具体涉及关系小句,土耳其语一般没有限定从属小句,而是代之以各种非限定动词形式(动名词、形容词和副词)。尽管限定从属小句因而对土耳其语的基本类型来说是很不相干的,但土耳其语还是从波斯语借用了连词 ki 并把这个连词用于各种从属结构,使它们与本族语的各种非限定结构相竞争,例如 ki 用于关系小句(1)和宾语小句(2):

Bir　zaman gelecek　ki,　insanlar hür　olacak.　　　(1)
一个　时候　　将-到来　连词　人民　　自由　将-是
(人民获得自由的时候一定会到来。)

Herkes bilir　ki,　　dünya yuvarlak-tɪr.　　　　　(2)
每个人　知道　连词　　地球　　圆的　　　是
(谁都知道地球是圆的。)

这种结构是近代土耳其语必不可少的组成部分。苏联境内的许多突厥语、蒙古语、通古斯语、乌拉尔语和高加索语,它们直到最近还只有非限定从属小句,但在俄语的影响下限定从属小句的使用正在不断增加,在某些情形里甚至正在取代原来的结构。虽然有语言纯正癖的人可能对这种渗透感到遗憾,但却无法加以阻止。

10.2 区域类型学

众所周知,当语言之间有接触时,它们常常互相借用,最明显的情形是词汇的借用。但是,有时发生的情形是语言之间的接触十分密切因而产生一系列广泛的相似特性,往往达到它们之间共有的相似特性似乎比它们跟亲缘上关系较密切的语言之间的相似特性还要多的程度。在这一节,我们将用两个例子说明这一现象,一个是巴尔干语群,一个是库什特语支对闪米特语支阿姆哈拉语词序的影响。当我们知道有适当明确的一群语言在区域上相接触并且具有一些不是出于发生上同源的共同特性时,如果专有一个名词来指称这群语言显然是很方便的,就像我们有语系这个名词指称一批相似特性出于发生上同源的语言一样。可惜英语没有一个指称这样一群语言的方便和公认的名词,虽然德语语言学家使用"语群"(Sprachbund,原意是"语言联合体"),而在英语里这个名词常作为专门术语使用,例如在说起巴尔干语群时使用。在英语里,我们可以用巴尔干区域类型的名称,但重要的是始终记住这里的兴趣所在与其说是某种类型的存在,不如说是地理上可确定的一群语言共同具有这种类型;可以想象,我们也许能在世界其他地区发现某一种语言,出于偶然它也具有巴尔干语群的各个特性;

这种语言将符合巴尔干区域类型,但不会是巴尔干语群的成员。出于这种考虑,我们这里保留语群的名称。

研究区域类型的最初动力也许来自这样的认识,即在巴尔干地区所说的语言,特别是近代希腊语、保加利亚-马其顿语、阿尔巴尼亚语和罗马尼亚语,它们都具有一些共同的特征,而它们跟亲缘上关系较密切的其他语言反而没有这些共同特征。于是这就首次给人以启示,可以存在适当明确的、地理上完整的一群语言,它们的共同特征不是发生上同源的结果,但又十分独特因而也不可能是出于巧合,而且在类型上十分独特因而也不可能是语言共性的反映(这一点我们是事后才认识到的)。

上面提到的五种语言构成巴尔干语群的核心。保加利亚语和马其顿语属于斯拉夫语言,两者十分接近,因此在提及它们的共同特征时我们将常用保加利亚-马其顿语的名称;这里的例证出自保加利亚语。由于有其他斯拉夫语言的存在,在保加利亚-马其顿语里区别亲缘因素和区域因素就比较容易,而且事实上我们还有一种斯拉夫语,即古教堂斯拉夫语的原文,它是公元 1000 年末期开始建立在保加利亚-马其顿地区一种方言基础上的语言。希腊语构成印欧语系中一个独立的语支,但是由于存在广泛的古希腊语的书面证据,我们可以区分出近代希腊语中不见于古希腊语的那些巴尔干区域特征。罗马尼亚语是一种罗曼语,因此我们可以把它同拉丁语和其他业已证实的罗曼语言作亲缘比较。只有阿尔巴尼亚语,也是印欧语里一个独立语支,我们缺乏任何接近的比较依据,因此对于阿尔巴尼亚语严格地说我们还不能够确定哪些特征是继承的或独创的,哪些特征是出于跟其他巴尔干语言的接触。但是,在阿尔巴尼亚语里有一种主要的方言差别,存在于盖格(北部)和托斯克(南部)两种方言之间,前者多少不如后者那样类似典型的巴尔干语,因此也有某种比较的基础。巴尔干语群的某些特征还超越这一群五种语言,特别还见于斯拉夫语里的塞尔维亚-克罗地亚语,尤以这种语言的塞尔维亚(东部)变体为甚。巴尔干语群内部的所有语言都是印欧语,但它们属于印欧语系的不同语支。由于这些语支的大多数我们都有来自不属于巴尔干语群的其他语言的历史和比较证据,我们因此可以确信我们正在处理的存在于一群语言内部的相似特性确实是出于区域接触而不是从它们的共同母语继承而来的。

诸巴尔干语言有好些共同的特征,包括大量的共同词汇,但从当前目的出发我们只集中考察几个形态和句法特征,即(a)属格和与格的辑合,(b)后置冠词,(c)不定式的消失。

巴尔干语群内的每一种语言(但不包括塞尔维亚-克罗地亚语),它们都用同一形式表示动词的间接宾语(与格)和名词短语内的领属成分(属格)。例如在罗马尼亚语里,fată(女孩)的属格和与格都是 fete。在阿尔巴尼亚语里,lum(河流)的属格-与格是 lumi。保加利亚-马其顿语遵循这一类型的情形特别有意思。其他语言表示格的后缀都以融合为基础,例如较古老的一些印欧语都是如此,而保加利亚语和马其顿语在诸斯拉夫语言内独具一格,即用分析手段(具体地说是用前置词)取代它们的格系统。然而,同一前置词 na(在斯拉夫语的原来意思是"在[到]……上")用来表示与格和属格两种功能,例如 na bəlgarija(到保加利亚/保加利亚的)。在近代希腊语里,也可以用一种形式表示这两种功能,这个形式在语源上从古希腊语的属格派生而来,例如 tu anɵrópu(那个男人的/给那个男人),虽然在表示与格功能时也可以用一个不同的形式，即前置词 s(e)，如 s-ton ánəropo（给那个男人）（这个前置词要求用宾格）。

定冠词后置也见于狭义的巴尔干语群的每一种语言，近代希腊语是例外，因为它跟古希腊语一样定冠词前置，例如 o ánəropos（那个男人）。在保加利亚语里，我们发现 məž（男人），məž-ət（那个男人）。在阿尔巴尼亚语里，有 lum（河流），lum-i（那条河流）（跟不带冠词的属格–与格单数形式同音；为比较更清楚，注意带冠词的属格–与格形式是 lumi-t）。在罗马尼亚语里，有 om（男人），om-ul（那个男人）。塞尔维亚–克罗地亚语仍然没有这种现象。

但是从欧洲大多数印欧语言的情形看，也许最引人注目的现象是诸巴尔干语言里不定式完全或普遍消失，这可以从 give me (something) to drink（给我[一点东西]喝）的译文中看出：罗马尼亚语 dă-mi să beau，保加利亚语 daj mi da pija，阿尔巴尼亚语（托斯克方言）a-më të pi，近代希腊语 dós mu na pjó。这些译文按字面讲都是 give (to-) me that I-drink（给我我喝的），也就是说取代不定式的是一个由连词引出的限定从属小句。不定式的消失在近代希腊语里最为彻底，在保加利亚–马其顿语里也几乎一样彻底。在罗马尼亚语里，有一个动词 a putea（能够）还可以带不定式，但即使在这里另一种结构也较常见，得出 pot bea 和 pot să beau（我能喝）两种交替形式。在阿尔巴尼亚语里，诸托斯克方言倾向用限定从属小句，而诸盖格方言倾向用不定式，因此要表达"如果我们希望讲真话"，托斯克方言说 po të duajm neve të thëmi（限定式）të vërtetën，盖格方言说 me dashtë na me thânë（不定式）të vërtetën。类似的分布也见于塞尔维亚–克罗地亚语，那里东部的塞尔维亚语倾向用从属小句变体 želim da idem，按字面讲是 Iwant that I-go(我–要我–去);而西部的克罗地亚语倾向用不定式变体 želim ići,相当英语 I want to go(我要去)。这些语言内部的分歧有它的历史根源,南斯拉夫东部和阿尔巴尼亚南部在文化和历史上比南斯拉夫西部和阿尔巴尼亚北部跟巴尔干半岛各国的联系更密切(例如,南斯拉夫东部传统宗教主要是东正教,阿尔巴尼亚南部主要是伊斯兰教,而南斯拉夫西部和阿尔巴尼亚北部主要是罗马天主教)。

在上一段中引入的这个历史方面应该提醒我们,巴尔干语群,实际上任何其他语群,它们的特征不应被看作某种神秘的东西,好像凡是位于巴尔干地区的语言都必然凭空吸收进来;相反,可以推测,这些相似特征肯定都有历史根源,即使我们目前还不能弄清各种情况的历史根源。这方面阿尔巴尼亚语没有历史文献记载特别令人遗憾,因为至少由此我们不能排除所有巴尔干地区的特征归因于阿尔巴尼亚语的可能性(用未知来解释未知)。然而,这种设想作为一种全面解答至少是不可取的:它不能解释不定式消失的现象,因为我们知道阿尔巴尼亚语,特别是它的盖格方言确实有不定式,这至少说明托斯克方言里不定式的消失是较近的变化,也就是说,更有可能的是这种现象由邻近语言进入阿尔巴尼亚语而不是由阿尔巴尼亚语进入邻近语言。

对有些巴尔干区域特征,我们渴望在一定程度上找出历史原因。不定式的消失是最有指望的一个方面,因为从希腊语内部的历史看,这种消失有明显的解释。古希腊语最常见的动词类型的第三人称单数现在时词尾和不定式词尾在拜占庭时期的读音应分别是-i 和-in。然而,一旦词尾辅音-n 消失就会使这两个词尾合并为-i。这样在许多情形里不定式就会在形式上跟限定动词相同,而这种等同虽然开始时只见于第三人称单数,后逐渐发展成其他人称和数的不定式形式都被限定式取代。由于希腊语在拜占庭及其以后的一段时期在各巴尔干国家被广泛作为共同交际语使用,因而存在广泛的双语制,这是以上特征被借入这个地区其他语言的理想基础。

相反,属格和与格的合并几乎不可能是希腊语首创,因为古希腊语明确区分属格和与格,例如属格 ant^{h}r ópou,与格 ant^{h}r ópōi(男人),而在近代希腊语里后者已被前置词 s(e)取代,这个前置词还作为另一种标示有如属格的间接宾语的形式而存在。可以想象,这种变化的动力来自罗马尼亚语,因为在民间拉丁语里属格和与格在某些名词变格类型里相同(试比较古拉丁语的属格–与格 mēnsae[桌子的/给桌子]),虽然这种想象更属推测。但一般地说,尽管我们现在还不能构拟出导致诸巴尔干特征产生和扩展的所有历史阶段,但实际情形仍是这些共同特征的存在都是在这种或那种语言首先发展,然后由于这一地区存在双语制而扩散的结果。

阿姆哈拉语是埃塞俄比亚的一种闪米特语,虽然说这种语言的地区过去曾说库什特语。闪米特语和库什特语最终有亲缘关系,同属亚非语系,但这种联系非常疏远,在许多方面闪米特语和库什特语的类型很不一样。其中一种差别是词序差别。闪米特语中大多数属于规范的 VO(中心语–附加语)类型:它们的基本小句词序或者是 VSO(特别是较古老的语言,如古阿拉伯语)或者是 SVO(如多种形式的民间阿拉伯语);在名词短语内部,形容词、领属成分和关系小句都位于中心名词之后;这些语言都用前置词不用后置词。而诸库什特语言恰恰跟这种模式相反,属于规范的

OV（附加语–中心语）语言；基本小句词序是 SOV；形容词、领属成分和关系小句位于中心名词之前；这些语言都用后置词而不用前置词。

可以推测，阿姆哈拉语古老的母语作为一种闪米特语也是中心语–附加语类型，就跟大多数闪米特语一样，也跟埃塞俄比亚的许多闪米特语（其中有季埃兹语，又叫埃塞俄比亚语，是埃塞俄比亚的教堂语言）一样。然而，近代阿姆哈拉语几乎已完全变为附加语–中心语类型，这可以从小句词序中看出：

əwru   meṣaguwn   tešɛkkɛmɔw.　　　　　　　　　　（3）

瞎子　　瘸子-宾格　　背

（瞎子背着瘸子。）

形容词和领属成分位于中心名词之前，如 tɛnkolɛñña sɛw（狡诈的人），yɛməsalew tərgʷame（寓言的寓意）。虽然阿姆哈拉语确实仍用前置词，例如 bɛ Addis Abɛba（在亚的斯亚贝巴）——这是支持早先较典型的闪米特语词序的证据之一——它还广泛使用各种后置词，例如 Addis Abɛba lay（在亚的斯亚贝巴之上）。

阿姆哈拉语的情形不仅从它本身性质来说很重要，因为它具体说明语言接触带来词序类型的重大变化，它的重要性还在于强调了本章开头提出的观点，即一种语言的基本类型不是某种神秘的、永久不变的东西。在比较短的一个时期内，阿姆哈拉语就已完全颠倒了基本词序模式的大部分。对一个说英语的本族人来说，由于英语的 SVO 词序，形容词位于名词前以及关系小句位于名词后等词序都比较固定，也许很难想象一种语言的基本词序类型能发生如此重大的变化。但这是从这样一种语言的角度观察的结果，至少对说这种语言的绝大多数人来说，它没有因为跟类型截然不同的其他语言的接触正在发生任何变化。阿姆哈拉语以及许多其他接触情形所提供的证据表明，世界各种语言里即使一些典型的类型也是非常不稳定的。

从这一节的讨论我们已经看到一种语言在基本类型参项上的变化是多么容易，以及我们知道词汇借用在语言接触时也是十分容易的，根据这两点，可能产生的问题是语言演变的可能性究竟有没有限制可言，特别是当这种演变由于接触而发生时，有规律的词序之间的联系和任意的音义对应关系两者发生变化的可能性似乎相等。

我们也许以为最不容易发现语言演变的方面是形态方面，特别是屈折形态，因为根据推断一种语言似乎不大可能从另一种语言借用屈折系统。如果两种语言亲缘上的联系并不十分密切，没有密切到可以在原有系统和借用系统之间明确进行逐一比较的程度，那么情况更是如此。然而，这种推想至少作为一种绝对推断没有被证实。这方面讨论的最多的例子之一是马阿语（姆布古语），它原先显然是一种库什特语，但是在跟诸班图语（它是坦桑尼亚班图人为主地区所说的语言）的接触下已经采用了班图语的屈折系统，在词缀的形式和句法（例如一致关系）两方面都完全跟邻近的一些班图语一样。在这个特定例子里，被借用的语言的形态基本上是黏着型，因此至少形态的切分不是一个大问题，这大概加速了借用过程。但是，有广泛融合形态的屈折系统也有可能被借用，例如意第绪语，日耳曼语的一支，它在借用希伯来-阿拉姆语一系列形态各异的词汇的过程中把闪米特语屈折和派生形态的许多特征结合进来，特别是结合在名词中。

上一段最后的说明虽然从一种意义上讲显然是任何种类的借用可以不受限制,但也确实表明对语言间借用的各种可能可以用另外一种方法来限制。首先,我们可以用倾向共性来限制这种借用,例如可以把它表述为虽然原则上任何成分都可以借用,但仍然是词项比词缀更有可能被借用,能明显切分的词缀又比融合形态更有可能被借用;在词汇范围内,我们还可以进一步说,名词比其他词类更有可能被借用。然而,看来我们还能把这些限制表述得更严格一些,即用绝对(或接近绝对)蕴含共性取代这些倾向共性表述。例如我们可以不说名词比动词更有可能被借用,而说一种语言只有在也借用名词的情形下才会借用非名词。我们可以不说词缀的借用不如词项借用的可能性大,而说一种语言只有在也从同一来源借用词项的情形下才会借用词缀。实际上在这里我们大概还可以说得更具体,一种语言只有在早已借用包含相关的词缀或融合过程的词项形式的条件下,它才会借用词缀作为自身系统中可切分的单位,或者借用融合形态变化作为自身系统中一种能产的变化过程。例如,在意第绪语里,闪米特语形态进入这种语言只是作为借用希伯来-阿拉姆语词项这个总过程的一个组成部分,即把单数和复数形式都借用进来。以类似的方式,意第绪语在对已经借用的包含后缀-nik 的词项进行分解后才借用斯拉夫语的这个后缀;而英语又从意第绪语借用这个后缀,例如 beatnik("垮了的一代"成员)。

以上讨论的含义是,有的语言学家所关心的是区别出于发生上的同源和出于接触的相似特征,就某些个别现象而言,他无法说出必定出于两种因素中的这一种或那一种。但是,当他有几种不同的相似特征和相异特征可供研究时,他可能做到在确定语言相似特征的根源时对发生同源和接触之间的区别作出肯定或至少十分可靠的推断。

10.3 类型和构拟

共性和类型的研究成果,更具体地说是词序类型的研究成果已经被用来作为一些新方法的依据,这些新方法是用来构拟语系较原始的阶段特别是构拟原始印欧语并解释语言演变的,这一节我们将考察这种应用的一些方面。遗憾的是这一节的讨论大致上是否定的,也就是说必须作出的保留之多使我们怀疑迄今为止在这方面究竟有没有获得任何确实可靠的成果。不过,出于两个原因这种讨论仍然有价值。第一,讨论表明我们如何可以在原则上把共性和类型研究同历史比较研究联系起来,而且有希望最终表明这两个分科之间的某种合作,即使不在词序拟构方面,在其他方面也是有成效的。第二,这种方法在词序拟构中的应用十分广泛,凡是有关类型学和历史语言学的章节如果对此不加讨论就结束,那是不合适的,即便这种讨论主要是要告诫读者不要轻易接受自称取得的成果。

10.3.1 词序类型

试图把词序类型和词序构拟联系起来的两项主要研究是分别由 Lehmann 和 Vennemann 进行的。这两条路子有许多共同之处,正因为如此我们把它们放在一起讨论,但必要时将概要说明两条路子之间的差别。迄今为止这种方法主要应用于原始印欧语词序的构拟,但原则上这种方法适用于可获得足够的历史或比较材料的任何语系。此外,这种方法还已被用来解释印欧语系各个语支和语言词序演变的具体情形。

这方面研究的依据是我们在第 4 章已概要说明的关于两种一贯的(规范的)词序类型即附加语-中心语类型(操作符-操作域,OV)和中心语-附加语类型(操作域-操作符,VO)的假设。所假设的是这两种类型代表语言所处的最自然的状态,而且要求符合这两种理想类型的压力足以引发语言演变,也就是说,如果一种语言由于某种原因不符合这两种类型中的一种,那么就会引发变化使它符合两种类型中的某一种。但是这里一开始就存在一个问题,因为这两种类型虽然各自都比有关参项值的任何其他组合常见(指符合这两种类型的语言数量较多),但这两种类型本身绝没有穷尽或接近于穷尽世界所有语言的类型;实际上,从 Greenberg 的原始取样来看,很可能世界上多半语言不属于这两种类型中的任何一种。这就使所说的要求符合两种理想类型中某一种的压力所涉及的范围成为疑问:如果世界上多半语言不符合要求,那么这种压力就不可能完全像所说的那么强。具体地说,有些语言处于违反两种规范类型的组合状态但仍相当稳定,例如波斯语,它属于中心语-附加语类型但又有稳定的动词居尾词序,而且它处于这种状态已有好几个世纪。

有这么多语言不属于理想类型,这个事实当然能从这个格局的内部得到解释:据说它们都处于从一种理想类型过渡到另一种理想类型的过程中,也就是说,任何在共时上看上去不一致的语言在历时上或者正从一致的附加语-中心语类型演变为一致的中心语-附加语类型或者演变方向相反。共时上的不一致产生于各个参项正以不同的速率发生演变这一事实。同样,对总体格局的这个方面我们也必须指出一些概念上的问题。首先,语言处于两种类型之间的过渡阶段,这种概念的引入意味着这个格局不再能对世界各种语言的类型分布作出预测。假如世界所有语言都不一致,那么我们就简单地认为它们都处于过渡阶段。假如它们都一致,我们就认为它们都已达到一种均衡状态,或从来没有偏离过这种状态。但是,除非能就不同语言或不同语系过渡的速率、各种过渡开始的时间等作出具体说明,我们根本无法把观察到的语言类型分布跟这种理论作出的预测相联系。其次,这种理论倒是提供了一种解释,说明为什么一种语言出现类型上的不一致后会致力于逐渐回归到一致状态,但它并没有解释最初这种不一致为什么会产生——既然据称要求类型一致的压力很大,这一点就特别让人感到意外。下面我们还要讨论这个问题,不过它至少会得到部分的解答。

  Lehmann 和 Vennemann 两人的研究所依据的另一个假设是,原始印欧语是一种一致的语言,事实上属于一致的附加语-中心语类型。我们在下面还会考查这一假设的事实根据,目前我们集中讨论它作为方法论上的假设是否合理。我们也许可以概括地认为任何原始语言必定在类型上一致,虽然目前的讨论我们只关心原始印欧语。根据推理,没有更多的理由可以推测原始印欧语应该比任何已经证实的语言在类型上一致。如果当前世界上所说语言的一半以上在类型上不一致,那么在其他条件相同的情形下,我们实际上可以推测原始印欧语遵循多数而类型不一致的可能性要稍许大一点。这里涉及的问题之一是把原始印欧语看作演变过程的绝对起始点。从一种意义上讲,情形当然是这样,因为它是各种印欧语言演变的起始点。但是,既然早在原始印欧语被拟定的时间之前已经有人说那种语言,那种语言本身必定已经是一个长期演变过程的最终产物,而且实际上我们可以对通过比较法得出的构拟结果施行内部构拟从而获得原始印欧语以前发展情况的一些见识。因此原始语言,具体地说原始印欧语,没有特殊的理由应该在类型上一致,不管它在文化上多么重要,也没有理由假定原始印欧语比任何其他语言在这方面有任何更独特的地方。

现在我们可以回到偏离类型一致的原动力问题上来,特别是因为我们已经在上面看到这种原动力既然要克服据称很强的要求类型一致的压力,本身一定也很强大。一种可能是语言接触,例如一种语言可以从相邻的一种语言借用某种词序特征,然后相应地重新调配自身各个词序参项。这确是一种可能——虽然还不清楚的是,既然类型的一致性这么强,一种语言怎么会如此轻易地放弃这种一致——但是,据我所知,至今还没有人建议把它作为对印欧语内部偏离 OV 词序的实际解释。第二种可能是说这种语言的人给自己制定了一个目标,而类型上的不一致只不过是争取达到这个目标的过渡阶段。对原始印欧语来说,这就是说,说这种语言的人在某一时间制定了一致的中心语-附加语类型的目标,然后在几千年的时间里他们的后裔一直在争取达到这个目标,虽然事实上已经达到目标的后代语言还为数极少:诸凯尔特语言是一致的中心语-附加语类型,诸罗曼语言也接近于这种类型,但大多数其他语支,即便小句的词序是 SVO,在其他方面也不一致(例如英语形容词位于名词前,立陶宛语形容词和领属成分都位于名词前)。虽然也有一些例子证实达到一个明确目标的过渡阶段要有几代人的时间,而假设诸印欧语言已经在进行的从附加语-中心语类型到中心语-附加语类型的过渡所花费的时间必须以几千年来度量。如果一种语言可以在这么长的时间内保持不一致状态,那么要求一致的压力就不可能那么强(顺便提一句,我们预期会发现世界上一致的语言占较小的比例)。

对这个问题 Vennemann 提出一种解答,他认为类型上不一致的产生是由于动词词序的变化,即从句末位置变为句中位置,而动词词序的这种变化本身又有一种解释。Greenberg 最初提出的共性之一即第 41 项共性表述为"如果在一种语言里占主导地位的词序是动词位于名词主语和名词宾语之后,那么这种语言几乎一定有一种格系统"。体现 SOV 语言有格系统这一倾向的一种具体情形是经常出现的主格-宾格区别,它跟 S 和 O(或按第 5 章的术语,具体是 A 和 P)之间的区别相对应。由于许多 SOV 语言在动词各个名词论元的词序方面实际上词序比较自由,也就是说为了把宾语作为话题或把主语作为焦点经常用 OSV 词序来替代,因此存在一种区别主语和宾语的格系统显然有它的功用,因为单靠词序不起区别作用。除了出于语用因素的词序变化外,还有可能略去可根据上下文复原的名词短语,因此在缺乏格标记系统的情形下 NP V 就会有歧义,不能确定动词前是主语还是宾语。

Vennemann 指出在诸印欧语言的历史上,一般地说也许在语言总体的历史上,一直存在一种侵蚀形态系统的倾向,因而在达到近代英语、法语或威尔士语的阶段时,大多数名词短语已不再有主格-宾格区别,即使在德语那种在某些名词类别里保留这种区别的语言里,在其他类别里区别也已消失(德语只有阳性单数名词短语保留这种区别)。主格-宾格区别的消失因而导致动词居尾的语言出现更多的歧义,但如果这个动词不是位于句子末尾而是置于主语和宾语之间,从而得出 SVO 词序,那么这种歧义就可以防止产生。大多数 SOV 语言，甚至连那些经常被划归严格动词居尾的语言（例如土耳其语、日语）也确实偶尔允许个别名词短语出现在动词右边，因而所需要的只不过是增加这种移位的可能性。

可见，这种描述确实为最初类型上不一致的出现提供了一种可以依据的机制。随后，要求类型一致的压力又促使其他参项重新一致。然而，还是存在一些问题，特别是材料上的问题。第一，有一些 SOV 语言没有主格-宾格区别，因而只用词序作为语法关系的基本表示形式，例如伊乔语；实际上已经有人提出原始尼日尔-刚果语，即伊乔语所属语系的母语是一种没有格标记的 SOV 语言，因此按照以上理论诸尼日尔-刚果语言里广泛朝 SVO 的过渡就无法解释。第二，当我们考查近代诸印欧语言里 VO 词序的出现情况时，我们发现这种词序在保留主格-宾格区别的一些语言里出现，而具有这种区别的名词短语的类别大致跟原始印欧语一样多：这方面诸巴尔干语言和斯拉夫语言尤其能说明问题，特别是立陶宛语，它在当代所有印欧语言中有最古老的格系统。因此，能对最初偏离 OV 词序作这样的解释，不管从推理上讲可能性有多大，在实践上对它的有效性仍有重大的保留。

最后，我们可以考虑原始印欧语是不是一致的附加语-中心语类型的语言（或是不是可以想象到的正在开始朝中心语-附加语过渡的附加语-中心语类型的语言）这个实际问题。遗憾的是有关证据还很不明确。Lehmann 主张原始印欧语是附加语-中心语类型，并从最早记录的一些印欧语言中引用一些已经证实的例子来证明他的观点。然而，虽然这种例证不难发现，对大多数早期印欧语言来说要找到其他词序的例证是同样可能的。各种统计事实所表明的只是原始印欧语的词序很可能十分自由，就跟大多数早期印欧语言一样。在对 Lehmann 关于原始印欧语是附加语-中心语类型语言这一主张的批判中，Friedrich 根据诸早期印欧语言的实际统计证据认为，支持 VO 基本词序的证据至少跟支持 OV 基本词序的一样多，虽然他也承认就连这个问题的提出也是建立在一些可能没有根据的假设上面，特别是原始印欧语有一种基本词序的假设。Lehmann 和 Friedrich 各自侧重的方面的不同也是由他们在印欧语系中注重不同的个别语支造成的，即注重那些各自认为更能代表这种原始语言词序的语支。这里存在一种循环论证的严重危险（例如，要想证明原始印欧语是 SOV，于是比较注重在早期印欧语言中以动词居尾为主导词序的语言，如梵语和赫梯语，而忽略那些这种证据不太强硬的语言，如荷马时期的希腊语）。另外 Watkins，作为这场论争的第三个参与者，他认为原始印欧语的词序问题不能从早期文献中各种词序模式的统计中找到解答，尤其是因为大多数早期语言的词序都很自由，相反，需要识别那些古老的、共时上费解的词序模式作为最有可能获取原始词序证据的来源：这类证据确实支持 OV 词序。

　　还有另一个问题是，除了那些在它们业已证实的历史中已经获得中心语-附加语（VO）特征的语言和语支（例如诸日耳曼语言和诸罗曼语言），还有一些印欧语的语支已明显增强了附加语-中心语（OV）特征的程度：具体地说，有一些语支（印度语支、伊朗语支、亚美尼亚语支）在它们业已证实的历史中已经发展为相当严格的动词居小句末尾的状态。虽然这或许可以用接触的结果来解释（诸印度语言从诸达罗毗荼语言借用这种特征；诸伊朗语言和亚美尼亚语言从土耳其语借用这种特征），但这也确实有损于整个研究的经验依据。

最后,我们可以说原始印欧语词序的研究是从一个假设出发,即假设一直存在一种从附加语-中心语(OV)到中心语-附加语(VO)的过渡,然后寻求对这种过渡的解释。现在我们有了一种解释,尽管它需要多种证明而这些证明又严重削弱了它的有效性——但是这种解释想要说明的事实一经深入的仔细考查却往往不复存在。

10.3.2 词序和语素顺序

在10.1节,我们曾指出,如果我们能确立历时演变的共性,那么就有可能利用这些共性来限制构拟语言较早阶段的可能性。在本节,我们将考察在这方面已经提出的一个具体建议,主要吸收Givón的研究成果。遗憾的是,在10.3节,自始至终我们几乎每次都要建议对取得成果的有效性持谨慎态度。然而,本节的材料的确使我们对可能构拟词序的一种方式有深刻的认识,这种方式不依靠一致的词序类型这种至今相当深奥的概念,而是较严密地依循实际材料。

本节概述的构拟过程依赖三个假设。第一个假设是动词表示一致关系的词缀一律在历史上从代名词发展而来。第二个假设是黏着语素一律从独立的词派生而来。第三个假设是,一旦一系列词融合在一起变成一系列语素构成的一个单词,以后这些语素的顺序就不易发生变化。如果我们作出这些假设,那么就有可能根据有关动词一致词缀的顺序这种共时证据来构拟较早时期的词序。让我们假设跟主语一致的词缀位于动词词干之前。那么,根据第一和第二个假设,这些前缀在语源上从主语代名词派生而来。又根据我们第三个假设,当前的顺序是较早词序的反映,也就是说，在主语代名词跟动词融合变为主语前缀的时候，词序必定是主语代名词位于动词前。从这个例子加以引申，在动词跟主语和宾语相一致的语言里，我们可以根据一致词缀的共时顺序来反映原始的成分顺序。例如，虽然大多数班图语言现在的共时词序是 SVO，然而一致前缀以主语-宾语的顺序位于动词词干前这一事实将表明早先的词序是主语-宾语-动词。

可惜的是上述三个假设没有一个可以确定是绝对成立的，而"较早词序"这个说法也含糊其辞，这就严重削弱了这种方法的有效性。首先，在有些情形里，动词一致词缀不是从代名词派生来的。例如，在芬兰语里，第三人称复数后缀的共时形式现在是 -vat；从语源上讲，它是现在分词的复数，而跟任何代名词形式没有什么关系。然而，也确有许多情形是动词一致词缀可以被证明从代名词派生而来，因此也许我们可以承认这类词缀通常由代名词派生而来是一种倾向共性：于是这种概括可以用来处理我们不能肯定词缀来源的材料，并具有一定的统计可靠性。

其次，也有已经证实的例子表明黏着语素不是从独立的词派生而来。在比较爱沙尼亚语的主格单数 jalg（脚）和部分格单数 jalga 时，在共时上似乎把-a 作为部分格单数后缀处理较合适。然而，在历时上，这个-a 是词干的组成部分，后来在主格单数形式中失落，而在部分格单数形式里仍然保留，不过原先它不是位于最后（参看 2.3 节）。但同样，这类例子跟那些语素的语源可以可靠确定为独立词的例子相比是很罕见的，因此我们不妨还是承认这是一种倾向共性。

再其次，已经知道有一些例子，尽管很罕见，但语素在融合后语素顺序已经变化，例如匈牙利语里语源上推测的语素顺序"词干-

在上格('在……之上')-领属成分"(参照凝固形式 bennem[在我里面],原始形式 * bele-ne-m,按字面是"里面-在-我的")在所有其他的格(语源上从后置词派生而来)顺序都是"词干-领属成分-格"的压力下已变为"词干-领属成分-在上格",从而得出例如 háza-m-on(在我的房子上)的形式。但是同样,我们可以承认这种语素顺序的颠倒很罕见,因而这种方法仍保留一定统计上的有效性。

然而,实质问题是在我们考虑究竟构拟的是什么词序之后产生的。我们不用推测来处理这个问题,而可以通过考查诸蒙古语言的实际材料来说明问题。古蒙古语和诸近代蒙古语都是相当固定的动词居尾语言,至少跟土耳其语和日语一样固定,这两种语言是动词居尾类型的典型例子。动词跟主语相一致是诸蒙古语言正在经历的发展过程:有些语言,如布里亚特语早已具备一组成熟的主语一致词缀,而有的语言,如(柯尔克孜)蒙古语还不具备。主语一致词缀显然从主格代名词派生而来。根据 Givón 的假说,既然几乎固定不变的顺序是主语位于动词前,我们将预期派生出来的是主语一致前缀。但事实上派生出来的是主语一致后缀,而且只有后缀。于是对于任何认为可以从语素顺序构拟词序的绝对主张,这是一个明显的反例,即便我们知道语素是从词派生而来:根据主语一致后缀我们将构拟 VS,而这显然不是任何蒙古语言的基本词序。

但是,我们可以再提出一种见解。在诸蒙古语言里(尤其是那些没有动词一致关系的语言),可以把主语,特别是把代名词主语移位到动词之后来降低那个代名词的重要性,从而产生出 VS 词序。正是这一种词序又产生出主语一致后缀:如果主语被强调,那它就会以一个独立的词出现，不管还有没有动词一致关系，因此很自然动词一致形式应该从动词后位置上的已经降低重要性的主语代名词派生而来。于是，从一种意义上讲，这种方法被证明是正确的：主语一致后缀确实从置于动词后面的主语代名词派生而来。但是，这种方法的意义又因为这一限制而丧失殆尽：按照原先的建议，它本来应该能使我们构拟母语的基本词序（例如诸班图语言的母语是 SOV），但事实上它只能让我们构拟母语可能有的一种词序，而蒙古语言的材料表明这可能只是一种很次要的模式。

在这一点上，对于一种经常重复的主张也不得不提出相似的保留意见，这种主张就是诸罗曼语言里位于动词前的附着代名词是早先动词居尾词序的证据，也就是说（由于我们知道古拉丁语的基本词序是 SOV）它是 SOV 词序的残余。对中世纪拉丁语和各早期罗曼语言的详细研究表明，在基本词序为 SOV（包括代名词位于动词前）的古拉丁语和基本词序为 SVO 但附着代名词基本位于动词前的大多数（但不是全部）近代罗曼语言所代表的两个阶段之间，存在一些过渡的复杂过程，其中包括一个基本词序为 SVO 而不管宾语是名词短语还是附着代名词的阶段。欧洲葡萄牙语至今仍十分经常把附着代名词置于动词后。不管支配这些不同变化的因素是什么——而这个问题简直不能说已经解决——对附着代名词位置的历时解释多半应从附着成分的重音节律特性去寻找，它肯定不应解释为 SOV 词序的残余。

10.4　类型研究和历时解释

10.3 节中建议的那些方法，其特点可以表述为它们试图在历史句法中建立一种新的囊括一切的方法。这些尝试我们认为由于以上说明的理由都已经失败,也就是说,这种失败主要是因为有大量反例或者证明所谓类型构拟法的主张是虚假的或者使这种主张变得毫无意义,而不是因为这种方法内部存在任何固有的矛盾。然而,关于类型研究对历时语言学的作用我们还是可以提出比较适度的主张。在这一节,我们将表明类型研究取得的成果可以对理解句法演变的机制有重要作用。

我们在第 6 章和第 9 章讨论生命度和定指度时早已指明可以实现这种作用的一个方面。一方面,我们已作出共时的跨语言概括,例如我们说独立宾格标记和动宾一致关系对生命度或定指度高的名词短语来说更有可能存在。然而,这种概括还可以进一步引申,因为它也说明历时上获得或失去宾格标记或动宾一致关系的规律。当这些规则进入一种语言后,它们常常首先运用于生命度最高的名词短语,随后才扩散到生命度/定指度较低的名词短语。例如,在斯拉夫语里,生命度作为一种形态范畴的产生相对印欧语而言是一种自发的变化,而独立宾格的出现首先见于单数形式,只用于健康的、生来自由的男性成人,随后扩散到所有男性,再扩散到所有雄性有生命物;在复数形式,这条规则首先运用于(即使那时也不是运用于所有斯拉夫语言,例如没有塞尔维亚-克罗地亚语)男性,然后扩散到所有人类,最后扩散到所有有生命物(例如在俄语里)(参看 9.3 节)。在埃希特哈迪语里,动宾一致关系正在消失之中,它首先在生命度低的名词短语上消失(无生名词短语不再有一致关系),这种消失现在正向有生名词短语(典型的这类名词短语有性的一致但没有数的一致)扩散(参看 9.2 节)。

然而,作为这一节的详细例子,我们将要考察的是一种不同的情形,即马耳他语领属(带"有"的)结构里主语特性的转移(参看第5章)。马耳他语至少在历史上是民间阿拉伯语的一种形式,我们因此可以将当前马耳他语结构同古阿拉伯语(这里代表原始阿拉伯语)的结构进行比较。(许多其他民间阿拉伯语也已经历跟这里描写的马耳他语的演变相类似的变化。)

马耳他语里的领属结构现在时涉及成分għand,它等于意思为"在(……的家里)"的前置词。在马耳他语里,前置词带代名词后缀,例如għandu(在他的家里),għandha(在她的家里)。用于严格的方位结构时,它能构成像(4)—(9)的句子;注意现在时不存在相当于英语be(是[在])的成分,而且动词在人称、数和性上跟主语相一致(ktieb[书]是阳性,ħobża[面包]是阴性):

Il-ktieb għandu. (4)
(那本书现在在他的家里。)

Il-ħobża għandu. (5)
(那只面包现在在他的家里。)

Il-ktieb kien għandu. (6)
(那本书当时在他的家里。)

Il-ħobża kienet għandu. (7)
(那只面包当时在他的家里。)

Il-ktieb sa jkun għandu. (8)
(那本书将在他的家里。)

Il-ħobża sa tkun għandu. (9)
(那只面包将在他的家里。)

初看起来,领属结构似乎除了词序都跟这种方位结构相同:

Għandu ktieb. (10)

（他现在有一本书。）

Għandu ħobża. (11)

（他现在有一只面包。）

但是，一当我们开始较细致地考察领属结构，这种表面上的对等就消失了。

第一，这一点虽然本身跟当前所关注的没有直接关系，但在马耳他语里领属结构为其他时态时使用另一组不同的形式，即语源上从 be（是[在]）（参照 kien（[他]当时是[在]），sa jkun（[他]将是[在]））加上前置词后缀-l（到）再加上代名词后缀派生而成的形式：

Kellu kiteb. (12)

（他当时有一本书。）

Kellu ħobża. (13)

（他当时有一只面包。）

Sa jkollu ktieb. (14)

（他将有一本书。）

Sa jkollu ħobża. (15)

（他将有一只面包。）

第二，如果我们在方位结构里用一个非代名词的名词短语取代代名词，那么前置词 għand 就支配相关的名词短语：

Il-ktieb għand Pawlu. (16)

（那本书现在在保罗的家里。）

Il-ktieb kien għand Pawlu. (17)

(那本书当时在保罗的家里。)

  Il-ħobża kienet għand Pawlu.　　　　　　　　　　(18)
  (那只面包当时在保罗的家里。)

但是在领属结构里,领有者出现在句首,而 għand 保留它的代名词后缀:

  Pawlu għandu ktieb.　　　　　　　　　　　　　(19)
  (保罗现在有一本书。)
  Pawlu kellu ktieb.　　　　　　　　　　　　　　(20)
  (保罗当时有一本书。)
  Pawlu sa jkollu ktieb.　　　　　　　　　　　　(21)
  (保罗将有一本书。)
  Pawlu sa jkollu ħobża.　　　　　　　　　　　　(22)
  (保罗将有一只面包。)

表达这种意思时不可以说 * għand Pawlu ktieb.

  第三,在马耳他语里要否定一个句子时,在谓语首位的动词前面附加小品词 ma(在元音或不发声的辅音如 b 或 għ 前变为 m')后面附加后缀 -x:

  Il-ktieb ma kienx għandu/għand Pawlu.　　　　　(23)
  (那本书当时不在他的家里/在波罗的家里。)

如果没有居于谓语首位的限定动词,那么外围词缀 ma……-x 就附加在人称、性和数都跟主语一致的代名词上(例如 hu[第三人称单数阳性],hi[第三人称单数阴性]):

  Il-ktieb m'hux għandu.　　　　　　　　　　　　(24)

(那本书现在不在他的家里。)

Il-ħobża m'hix għandu.　　　　　　　　　　　　　　　(25)
(那只面包现在不在他的家里。)

但是领属结构的否定是把 ma……-x 放在 għand-（或类似的 kell-）加代名词后缀这个复杂成分的外围：

M'għandux ktieb/ħobża.　　　　　　　　　　　　　　(26)
(他现在没有一本书/一只面包。)

Pawlu m'għandux ktieb/ħobża.　　　　　　　　　　　(27)
(保罗现在没有一本书/一只面包。)

　　初看起来，领属结构(10)għandu ktieb 除了词序外似乎跟方位结构 il-ktieb għandu 完全对等。但较细致的考察表明这两种结构里语法关系的分布很不一样。在方位结构里，很明显有一个主语名词短语（"那本书/那只面包"），动词如是现在时为零形式，如是其他时态为跟主语名词短语一致的限定动词，方位词语包括前置词 għand 和它的宾语（或是名词短语或是代名词后缀）。在领属结构里，领有者——尽管 għandu 这个形式是方位词语形式——的句法表现像主语；这一点在它是非代名词成分并不带任何前置词位于 għand-/kell-/sa jkoll-之前时尤其明显。领属性成分(għand-/kell-/sa jkoll-)的句法表现像动词，特别因为它在否定时像动词。此外，要注意到它跟领有者有一致关系，虽然这种一致不合规律：是借助前置词宾语后缀而不是使用通常的主语一致标记：

Pawlu għandu ktieb.　　　　　　　　　　　　　　　(28)
(保罗现在有一本书。)

Marija għandha ktieb. (29)
(玛丽亚现在有一本书。)

最后，领属动词不跟受领名词短语相一致；这在将来时的情形里最为明显，作为 jkoll- 的阴性形式我们可以预期 * tkoll-，但事实上只可以有 Pawlu sa jkollu ħobża（保罗将有一只面包），不能有 * Pawlu sa tkollu ħobża。

有关马耳他语领属结构的共时材料总结如下：领有者名词短语具备几乎全部的主语特性，只有一个形态特性是例外，即它触发的是前置词宾语代名词后缀而不是动词跟主语一致的词缀；受领名词短语没有任何主语特性。这种情形正好跟方位结构相反，方位结构里方位名词短语没有主语特性，而被置者名词短语具有全部主语特性。

在古阿拉伯语里，方位结构和领属结构之间要相近得多，主要的差别是偏重的词序不同，但即使在这方面也可以论证差别是由话题–评述结构而不是由语法关系决定的。以下是方位结构：

Ɂal-kitaabu ʕindahu. (30)
(那本书现在在他的家里。)

Ɂal-xubzatu ʕindahu. (31)
(那只面包现在在他的家里。)

Ɂal-kitaabu kaana（阳性）ʕindahu. (32)
(那本书当时在他的家里。)

Ɂal-xubzatu kaanat（阴性）ʕindahu. (33)
(那只面包当时在他的家里。)

Ɂal-xubzatu kaanat ʕinda Zaydin. (34)

（那只面包当时在翟德的家里。）

以下是领属结构,或者用ʕinda(马耳他语 għand 的语源形式)或者用 li(词干 la-)(马耳他语-l 的语源形式):

ʕindahu/lahu kitaabun. (35)
（他现在有一本书。）

ʕindahu/lahu xubzatun. (36)
（他现在有一只面包。）

Kaana ʕindahu/lahu kitaabun. (37)
（他当时有一本书。）

Kaanat ʕindahu/lahu xubzatun. (38)
（他当时有一只面包。）

Kaanat ʕinda/li Zaydin xubzatun. (39)
（翟德当时有一只面包。）

（注意不带定冠词或其他限定词的名词带词尾-n;kitaabu(n)和 xubzatu(n)上的格词尾-u 是主格标记,Zaydin 上的格词尾-i(n)是属格,它是通常用于前置词宾语的格标记）。为了看清词序不是纯粹跟语法关系相互联系,注意以下说法也可以用作领属结构:

ʔal-xubzatu (kaanat) lahu/li Zaydin. (40)
（那只面包现在/当时是他的/翟德的。）

可见,在古阿拉伯语里,领属结构里领有者几乎所有的主语特性都不具备,而受领名词短语具备主语特性,特别是它触发动词一致形式(比较阳性 kaana 和阴性 kaanat)。

现在我们可以把原始阿拉伯语(推测起来在这些方面跟古阿

拉伯语一样)到马耳他语的历史发展描述如下:在领属结构方面,主语特性已在历时上从受领名词短语转移到领有者,以至最后受领名词短语没有任何主语特性,而领有者除了触发的动词一致形式外具有全部主语特性。这种发展的萌芽早已在古阿拉伯语里出现,除了(39)这种例子,古阿拉伯语还有另一种结构,其中领有者被提作话题,以主格形式出现在句首:

Zaydun kaanat ʕindahu/lahu xubzatun.　　　　(41)
(翟德当时有一只面包。)

虽然把这种话题化结构重新分析为基本结构显然可以作为当代马耳他语结构产生的根源,但须注意在(41)里还几乎没有或根本没有发生主语特性的转移:具体地说,限定动词仍然跟受领名词短语一致;此外,在古阿拉伯语里(39)的类型作为(41)的交替形式而存在,因而能让我们把(41)描述为话题化的例子,而在马耳他语里(19)—(22)没有这种交替形式。

　　对这个马耳他语例子的讨论具体说明三个问题。第一,如第5章早已讨论过的,主语这个概念不一定是绝对的,而是一个名词短语可以具有某些主语特性又缺乏另一些主语特性。第二,一种可能的(事实上也是经常的)历时演变是主语特性从一个名词短语转移到另一个名词短语,在许多情形里这种转移是逐步进行的(有些特性先于其他特性转移)而不是一下子完成的。第三,这也是最重要的一点,举例说明的这种演变,其促发因素是语法关系的倾向共性,而不是结构的形式。我们早已指明结构表面形式,即方位前置词加上它的宾语,使人对以后一些历时阶段产生误解,也就是说重新作出的一种分析违反结构的形式。还须注意,在领属结构里,领有者通常有很高的生命度,而受领名词短语一般生命度较低。由于高生命度和话题身份之间以及话题身份和主语身份之间都互相联系,这就为主语特性有指望通过话题化转移到生命度较高的名词短语(即领有者)提供了基础。可见,这种具体的历史发展在很大程度上已从各名词短语的语法关系、语用角色和固有语义特征之间相互联系的共性得到解释,同时也为这种共性提供相应的证据。

最后,应当指出,本节的材料也提供了一个进行句法重构的可行办法。如果我们根据对一些历时演变例子的经验研究作出预测,认为某个共时现象的产生都是历时演变的结果,那么,当我们碰到一种语言中的某个共时现象没有历时或比较证据的时候,我们同样也可以推测该语言的这种共时状态是由同样的历时过程演变而来的,即我们可以在语言内部重构一个可能的早期历史阶段。因此,即使没有早期阿拉伯语和同时期其他阿拉伯语方言的材料,其他语言中"话题-主语移位"(在其他结构里的领属谓语结构中)也可以让我们对马耳他语中领属谓语结构的共时特异性质作出历时解释。

注释和参考文献

用丰富的实例对语言接触最全面的论述是 Weinreich(1953)。新近的研究参看 Thomason & Kaufman(1988)。比较集中的介绍是 Bynon(1978,第 6 章),该书特别跟本章的讨论有关。

有关巴尔干语群的权威论著是 Sandfeld(1930) 和 Schaller(1975);Joseph(1983)讨论了诸巴尔干语不定式消失的可能根源,

但仍然没有得出确定的解决办法。对季埃兹语和阿姆哈拉语的词序作对比的是 Titov(1959：177—9)。马阿语（姆布古语）在 Thomason(1983)一文有讨论。语言接触的蕴含共性 Moravcsik(1978a)有过讨论。关于对其他语言学领域的讨论，参看 Campbell 等人(1986)和 Masica(1976)。

Lehmann 构拟原始印欧语词序的路子可参看 Lehmann(1974)。文中提到的批评见 Friedrich(1975)和 Watkins(1976)。关于 Vennemann 的立场，参看 Vennemann(1974)；对该文的批评参看 Hawkins(1983：第 5—6 章)。（最近，Vennemann 1984 提出，一致的操作符-操作域和一致的操作域-操作符应看作是世界语言中的理想类型，但并不意味着它们在世界语言中出现的频率更高；这也就意味着它们没有向正在经历历时演变的语言靠拢的基础。）诸尼日尔-刚果语言的词序 Hyman(1975)有讨论。词序演变的各种问题和研究词序演变的各种方法参看 Li(1975)主编的论文集。

Givón 根据语素顺序构拟词序的观点，特别跟主语一致关系有关，见于 Givón(1976)；对该文的批评，参看 Comrie(1980)。对早期罗曼语里附着代名词的位置所作的详细考查，参看 Wanner(1987—)(2 卷本)。

对获得主语身份的基本而全面的讨论见 Cole 等人(1980)。对马耳他语材料的进一步讨论，参看 Comrie(1982c,1986)。

11 结论和前景

　　我已在本书试图具体说明一种研究语言共性的方法所取得的某些成果,这种方法利用一系列广泛语言的材料,并尝试把语言形式上的共同特性同语言在环境中的功能特性联系起来。为了充分说明这一点,我将重提几个比较显要的观点,然后讨论这种研究语言共性的特定方法存在的一些问题和前景。

　　有几个方面表明,英语在世界语言的整体中或者是一种非典型的语言,或者只是代表许多种类型中的一种类型,因此任何主要局限于分析英语并以此作为发现语言共性的依据的做法将有同这些因素相抵触的危险。例如,英语是一种词序由语法关系决定并相当固定的语言,此外,它的许多句法变换可以用线性词序的变化来描写(不管这是不是描写它们的最好方式)。然而其他语言,如我们在3.5节所看到的,并不符合这种类型,因此简单地搬用一种处理英语句法相当好的模式往往只是造成对其他那些语言句法性质的歪曲。在2.4节提到的核心标记和从属语标记类型中,英语几乎完全是从属语标记类型的,因此有些理论下的语法描写把从属语标记定为标准,以致有些核心标记类型语言被认为是从属语标记类型的变式(即动词上的核心标记被看作是和显性名词短语论元一致,而在适当的情形下,名词短语论元被删略了)。但是,仍然没有实际的理由认为核心标记类型就要比从属语标记类型少见——前者其实比后者在世界语言中更常见。一种普遍适用的句法理论——我并不否认这种理论的可能性和可取性——必须有充分的变通余地来容纳不同的句法类型,而不是把一种类型强塞进某种其他类型的模子。

我们还能发现一些更显而易见的例子。在英语里,人称和数的组合在规则动词(还有几乎所有不规则动词)现在时里唯一有的独特屈折形式是第三人称单数形式(-s),这就可能诱使人仅仅根据英语的材料作出结论,认为第三人称单数是人称和数最特殊的组合形式。然而对较为广泛的语言进行考查后表明英语在这方面是多么缺乏代表性:有动词一致形式的大多数语言表明第三人称单数是最不特殊的组合形式,而英语里发现的情形必须判定为一种历史偶然事件。英语非典型性的另一个例子,如第 9 章曾经指出的,是第二人称代名词 you(你[们])没有数的区别,而所有其他代名词和几乎所有其他名词短语却都有这种区别。如果我们的注意力只集中于英语,我们也许会也许不会认为这是一种有意义的现象。然而对一系列语言的考察表明它显然没有意义,实际上,个别语言中一种个别的孤立现象违反除此之外代名词比非代名词的名词短语更常见数的标记这一普遍倾向,那是毫不足怪的。(事实上,甚至对非标准英语的简介也揭示出各种不同的尝试,试图创造复数第二人称代名词的独特形式,例如 you-all(你们),youse(你们),甚至还有 unu(你们),它是克里奥耳牙买加语里来自伊博语的借词。)

从环境中使用的语言寻找对语言共性的解释,其重要性可以通过这样的考察看出:在有些例子里,从形式观点出发,两种分布似乎有同等的可能性,但从语言环境的观点出发只有一种分布似有可能,而我们实际发现的恰恰就是这种分布。例如,在 6.2 节,我们曾指出许多语言有一个特殊宾格,但只用于定指的和/或有生命的 P,所有其他的 P 都持和 A 或 S 相同的格。从形式观点看,如果要书写一条规则,使一个不同于 A 或 S 的格的特殊宾格只分配给无定的和/或无生命的 P,那完全是同样容易的,然而事实上我们不知道有任何语言只有后一条规则而排除前一条规则,而且只有极少的语言除了前一条规则还有后一条规则。第 6 章提出的解释准确地预测我们理应会发现较常见的分布方式。同样,在 5.4 节提出的对主格-宾格型和作格-通格型句法分布的语用解释也表明,删略受使者的命令句理应强烈倾向于主格-宾格型句法,而结果结构理应倾向于作格-通格型句法。这种分布也已由跨语言的材料分布所证实,然而从纯形式的观点看,为一种句法变换书写一条依据作格-通格型句法的规则就跟为另外一种句法变换书写一条这样的规则一样容易。

虽然我相信这种研究语言共性的方法所取得的成果已经不言而喻,这种方法也还存在一些内在的问题。诚然,关心语言共性的语言学家,当他在处理一系列广泛语言的材料时,必须尊重其中每一种语言的材料,保证它们的确事实上提供他断言它们提供的证据,而不是强使材料迁就他希望证实的特定概括。虽然这种关心语言共性和关心个别语言的语言学家之间的相互联系加强了共性研究者的责任,但我认为它也同样加强了那些主要关心一种或几种个别语言描写的语言学家的责任。当一个语言学家出版一部某种语言的语法专著时,他是在公布那种语言的结构。这句话可能看来是老生常谈,但我们确实十分经常地发现有些语言的语法的目的与其说是让语言的材料可供一般和广泛的语言工作者使用,不如说是试图使语言在局外人看来显得尽量神秘和费解。对语言学的研究,不管是哪个分支或哪种理论主张,如果要想使语言学成为对作为一般现象的语言进行的统一研究并取得任何进展的话,那就需要对语言作可靠的描写,而且实际上要对一系列广泛的语言作可靠的描写。

在我最后的说明中,我会指出用作本书数据库的材料也许不合理地受到限制的一些方面,还会指出可能最终纳入这种讨论的其他材料的一些方面。

本书的讨论所关注的全部是口语(即使以书面形式出现),而且是成人所说的语言,是成人在儿童时期已作为本族语习得和掌握的语言。然而除这种语言以外的其他语言的材料可能使我们获得对语言共性和类型的光从成人本族口语研究无法获得的见解。无论已证实语言的材料多么丰富,也有可能会因为统计上的原因而有所偏差,比如诸印欧语言过去和现在的社会重要性以及对世界其他地方语言的影响力(导致取代);如果我们记住这一点,那么上面的问题就尤其明显。

在探寻对口语共性的解释时,可能产生的一个明显问题是按照口语利用的传递媒介能够对这些共性作出解释的范围。例如,很显然语音结构的许多共性取决于或借助于人类声道的结构、语音的物理性质和人类听觉的性质。可以想象,口语的某些其他共性也可能转而跟传递媒介的特性相联系,而不一定跟较抽象层次上的人类语言本能相联系。幸好我们在这方面确实有一个比较的标准,即各种身势语,它们利用截然不同的传递媒介。而且至少有某些看来确实的证据表明传递媒介的差别可以制约口语和身势语特别是口语和"美国手语"之间的某些结构差异:一个这方面的例子是在名词短语之间建立的同指关系（回指关系）（参看 Friedman 1976）。在"美国手语"里，如果在整个手势空间内的某个位置作出一个跟某个名词短语相关的手势，那么它和在这同一位置、朝向或偏离这个位置作出的另外某个手势建立同指关系。举例来说，要表达 Bill（比尔）执行某一动作，可以在先前作出 Bill 手势的同一位置作出表示那个动作的手势。从原则上讲——在实践中这种可能性是否被充分利用还无定论——这容许对不定数目的实体按它们的回指关系掌握它们的踪迹，所受的限制只在于记忆和辨别手势空间内的不同位置方面。这跟口语通常用一组有限的代名词跟踪回指关系的手段十分不一样。

第 10 章已经指出，通过对语言周期性变化的研究，特别是对那些自发的变化而不是由于地域接触而发生的变化的研究，能为我们了解语言的一般性质提供一个窗口。比如，在第 6 章中，我们看到有许多语言首先由生命度较高的名词短语获得或失去动词一致关系或宾格标记，这跟在许多语言的共时研究的基础上作出的预测是一致的；更为重要的是，这发生在许多并没有语言地域接触的情形下。同样，在 10.4 节的讨论中，主语特性历时上是从话题获得，这在许多不同情形下也表现出惊人的一致。

我们可以研究自发变化的另一个方面是儿童语言，但这里需要谨慎一点。特别是如果有人假设（从经验研究上看是合理的）儿童在习得母语的过程中经历了许多成长阶段，那么第一语言习得的一些特性可能反映了在后来丢失的不同成长阶段的特点，即没有形成成人语言潜能的一部分。但是，第一语言习得研究仍然能够很好地提示我们哪些可能的共性和成人语言研究有关。跟生成语言学家把天赋作为非偶然共性的解释不同，这里要注意两点：需要直接考察儿童语言在哪些方面跟成人语言不同,需要对第一语言习得的结果小心加以解释。有关第一语言习得的跨语言研究参看 Slobin(1985)。

同样,我们还可以研究第二语言的习得,观察是否有任何共性在这种习得过程中得到反映,这特别适合于本族语或目的语缺乏直接证据证明那些共性的情形。例如,最近对作为第二语言的英语里关系小句的习得的研究表明,学生的习得顺序遵循 7.3 节描述的等级,尽管英语自身没有提供这种可及性等级的证据(英语允许等级上所有的位置关系小句化),甚至在有些情形里本族语也不能提供有关的证据(参看 Gass 1980)。有关语言共性研究和第二语言习得之间的一般关联,Rutherford(1984)作了进一步的探索。

初始形成的语言中最后一种是形成中的洋泾浜语和克里奥耳语。至少在其最初阶段,洋泾浜语是一种辅助交际手段,特别是由于操互不相通语言的人为了形成一个单一、独立的社区而形成的。大家熟知的南太平洋洋泾浜语的例子,最初形成于来自不同岛屿的种植园契约劳工之中,但洋泾浜也一定在加勒比语的发展过程中存在过,因为那里曾经有过许多操互不相通的非洲语言的奴隶。洋泾浜语的一个特点是它在早期很不稳定:不同的说话人根据其母语而使用不同的结构,因此从定义上讲,洋泾浜语没有规范的语法;同时洋泾浜语还没有以它为母语的人。洋泾浜语的一个可能发展是变稳定,如巴布亚新几内亚的托克皮辛语:它(直到最近)仍然是没有人以它为母语的语言,但它在语法结构上已经稳定;在这里我们不关心这方面的发展。我们关心的发展是,当一种不稳定的洋泾浜语成了第一语言输入,在这种不稳定输入的基础上,社区中的下一代就形成了一种稳定的第一语言;当一种洋泾浜语发展为一种第一语言后,它就被称作克里奥耳语,例如诸克里奥耳加勒比语中的克里奥耳牙买加语。(托克皮辛语也正在克里奥耳化,但由于它的结构已经稳定了,这种发展和这里关心的方面不相干。) Bickerton(1981)坚持认为这是语言共性的一个重要窗口,如果同样的结构在世界各地克里奥耳语里频繁地出现,而且这与那些创制并操(发展为克里奥耳语之前的)洋泾浜语的人的母语的结构无关,那么情况更是如此。但是,这种观点很有争议,有的学者认为克里奥耳语的特性确实来自最初讲洋泾浜语的人的母语(所谓"底层"理论),所以在评价这一方面的主张时必须十分小心;可参看 Muysken & Smith(1986)。然而,如果所有的或大多数克里奥耳语可以建立一些特性且这些特性不能用"底层"现象来解释,那么这就会给我们对语言共性研究提供另一个材料的来源。

总而言之,本书提倡的研究语言共性和语言类型的方法是令人振奋的,这不仅是因为这种方法提供了有关语言结构规律的丰富信息,而且还因为它与一些其他学科,特别是与那些研究语言结构作用环境的学科之间的合作有广泛的意义。

参考文献

ALLEN, Barbara J. & FRANTZ, Donald G. 1983: Advancements and verb agreement in Southern Tiwa. In Perlmutter (1983), 303—14.

ALTMANN, Gabriel & LEHFELDT, Werner 1973: *Allgemeine Sprachtypologie*. Uni-Taschenbücher 250. Munich: Wilhelm Fink.

Arbeiten des Kölner Universalien-Projekts (*AKUP*). Cologne: Institut für Sprachwissenschaft der Universität Köln.

BABBY, Leonard H. 1980: The syntax of surface case marking. *Cornell Working Papers in Linguistics* I (Department of Modern Languages and Linguistics, Cornell University) 1—32.

BACH, Emmon 1965: On some recurrent types of transformations. In Kreidler, Charles W., editor, *Georgetown University Monograph Series on Languages and Linguistics* 18 (Washington, D. C.: Georgetown University Press) 3—18.

BAKER, Mark C. 1988: *Incorporation: a theory of grammatical function changing*. Chicago: University of Chicago Press.

BELL, Alan 1978: Language samples. In Greenberg et al. (1978), 1, 123—56.

BERLIN, Brent & KAY, Paul 1969: *Basic color terms: their universality and evolution*. Berkeley: University of California Press.

BICKERTON, Derek 1981: *Roots of Language*. Ann Arbor, MI: Karoma Publishers.

BIRD, Charles 1968: Relative clauses in Bambara. *Journal of West African Languages* 5, 35—47.

BLAKE, Barry J. 1977: *Case marking in Australian languages*. Linguistic Series 23. Canberra: Australian Institute of Aboriginal Studies.

BLAKE, Barry 1986: *Australian Aboriginal grammar*. London: Croom

Helm.

BLAKE, Barry Forthcoming: *A guide to relational grammar*. London: Croom Helm.

BROWNE, Wayles 1974: On the problem of enclitic placement in Serbo-Croatian. In Brecht, Richard D. & Chvany, Catherine V., editors, *Slavic transformational syntax*. Michigan Slavic Materials 10 (Ann Arbor: Department of Slavic Languages and Literatures of the University of Michigan) 36—52.

BUTTERWORTH, Brain, COMRIE, Bernard, & DAHL, Östen editors 1984: *Explanations for language universals*. Berlin: Mouton. (Linguistics 21).

BYBEE, John 1985: *Morphology: a study of the relation between meaning and form*. Typological Studies in Language 9. Amsterdam: John Benjamins.

BYNON, Theodora 1978: *Historical linguistics*, corrected edition. Cambridge Textbooks in Linguistics. Cambridge: Cambridge University Press.

CAMPBELL, Lyle, KAUFMAN, Terrence & SMITH-STARK, Thomas 1986: Meso-America as a linguistic area. *Language* 62, 530—70.

CHAFE, Wallace L. 1976: Giveness, constrastiveness, definiteness, subjects, topics, and point of view. In Li (1976) 25—55.

CHOMSKY, Noam 1965: *Aspects of the theory of syntax*. Cambridge, Mass.: MIT Press.

CHOMSKY, Noam 1981: *Lectures on government and binding: the Pisa Lectures*. Studies in the Generative Grammar 9. Dordrecht: Foris Publications.

CHOMSKY, Noam & HAMPSHIRE, Stuart 1968: Noam Chomsky and Stuart Hampshire discuss the study of language. *The Listener* (London: British Broadcasting Corporation) 79, no. 2044 (30 May 1968) 687—91.

COLE, Peter 1976: An apparent asymmetry in the formation of relative clauses in Modern Hebrew. In Cole, Peter, editor, *Studies in modern Hebrew syntax and semantics*. North-Holland Linguistics Series 32. (Amsterdam: North-Holland) 231—47.

COLE, Peter 1982: *Imbabura Quechua*. Lingua Descriptive Studies 4. Amsterdam: North-Holland.

COLE, Peter, HARBERT, Wayne, HERMON, Gabriella, & SRIDHAR, S. N.

1980: The acquisition of subjecthood. *Language* 56, 719—43.
COLE, Peter & SADOCK, Jerrold M., editors 1977: *Grammatical relations. Syntax and Semantics* 8. New York: Academic Press.
COLE, Peter & SRIDHAR, S. N. 1977: Clause union and relational grammar: evidence from Hebrew and Kannada. *Linguistic Inquiry* 8, 700—13.
COMRIE, Bernard 1975: Causatives and universal grammar. *Transactions of the Philological Society 1974* (Oxford: Basil Blackwell) 1—32.
COMRIE, Bernard 1976: The syntax of causative constructions: cross-language similarities and divergences. In Shibatani (1976a) 261—312.
COMRIE, Bernard 1977a: In defense of spontaneous demotion: the impersonal passive. In Cole & Sadock (1977) 47—58.
COMRIE, Bernard 1977b: Subjects and direct objects in Uralic languages: a functional explanation of case-marking systems. *Études Finno-Ougriennes* 12 (Budapest: Akadémiai Kiadó) 5—17.
COMRIE, Bernard 1978a: Definite direct objects and referent indentification. *Pragmatics Microfiche* (Oxford: Basil Blackwell) 3. 1. D3.
COMRIE, Bernard 1978b: Ergativity. In Lehmann (1978b) 329—94.
COMRIE, Bernard 1978c: Genitive-accusatives in Slavic: the rules and their motivation. In Comrie, Bernard, editor, *Classification of grammatical categories. International Review of Slavic Linguistics* 3. 1-2 (Edmonton, Alberta: Linguistic Research) 27—42.
COMRIE, Bernard 1978d: Linguistics is about languages. In Kachru, Braj B., editor, *Linguistics in the seventies: directions and prospects. Studies in the Linguistic Sciences*, Special issue (Urbana, Ill.: Department of Linguistics, University of Illinois) 221—36.
COMRIE, Bernard 1978e: Review of Dixon (1977). *Lingua* 46, 281—93.
COMRIE, Bernard 1979a: The animacy hierarchy in Chukchee. In Clyne, Paul R., Hanks, William F., & Hofbauer, Carol L., editors, *The elements: a parasession on linguistic units and levels, including papers from the Conference on Non-Slavic Languages of the USSR* (Chicago: Chicago Linguistic Society) 322—9.
COMRIE, Bernard 1979b: Definite and animate direct objects: a natural class. *Linguistica Silesiana* 3 (Katowice: University of Silesia) 13—21.
COMRIE, Bernard 1979c: Degrees of ergativity: some Chukchee evidence. In

Plank (1979) 219—40.

COMRIE,Bernard 1979d:Russian. In Shopen (1979b) 91—151.

COMRIE, Bernard 1980: Morphology and word order reconstruction: problems and prospects. In Fisiak,Jacek,editor,*Historical morphology*. Trends in Linguistics,Studies and Monographs 17 (The Hauge:Mouton) 83—96.

COMRIE,Bernard 1981a:Aspect and voice:some reflections on perfect and passive. In Tedeschi, Philip J. & Zaenen, Annie, editors, *Tense and aspect*. Syntax and Semantics 14 (New York:Academic Press) 65—78.

COMRIE,Bernard 1981b: Ergativity and grammatical relations in Kalaw Lagaw Ya (Saibai dialect). *Australian Journal of Linguistics* 1,1—42.

COMRIE,Bernard 1982a:Grammatical relations in Huchol. In Hopper,Paul J. & Thompson,Sandra A. ,editors,*Studies in transitivity*. Syntax and Semantics 15 (New York:Academic Press) 95—115.

COMRIE,Bernard 1982b: On the morphological typology of Balto-Finnic: a reassessment. *Etudes Finno-Ougriennes* 15:91-9 (Budapest: Akadémiai Kiadó).

COMRIE, Bernard 1982c: Syntactic-morphological discrepancies in Maltese sentence structure. *Communication and Congition* 15,281—306.

COMRIE, Bernard 1984: Form and function in explaining language universals. In Butterworth *et al*. (1984) 87—103.

COMRIE,Bernard 1985: Causative verb formation and other verb-deriving morphology. In Shopen (1985),III,309—48.

COMRIE, Bernard 1986a:Contrastive linguistics and language typology. In Kastovsky,Dieter & Szwedek, Aleksander, editors, *Linguistics across historical and geographical boundaries*. Vol. 2:*Descriptive ,contrastive and applied linguistics* (Berlin:Mouton de Gruyter),1155—63.

COMRIE, Bernard 1986b: The possessive predicate in North African vernacular Arabic, in Fishman, Joshua A. *et al*., editors, *The Fergusonian impact* ,Vol. 1:*From phonology to society* (Berlin:Mouton de Gruyter),197—210.

COMRIE,Bernard 1986c:Review of Perlmutter (1983) and Perlmutter & Rosen (1984). *Linguistics* 24,773—89.

COMRIE, Bernard Forthcoming: Partial and holistic typologies. In

Proceedings of the XIV International Congress of Linguists. Berlin (GDR):Akademie-Verlag.

COMRIE, Bernard & SMITH, Norval 1977: Lingua Descriptive Series: questionnaire. *Lingua* 42,1—72.

CONKLIN, H. C. 1955: Hanunóo color categories. *Southwestern Journal of Anthropology* 11,339—44.

CORBETT, G. G. 1978: Numerous squishes and squishy numerals in Slavonic. In Comrie, Bernard, editor, *Classification of grammatical categories. International Review of Slavic Linguistics* 3. 1-2 (Edmonton, Alberta:Linguistic Reserch) 43—73.

DELANCEY, Scott 1981: An interpretation of split ergativity and related patterns. *Language* 57,626—57.

DERBYSHIRE, Desmond C. 1977: Word order universals and the existence of OVS languages. *Linguistic Inquiry* 8,590—9.

DERBYSHIRE, Desmond C. 1979: *Hixkaryana*. Lingua Descriptive Studies 1. Amsterdam:North-Holland.

DERBYSHIRE, Desmond C. 1985: *Hixkaryana and linguistic typology*. Dallas,TX:Summer Institute of Linguistics.

DERBYSHIRE, Desmond C. & PULLUM, Geoffrey K. 1981: Object initial languages. *International Journal of American Linguistics* 47, 192—214.

DE RIJK, Rudolf P. G. 1972: Relative clauses in Basque: a guided tour. In Peranteau *et al*. (1972) 115—35.

DIXON, R. M. W. 1972: *The Dyirbal language of North Queensland*. Cambridge Studies in Linguistics 9. Cambridge:Cambridge University Press.

DIXON, R. M. W. 1977: *A grammar of Yidiny*. Cambridge Studies in Linguistics 19. Cambridge:Cambridge University Press.

DIXON, R. M. W. 1979:Ergativity. *Language* 55,59—138.

DIXON, R. M. W. 1980: *The languages of Australia*. Cambridge Language Surveys. Cambridge:Cambridge University Press.

DIXON, R. M. W. editor 1987: *Studies in ergativity*. Amsterdam: North-Holland. (*Lingua* 71).

DRYER, Matthew S. 1986:Primary objects,secondary objects,and antidative.

Language 62,808—45.

DRYER, Matthew S. 1988: Object-verb order and adjective-noun order: dispelling a myth. In Hawkins & Holmback (1988),pp. 185—217.

DRYER, Matthew S. MS: Large linguistic areas and language sampling (Presented at Symposium on Language Sampling, Annual Meeting of the Linguistic Society of American, December 1987, San Fransicso.)

DU DOIS, John W. 1987: The discourse basis of ergativity. *Language* 63, 805—55.

FILLMORE, Charles J. 1968: The case for case. In Bach, Emmon & Harms, Robert T. , editors, *Universals in linguistic theory* (New York: Holt, Rinehart & Winston) 1—88.

FOLEY, William A. & VAN VALIN, Robert D. Jr. 1984: *Functional syntax and universal grammar*. Cambridge Studies in Linguistics 38. Cambridge: Cambridge University Press.

FRIEDMAN, Lynn A. 1976: The manifestation of subject, object, and topic in American Sign Language. In Li (1976) 125—48.

FRIEDRICH, Paul 1975: *Proto-Indo-European syntax: the order of meaningful elements*. *Journal of Indo-European Studies*, Monograph 1. Butte, Montana: Montana College of Mineral Science and Technology.

FRISHBERG, Nancy 1972: Navaho object markers and the great chain of being. In Kimball, John P. , editor, *Syntax and Semantics* 1 (New York: Seminar Press) 259—66.

GARY, Judith Olmsted & KEENAN, Edward L. 1977: On collaspsing grammatical relations in universal grammar. In Cole & Sadock (1977) 83—120.

GASS, S. 1980: An investigation of syntactic transfer in adult second language learners. In Scarcella, Robin C. & Krashen, Stephen D. , editors, *Research in second language acquisition: selected papers of the Los Angeles Second Language Acquisition Research Forum*. Series on Issues in Second Language Research (Rowley, Mass. : Newbury House) 132—41.

GIVÓN, Talmy 1975a: Promotion, accessibility and case-marking: toward understanding grammars. *Working Papers on Language Universals* 19, 55—125.

GIVÓN, Talmy 1975b: Serial verbs and syntactic change: Niger-Congo. In Li

(1975) 47—112.

GIVÓN, Talmy 1976: Topic, pronoun, and grammatical agreement. In Li (1976) 149—88.

GIVÓN, Talmy 1984: *Syntax: a functional-typological introduction* (to be in two volumes). Amsterdam:John Benjamins.

GOODWIN, William W. 1894: *A Greek grammar*, new edition. London: Macmillan.

GORBET, Larry Paul 1976: *A grammar of Diegueño nominals*. Garland Studies in American Indian Linguistics. New York:Garland Publishing.

GREENBERG,Joseph H. 1960: A quantitative approach to the morphological typology of language. *International Journal of American Linguistics* 26,178—94.

GREENBERG,Joseph H. 1966a:*Language universals, with special reference to feature hierarchies*. Janua Linguarum, Series Minor 59. The Hague: Mouton.

GREENBERG, Joseph H. 1966b: Some universal grammar with special reference to the order of meaningful elements. In Greenberg (1966c) 73—113.

GREENBERG, Joseph H., editor 1966c: *Universals of language*, second edition. Cambridge, Mass. :MIT Press.

GREENBERG, Joseph H. 1974: *Language typology: a historical and analytic overview*. Janua Linguarum, Series Minor 184. The Hague: Mouton.

GREENBERG, Joseph H., FERGUSON, Charles A., & MORAVCSIK, Edith A., editors 1978:*Universal of human language*, 4 volumes: 1, *Method and theory*, 2, *Phonology*, 3, *Word structure*, 4, *Syntax*. Stanford,Calif. :Stanford University Press.

GRIMES, Barbara, editor 1988: *Ethnologue* (eleventh edition). Dallas: Wycliffe Bible Associates.

HAIMAN,John 1979: Hua: a Papuan language of New Guinea. In Shopen (1979b) 35—89.

HAIMAN,John 1990: *Hua:a Papuan language of the Eastern Highlands of New Guinea*. Studies in Language Companion Series 5. Amsterdam: John Benjamins.

HALE, Kenneth 1976: The adjoined relative clause in Australia. In Dixon, R. M. W., editor, *Grammatical categories in Australian languages*. Linguistics Series 22 (Canberra: Australian Institute of Aboriginal Studies) 78—105.

HAWKINS, John A. 1979: Implicational universals as predictors of word order change. *Language* 55, 618—48.

HAWKINS, John A. 1980: On implicational and distributional universals of word order. *Journal of Linguistics* 16, 193—235.

HAWKINS, John A. 1983: *Word order universals*. Quantitative Analysis of Linguistic Structure. New York: Academic Press.

HAWKINS, John A. 1986: *A comparative typology of English and German: unifying the contrasts*. London: Croom Helm & Austin: University of Texas Press.

HAWKINS, John A., editor 1988: *Explaining language universals*. Oxford: Basil Blackwell.

HAWKINS, John A. Forthcoming: *A processing theory of word order universals*. Cambridge: Cambridge University Press.

HAWKINS, John A. & GILLIGAN, Gary 1988: Prefixing and suffixing universals in relation to basic word order. In Hawkins & Holmback (1988) 219—59.

HAWKINS, John A. & HOLMBACK, Heather, editors 1988: *Papers in universal grammar: generative and typological approaches*. Amsterdam: North-Holland. (*Lingua* 74, 2/3).

HAWKINSON, Annie K. & HYMAN, Larry M. 1974: Hierarchies of natural topic in Shona. *Studies in African Linguistics* 5, 147—70.

HEATH, Jeffrey. 1976: Substantival hierarchies: addendum to Silverstein. In Dixon, R. M. W., editor, *Grammatical categories in Australian languages*. Linguistic Series 22 (Canberra: Australian Institute of Aboriginal Studies) 172—90.

HEATH, Jeffrey 1980: Review of Plank (1979). *Linguistics* 18, 877—910.

HETZRON, Robert. 1976: On the Hungarian causative verb and its syntax. In Shibatani (1976a) 371—98.

HINDS, John, MAYNARD, Senko K. & IWASAKI, Shoichi, editors 1986: *Perspectives on topicalization: the case of Japanese 'wa'*. Typological

Studies in Language 14. Amsterdam: John Benjamins.

HOCKETT, Charles F. 1955: *A manual of phonology*. Indiana University Publications in Anthropology and Linguistics, Memoir 11. Bloomington: Indiana University. (Reprinted 1974, University of Chicago Press.)

HOCKETT, Charles F. 1966: The problem of universals in language. In Greenberg (1966c) 1—29.

HOLISKY, Dee Ann 1987: The case of the intransitive subject in Tsova-Tush (Batsbi). InDixon (1987) 103—32.

HOPPER, Paul J. & THOMPSON, Sandra A. 1980: Transitivity in grammar and discourse. *Language* 56,251—99.

HORVATH, Julia 1986: *Focus in the theory of grammar and the syntax of Hungarian*. Studies in Generative Grammar 24. Dordrecht: Foris Publications.

HUMBOLDT, Wilhelm von 1836: *Über die Verschiedenheit des menschlichen Sprachbaues und ihren Einfluss auf die geistige Entwickelung des Menschengeschlechts*. Berlin: Königliche Akademie der Wissenschaften.

HYMAN, Larry M. 1975: On the change from SOV to SVO: evidence from Niger-Congo. In Li (1975) 113—47.

HYMAN, Larry M. & SCHUH, Russell G. 1974: Universals of tone rules: evidence from West Africa. *Linguistic Inquiry* 5,81—115.

JACOBSON, Steven A. 1977: A grammar sketch of Siberian Yupik Eskimo. Fairbanks: Alaska Native Language Center, University of Alaska.

JAKOBSON, Roman, FANT, C. Gunnar M., HALLE, Morris 1973: *Preliminaries to speech analysis: the distinctive features and their correlates*. Cambridge, Mass.: MIT Press.

JOHNSON, David E. 1974: On the role of grammatical relations in linguistic theory. *Papers from the Tenth Regional Meeting*, *Chicago Linguistic Society* 269—83.

JOHNSON, David E. 1977a: On Keenan's definition of 'subject-of'. *Linguistic Inquiry* 8,673—92.

JOSEPH, Brian 1983: *The synchrony and diachrony of the Balkan infinitive*. Cambridge Studies in Linguistics, Supplementary volume. Cambridge: Cambridge University Press.

KAY, Paul & MCDANIEL, Chad K. 1978: The linguistic significance of the meanings of basic color terms. *Language* 54,610—46.

KEENAN,Edward L. 1975:Logical expressive power and syntactic variation in natural language. In Keenan,Edward L. ,editor,*Formal semantics of natural language* (Cambridge:Cambridge University Press) 406—21.

KEENAN,Edward L. 1976a:Remarkable subjects in Malagasy. In Li (1976) 247—301.

KEENAN,Edward L. 1976b:Towards a universal definition of subject. In Li (1976) 303—33.

KEENAN, Edward L. 1978:Language variation and the logical structure of universal grammar. In Seiler,Hansjakob, editor, *Language universals*. Tübinger Beiträge zur Linguistik 111 (Tübingen:Gunter Narr) 89—123.

KEENAN,Edward L. 1984:Semantic correlations of the ergative/absolutive distinction. *Linguistics* 22,197—223.

KEENAN,Edward L. & COMRIE,Bernard 1977:Noun phrase accessibility and universal grammar. *Linguistic Inquiry* 8,63—99.

KEENAN,Edward L. & COMRIE,Bernard 1979:Data on the noun phrase accessibility hierarchy. *Language* 55,331—51.

KEPPING,K. B. 1979:Elements of ergativity and nominativity in Tangut. In Plank (1979) 263—77.

KIEFER,Ferenc 1967:*On emphasis and word order in Hungarian*. Indiana University Publications, Uralic and Altaic Series 76. Bloomington: Indiana University.

KISS,Katalin É. 1981:Structural relations in Hungarian,a 'free' word order language. *Linguistic Inquiry* 12,185—213.

KUNO,Susumu 1972: Functional sentence perspective: a case study from Japanese and English. *Linguistic Inquiry* 3,269—320.

KUNO, Susumu 1974: The position of relative clause and conjunctions. *Linguistic Inquiry* 5,117—36.

LAMBTON,A. K. S. 1957:*Persian grammar*,corrected edition. Cambridge: Cambridge University Press.

LEHMANN,Christian 1984:*Der Relativsatz:Typologie seiner Strukturen, Theorie seiner Funktionen,Kompendium seiner Grammatik*. Language Universals Series 3. Tübingen:Gunter Narr Verlag.

LEHMANN,Winfred P. 1973:A structural principle of language and its implications. *Language* 49,47—66.

LEHMANN, Winfred P. 1974: *Proto-Indo-European syntax*. Austin: University of Texas Press.

LEHMANN, Winfred P. 1978a: Conclusion: toward an understanding of the profound unity underlying languages. In Lehmann (1978b) 395—432.

LEHMANN, Winfred P., editor 1978b: *Syntactic typology: studies in the phenomenology of language*. Austin: University of Texas Press.

LESOURD, Philip 1976: Verb agreement in Fox. In Hankamer, Jorge & Aissen, Judith, editors, *Harvard studies in syntax and semantics* 2 (Cambridge, Mass.: Department of Linguistics, Harvard University) 445—528.

LI, Charles N., editor 1975: *Word order and word order change*. Austin: University of Texas Press.

LI, Charles N., editor 1976: *Subject and topic*. New York: Academic Press.

LYONS, John 1977: *Semantics*, 2 volumes. Cambridge: Cambridge University Press.

MCCAWLEY, James D. 1978: Language universals in linguistic argumentation. In Kachru, Braj B., editor, *Linguistic in the seventies: directions and prospects. Studies in the Linguistic Sciences*, Special issue (Urbana Ill.: Department of Linguistics, University of Illinois) 205—19.

MALLINSON, Graham & BLAKE, Barry J. 1981: *Language typology: cross-linguistic studies in syntax*. North-Holland Linguistics Series 46. Amsterdam: North-Holland.

MASICA, Colin P. 1976: *Defining a linguistic area: South Asia*. Chicago: University of Chicago Press.

MAXWELL, Daniel N. 1979: Strategies of relativization and NP accessibility. *Language* 55:352—71.

MORAVCSIK, Edith A. 1978a: Language contact. In Greenberg *et al.* (1978) 1,93—122.

MORAVCSIK, Edith A. 1978b: On the distribution of ergative and accusative patterns. *Lingua* 45,233—79.

MUNRO, Pamela 1976: *Mojave syntax*. Garland Studies in American Indian Linguistics. New York: Garland Publishing.

MUNRO, Pamela & GORDON, Lynn 1982: Syntactic relations in Western Muskogean. *Language* 58, 81—115.

MUYSKEN, Pieter & SMITH, Norval editors 1986: *Substrata versus universals in Creole genesis: Papers from the Amsterdam Creole Workshop, April* 1985. Creole Language Library 1. Amsterdam: John Benjamins.

NEDJALKOV, V. P. 1979: Degrees of ergativity in Chukchee. In Plank (1979) 241—62.

NEDJALKOV, V. P. editor 1988: *Typology of resultative constructions*. Typological Studies in Language 12. Amsterdam: John Benjamins. (Russian original: *Tipologija rezul' tativnyx konstrukcij*. Leningrad, 1983: 'Nauka'.)

NEDJALKOV, V. P., OTAINA, G. A., & XOLODOVIČ, A. A. 1969: Morfologičeskij i leksičeskij kauzativy v nivxskom jazyke. In Xolodovič (1969) 179—99.

NEDJALKOV, V. P., OTAINA, G. A., & XOLODOVIČ, A. A. 1974: Diatezy i zalogi v nivxskom jazyke. In Xolodovič (1974) 232—51.

NEDJALKOV, V. P. & SIL' NICKIJ, G. G. 1969a: Tipologija kauzativnyx konstrukcij. In Xolodovič (1969) 5-19. (German translation: Typologie der kausativen Konstruktionen, *Folia Linguistica* 6 (1973) 273—90.)

NEDJALKOV, V. P. & SIL' NICKIJ, G. G. 1969b: Tipologija morfologičeskogo i leksičeskogo kauzativov. In Xolodovič (1969) 20-50. (English translation: The typology of morphological and lexical causatives. In Kiefer, Ferenc, editor, *Trends in Soviet theoretical linguistics* (1973). *Foundations of Language*, Supplementary Series 18 (Dordrecht: Reidel) 1—32.)

NICHOLS, Johanna 1986: Head-marking and dependent-marking grammar. *Language* 62, 56—119.

NUSSBAUM, Loren V., GAGE, William W., & VARRE, Daniel 1970: *Dakar Wolof: a basic course*. Washington, D. C.: Center for Applied Linguistics.

PAYNE, J. R. 1979: Transitivity and intransitivity in the Iranian languages of the USSR. In Clyne, Paul R., Hanks, William F., & Hofbauer, Carol L., editors, *The elements: a parasession on linguistic units and levels, including papers from the Conference on the Non-Slavic Languages of the USSR* (Chicago: Chicago Linguistic Society) 436—47.

PERANTEAU, Paul M., LEVI, Judith., & PHARES, Gloria C., editors 1972: *The Chicago which hunt: Papers from the Relative Clause Festival*. Chicago: Chicago Linguistic Society.

PERLMUTTER, David M. 1971: *Deep and surface structure constrains in syntax*. The Transatlantic Series in Linguistics. New York: Holt, Rinehart & Winston.

PERLMUTTER, David M. 1978: Impersonal passives and the unaccusative hypothesis. *Proceedings of the Fourth Annual Meeting of the Berkeley Linguistics Society* (Berkeley: Department of Linguistics, University of California) 157—89.

PERLMUTTER, David M. editor 1983: *Studies in relational grammar 1*. Chicago: University of Chicago Press.

PERLMUTTER, David M. & POSTAL, Paul M. 1984: Impersonal passives and some relational laws. In Perlmutter & Rosen (1984) 126—70.

PERLMUTTER, David M. & ROSEN, Carol G. editors 1984: *Studies in relational grammar 2*. Chicago: University of Chicago Press.

PLANK, Frans, editor 1979: *Ergativity: towards a theory of grammatical relations*. London: Academic Press.

ROSS, John Robert 1986: *Infinite syntax*! Language and being. Norwood, NJ: Ablex. (Original title: *Constraints on variables in syntax*.)

RUHLEN, Merritt 1987: *A guide to the world's languages*, vol. 1: Classification. Stanford: Stanford University Press.

RUTHERFORD, William E. editor 1984: *Language universals and second language acquisition*. Typological Studies in Language 5. Amsterdam: John Benjamins.

SAKSENA, Anuradha 1980: The affected agent. *Language* 56, 812—26.

SAMPSON, Geoffrey 1975: *The form of language*. London: Weidenfeld & Nicolson.

SANDFELD, Kr. 1930: *Linguistique balkanique: problèmes et résultats*. Collection Linguistique publiée par la Société Linguistique de Paris 31 Paris: Champion.

SAPIR, Edward 1921: *Language: an introduction to the study of speech*. New York: Harcourt, Brace & World.

SCHACHTER, Paul 1976: The subject in Philippine languages: topic, actor, actor-topic, or none of the above. In Li (1976) 491—518.

SCHACHTER, Paul 1977: Reference-related and role-related properties of subjects. In Cole & Sadock (1977) 279—306.

SCHALLER, Helmut Wilhelm 1975: *Die Balkansprachen: eine Einführung in die Balkanphilologie*. Heidelberg: Carl Winter.

SHIBATANI, Masayoshi, editor 1976a: *The grammar of causative constructions*. Syntax and Semantics 6. New York: Academic Press.

SHIBATANI, Masayoshi 1976b: The grammar of causative constructions: a conspectus. In Shibatani (1976a) 1—40.

SHIBATANI, Masayoshi 1977: Grammatical relations and surface cases. *Language* 53, 789—809.

SHOPEN, Timothy, editor 1979a: *Languages and their speakers*. Cambridge, Mass.: Winthrop.

SHOPEN, Timothy, editor 1979b: *Languages and their status*. Cambridge, Mass.: Winthrop.

SHOPEN, Timothy, editor 1985: *Language typology and syntactic description*, 3 vols. Cambridge: Cambridge University Press.

SHOPEN, Timothy, and KONARÉ, Mamadou 1970: Sonrai causatives and passives: transformational versus lexical derivations for propositional heads. *Studies in African Linguistics* 1, 211—54.

SILVERSTEIN, Michael 1976: Hierarchy of features and ergativity. In Dixon, R. M. W., editor, *Grammatical categories in Australian languages*. Linguistic Series 22 (Canberra: Australian Institute of Aboriginal Studies) 112—71.

SKORIK, P. Ja 1961: *Grammatika čukotskogo jazyka, I, Fonetika i morfologija imennyx častej reči*. Moscow-Leningrad: Izdatel'stvo Akademii Nauk SSSR.

SLOBIN, Dan Isaac editor 1985: *The crosslinguistic study of language acquisition*, 2 vols. Hillsdale, NJ: Lawrence Erlbaum Associates.

SMITH, N. V. 1980: Review of Lehmann (1978b). *Journal of Linguistics* 16, 150—64.

SRIDHAR, S. N. 1976: Dative subjects, rule government, and relational grammar. *Studies in the Linguistic Sciences* 6 (Urbana, Ill.: Department of Linguistics, University of Illinois) 130—51.

TAGASHIRA, Yoshiko 1972: Relative clauses in Korean. In Peranteau *et al.* (1972) 215—29.

THOMASON, Sarah G. 1983: Genetic relationship and the case of Ma'a (Mbugu). *Studies in African Linguistics* 14, 195—231.

THOMASON, Sarah G. & KAUFMAN, Terrence 1988: *Language contact, creolization, and genetic linguistics*. Berkeley: University of California Press.

THOMPSON, Sandra A. 1978: Modern English from a typological point of view: some implications of the function of word order. *Linguistische Berichte* 54, 19—35.

TIMBERLAKE, Alan 1977: Reanalysis and actualization in syntactic change. In Li, Charles N., editor, *Mechanisms of syntactic change* (Austin: University of Texas Press) 169—83.

TITOV, E. G. 1959: Ob osobennostjax amxarskogo jazyka v sravnenii s nekotorymi drugimi semitskimi jazykami. In Ol'derogge, D. A., editor, *Afrikanskij etnografičeskij sbornik*, 3, *Jazykoznanie* (Moscow-Leningrad: Izdatel'stvo Akademii Nauk SSSR) 169—83.

VAN DER AUWERA, Johan 1984: Subject vs non-subject asymmetries in the relativization of embedded NP's. In de Geest, W. & Putseys, Y. editors, *Sentential complementation*. Linguistic Models (Dordrecht: Foris Publications) 257—69.

VENNEMANN, Theo. 1972: Analogy in generative grammar, the origin of word order. In Heilmann, Luigi, editor, *Proceedings of the Eleventh International Congress of Linguistics*, 2 volumes (Bologna: Il Mulino) 2, 79—83.

VENNEMANN, Theo. 1974: Topics, subjects, and word order: from SXV to SVX via TVX. In Anderson, John M. & Jones, Charles, editors, *Historical linguistics*. North-Holland Linguistic Series 12 (Amsterdam: North-Holland) 339—76.

VENNEMANN, Theo. 1984: Typology, universals and change of language. In Fisiak, Jacek, editor, *Historical Syntax*. Trends in Linguistics: Studies and Monographs 23 (Berlin: Mouton), 593—612.

VOEGELIN, C. F. & VOEGELIN, F. M. 1977: *Classification and index of the world's languages*. New York: Elsevier.

WANNER, Dieter 1987- : *The development of Romance clitic pronouns* (to be in two volumes). Empirical Approaches to Language Typology. Berlin: Mouton de Gruyter.

WATKINS, Calvert 1976: Towards Proto-Indo-European syntax: problems and pseudo-problems. In Steever, Sanford B., Walker, Carol A., & Mufwene, Salikoko S., editors, *Papers from the parasession on diachronic syntax* (Chicago: Chicago Linguistic Society) 305—26.

WEINREICH, Uriel. 1953: *Languages in contact: findings and problems*. Publications of the Linguistic Circle of New York 1. (Reprinted by Mouton, The Hague.)

Working Papers on Language Universals 1969-76: 20 volumes and bibliography. Stanford, Calif.: Linguistics Department, Stanford University.

XOLODOVIČ, A. A., editor 1969: *Tipologija kauzativnyx konstrukcij: morfologičeskij kauzativ*. Leningrad: 'Nauka'.

XOLODOVIČ, A. A., editor 1974: *Tipologija passivnyx konstrukcij: diatezy i zalogi*. Leningrad: 'Nauka'.

YAR-SHATER, Ehsan 1969: *A grammar of southern Tati dialects*. Median Dialect Studies 1. Publications in Near and Middle East Studies, Columbia University, Series B3. The Hague: Mouton.

YEOH, Chiang Kee 1979: *Interaction of rules in Bahasa Malaysia*. Ph. D. dissertation, University of Illinois at Urbana-Champaign.

ŽIRKOV, L. I. 1955: *Lakskij jazyk: fonetika i morfologija*. Moscow: Izdatel'stvo Akademii Nauk SSSR.

语言索引

条目里下加横线的语言和语系又单独立出条目。亲缘上有争议的语系如实说明（如称为假定的语系），这里并不对它们表示赞同或反对。

African languages 非洲诸语言 302

Afroasiatic 亚非语系（北非和中东的语系；主要语支有柏柏尔语，乍得语，库什特语，埃及语，沃毛特语，闪米特语）13、272

Albanian 阿尔巴尼亚语（印欧语系—独立语支,阿尔巴尼亚和邻近地区所讲语言；巴尔干语群的成员）。在巴尔干语群中 268—71

Algonquian 阿尔衮琴语系（北美东部和大草原的语系；包括福克斯语）。逆向形式 168

Amazon Basin, languages of 亚马孙盆地诸语言（另见赫克斯卡里亚纳语）。词序 10、43

American Sign Language 美国手语（美国聋哑人的第一语言）。回指关系 300—1

Amerind 美洲印第安语系（假定语系,包括南北美洲除爱斯基摩-阿留申语和奈-迪纳语以外的所有土著语言；其中引证的语系和语言有阿尔衮琴语系,加勒比语系,摩斯科格语（如契卡索语）,凯楚阿语,撒利希语系,塔努安语（如提瓦语）,犹特-阿兹特卡语（如胡衣霍尔语,巴巴哥语,尤马语系）13

Amharic 阿姆哈拉语（一种闪米特语,埃塞俄比亚的官方语言）。词序 267、272—4、296

Anatolian 安那托利亚语（印欧语系中已消亡语支；包括赫梯语）

Anglo-Saxon 盎格鲁撒克逊语（古英语）（一种西日尔曼语,英语的母语）。反身代词 8、21

语言索引

Arabana 阿拉巴纳语（南澳大利亚北部的一种澳大利亚语）。生命度和格标记 170、247

Arabic 阿拉伯语（一种闪米特语；包括古阿拉伯语，它是《古兰经》的语言和近代书面语的基础，还包括中东和北非各种经常不能相通的民间语；一种民间语，即马耳他语，已取得独立语言的社会地位）。词序 272，领属结构 292—5

Aramaic 阿拉姆语（一种闪米特语，纪元初地中海东部沿海诸国和岛屿的主要语言，现只用于被阿拉伯语包围的几个狭小地区）。和意第绪语 274—5

Arapesh 阿拉佩希语（非南岛语的新几内亚语中托里切利语族的一员；巴布亚新几内亚西塞皮克区所讲语言）。词序 132

Armenian 亚美尼亚语（印欧语系中一独立语支；包括现仍用作礼拜仪式语言的古亚美尼亚语和两种近代语言：东亚美尼亚语，集中在苏联亚美尼亚加盟共和国，西亚美尼亚语，一些土耳其移民社团所讲的语言）。词序 126、282

Athapascan 阿萨巴斯加语系（阿拉斯加和邻近地区的语系，但也包括美国西南部的纳瓦霍语；在假定的奈-迪纳语系内它较广泛的亲缘关系还不清楚）

Australian 澳大利亚语系（包括全部或几乎全部澳大利亚土著语言的语系；引证的语言有阿拉巴纳语，迪尔巴尔语，关班格尔语，卡劳-拉皋-亚语，姆巴巴拉姆语，里撒恩古语，撒加里语，沃尔比里语，旺古马拉语，瓦伦古语，亚拉恩加语，伊迪尼语）13。生命度和格标记 170—1、201、214、247、260，无附置词 118、134

Austric 澳斯特罗语系（假定语系，包括南岛语系和澳亚语系，后者又包括蒙达语和孟-高棉语）13

Austronesian 南岛语系（分布从东南亚到伊斯特岛还有马达加斯加的语系；包括的语支有西印度尼西亚语，菲律宾语，玻利尼西亚语；可能属澳斯特罗语系）。关系小句 205，生命度和形态 248

Balkansprachbund 巴尔干语群（包括阿尔巴尼亚语，保加利亚语，近代希腊语，马其顿语，罗马尼亚语，但有些巴尔干区域特征分布较远，例如还涉及塞尔维亚-克罗地亚语）267—72、295—6。不定式消失 269—72，定冠词后置 269—70，格 269—72

Baltic 波罗的语（印欧语系一语支，常同斯拉夫语合并为波罗的-斯拉夫

语支；近代语言有立陶宛语和拉脱维亚语，分别是苏联立陶宛和拉脱维亚两个加盟共和国的语言）。词序和格 281

Bambara 班巴拉语（尼日尔-刚果语系中曼丁哥语支的一员；使用地区有塞内加尔、马里、上沃尔特）。关系小句 189—90、192、215

Bantu 班图语（尼日尔-刚果语系一语支，遍及大部分非洲东部、中部和南部；包括金亚旺达语和斯瓦希利语）。词序 284，和马阿语 274，粘着形态 51，声调 51，吸气辅音 10、14

Basque 巴斯克语（西班牙北部和法国西南部一种孤立语言）。关系小句 184、198、214

Bulgarian 保加利亚语（保加利亚的一种南斯拉夫语；属巴尔干语群）。在巴尔干语群中 268—70

Burmese 缅甸语（一种汉藏语，缅甸最主要的语言）。词序 51，声调 51

Burushaski 布鲁夏斯基语（巴基斯坦北部一种孤立语言）13

Buryat 布里亚特语（贝加尔湖周围的一种蒙古语）。动词一致 285

Carib 加勒比语系（南美洲北部的语系；包括赫克斯卡里亚纳语）。词序 23、25、302—3

Caucasian 高加索语系（假定语系，分布在高加索山脉及以南地区；很容易按亲缘又分为四个语系：南高加索语系（或卡特维尔语系，包括格鲁吉亚语），西北高加索语系、中北高加索语系（或纳克语系，包括特索瓦-图斯语），东北高加索语系（或达格斯坦语系，如拉克语），但四个语系之间的亲缘关系不清楚）13。从属 267

Caucasian, North-East 东北高加索语系（自成语系，或许是(北)高加索语系的一个语支，分布于里海以西达格斯坦地区；包括拉克语）。词序 134，生命度和格标记 171

Celtic 凯尔特语（印欧语系一语支，有时跟意大利语支合并为意大利-凯尔特语支；包括威尔士语）。词序 279

Chadic 乍得语（亚非语系一语支，分布于西非非沿海地区；包括豪萨语）

Chickasaw 契卡索语（美国东南部一种摩斯科格语）。施事性 74—5、109

Chinese 汉语（属汉藏语系，用于中国境内和海外华侨中；主要汉语"方言"经常不能相通，从结构上讲可以看作不同的语言，如汉语北方话）

Chinese, Mandarin 汉语北方话（分布最广的汉语"方言"，原来用于中国北方，现已成为全中国标准语的基础）69。生命度和形态 248，特指问句 80

Chukchi 楚克奇语（西伯利亚东北部楚克科-坎恰干语系一员；较广泛的

亲缘关系不清楚,但有人建议跟爱斯基摩-阿留申语系和乌拉尔语系有关)。并列 150—1,合成 57,生命度和形态 248—51、255—6、262,主格-宾格和作格-通格句法 150—1、156、160,作格 135—6、144—5

Cushitic 库什特语(亚非语系一语支,分布于非洲之角;包括马阿语和索马里语)。词序 267、272、274

Czech 捷克语(捷克斯洛伐克西部的一种西斯拉夫语)。关系小句 195—6

Daghestan 达格斯坦语(参看东北高加索语系)

Diegueño 迪奎诺语(加利福尼亚州-墨西哥边境的一种尤马语)。关系小句 189、192、215

Dravidian 达罗毗荼语系(分布于印度南部的语系;包括卡纳达语和泰米尔语)13。词序 282

Dyirbal 迪尔巴尔语(昆士兰东北部的一种澳大利亚语)。并列 146—150、152,命令句 154,生命度和格标记 170—1、247,自由词序 114,作格句法 93、147、153—4、156—7、160

Easter Island 伊斯特岛语(又称腊帕努依语;太平洋东南部伊斯特岛上的一种波利尼西亚语)69

English 英语(一种西日耳曼语,原先集中于英格兰和苏格兰南部,现已在英伦诸岛、美国、加拿大、澳大利亚、新西兰占主导地位;另参看克里奥尔牙买加语,托克皮辛语)。被动 16、20、95、100—1、149—50、153,并列 92、144—8,词项"狗"22,词序 8、113—9、127、181、266、273、279,从属语标记 66、297,定指度 169、172、175—7,反身代词 7—8、21,关系小句 24、33—4、179—88、192—4、197—8、202—5、302,焦点和话题 79—81,借自意第绪语的形态 275,句子结构 71、93—110、156,命令句 152—3,生命度和形态 245、250、255,使成式 216—228,形态 23、53、59—63、136—8、172、265、280,颜色词 45—6,音系 19、48,语法关系 82—5,语义角色 72、74、144—5,主语 136—8,作为共性研究的基础 216、302

Eshtehardi 埃希特哈迪语(伊朗西北部卡兹文附近的一种伊朗语西北方言——不是波斯语方言)。生命度和动词一致 253、262、287

Eskimo 爱斯基摩语(爱斯基摩-阿留申语系一语支,严格地说是一群不能相通的语言;主要分支有伊纽皮亚克语和尤皮克爱斯基摩语,后者又包括西伯利亚尤皮克爱斯基摩语)

Eskimo, Siberian Yupik 西伯利亚尤皮克爱斯基摩语（西伯利亚东北顶端和白令海峡阿拉斯加圣劳伦斯岛上的一种爱斯基摩语）。多重综合 56、59、69

Eskimo - Aleut 爱斯基摩-阿留申语系（原先集中于阿拉斯加的语系,现已扩展到加拿大北部、格陵兰,西伯利亚东北顶端；较广泛的亲缘关系不能肯定,也许跟楚克科-坎恰干语系（包括楚克奇语）和乌拉尔语系有联系；有两个语支：爱斯基摩语支和单一的阿留申语。

Estonian 爱沙尼亚语（苏联爱沙尼亚加盟共和国的一种乌拉尔语）。附置词 118,形态类型 63—4、69、284

Eurasiatic 欧亚语系（假定的语系,包括乌拉尔-阿尔泰语系,楚克科-坎恰干语系（包括楚克奇语）,爱斯基摩-阿留申语系,也许还包括其他语系）13

European languages 欧洲诸语言。关系小句 194

Finnish 芬兰语（一种乌拉尔语,是芬兰最主要的语言和两种法定国语之一）。比较结构的词序 118,部分格宾语 166,生命度 246、249,使成式 235,形态类型 63—4、69,语素的语源 284

Fox 福克斯语（一种阿尔衮琴语,原先分布于密执安湖以西,现已移至较南地区,如俄克拉何马州）。逆向形式 168、178

French 法语（一种罗曼语,原先集中在法国北部,现是全法国、比利时南部、瑞士部分地区以及魁北克省最主要的语言）。词序 115—7,反身代词 8、21,使成式 76、217、221、234—6,形态类型 60、280,音系 48—9,语义角色 76、109

Frisian 弗里西亚语（一种西日耳曼语,有很分歧的方言,分布于荷兰的弗里斯兰省,北弗里西亚群岛和德国沿海的一些飞地）

Frisian, North 北弗里西亚语（弗里西亚语的方言）。关系小句 205

Ge'ez 季埃兹语（又称埃塞俄比亚语；埃塞俄比亚已消亡的一种闪米特语,现仍用作礼拜仪式的语言）。词序 273、296

Geg 盖格语（阿尔巴尼亚语的方言）

Georgian 格鲁吉亚语（苏联格鲁吉亚加盟共和国的一种南高加索语）。生命度和动词一致 249,使成式 224

German 德语（德国、奥地利和瑞士一些地区使用的一种西日尔曼语；历史上高地德语和低地德语曾是各自独立的语言,但低地德语的现状已有一批德语地区方言；德语方言之间不总是可以相通,但都用同一书写标准；参看意

第绪语,苏黎士德语)。词序 115,句子结构 110,形态 267、280,音系 48—9

German, Zürich 苏黎士德语(瑞士苏黎士的德语方言;跟标准德语不能相通)。关系小句 183、214

Germanic 日耳曼语(印欧语系一语支,分布于欧洲西北部,传统上又分为三支:东日耳曼语(已消亡,如哥特语),西日耳曼语(包括荷兰语,英语,弗里西亚语,德语),北日耳曼语(广义的斯堪的那维亚诸语言,包括冰岛语)。词序 282

Greek 希腊语(印欧语系一独立语支,有约三千五百年的文献证据;主要历史阶段分古希腊语,拜占廷希腊语,近代希腊语;近代希腊语是巴尔干语群的一员)

Greek, Ancient 古希腊语。词序 268,关系小句 200、215,生命度和动词一致 249

Greek, Modern 近代希腊语 268—72

Gumbainggir 关班格尔语(新南威尔士东北沿海的一种澳大利亚语)。生命度和格标记 247

Hanunoo 哈努努语(民都洛岛上的一种菲律宾语)。颜色词 45—6、68

Haruai 哈努埃语。核心/从属语标记 66

Hausa 豪萨语(一种乍得语;在尼日利亚北部占主导地位,但也广泛分布于邻近地区)。关系小句 196

Hawaiian 夏威夷语(夏威夷一种土著波利尼西亚语)。音系 48—9

Hebrew 希伯来语(巴勒斯坦古代犹太人说的一种闪米特语,现复兴为以色列的口语和法定语)。关系小句 201、215,和意第绪语 275

Hindi 印地语(印度中北部一种印度语,还作为混合语广泛使用,是印度的法定语;巴基斯坦法定语乌尔都语和印地语基本上是同一语言的两种形式,乌尔都语主要受阿拉伯语和波斯语影响,印地语主要受梵语影响)。关系小句 190,使成式 241,有生命/定指直接宾语 173—4、244、248

Hittite 赫梯语(一种已消亡的安那托利亚语,公元前二千年小亚细亚一带的语言)。词序 282

Hixkaryana 赫克斯卡里亚纳语(巴西北部恩赫芒德河一带的一种加勒比语)。词序(OVS)23、25、39、113、124、134

Hua 赫华语(新几内亚语中不属南岛语里的语言中东新几内亚高原语支的一员;分布于巴布亚新几内亚的东新几内亚高原)。作格 170、178

Huichol 胡衣霍尔语(墨西哥东马德山脉的一种尤特–阿兹特卡语)。词

序 120，语法关系 85、87—8

Hungarian 匈牙利语（匈牙利和邻近地区的一种乌拉尔语）。关系小句 212—3、核心标记 65、焦点 79、109，使成式 228、235、238—9、241，形态类型 61—2、284，音系 48—9

Ibero-Caucasian 伊比利亚-高加索语（参看高加索语系）

Igbo 伊博语（尼日尔-刚果语系克瓦语支的一员；分布于尼日利亚东南部）。克里奥尔牙买加语借词 298

Ijo 伊乔语（尼日尔-刚果语系克瓦语支的一员；分布于尼日利亚东南部）。词序和格 281

Imbabura 因巴布腊语（参看因巴布腊凯楚阿语）

Indic 印度语（又称印度-亚利安语；印欧语系一语支，通常和伊朗语归并为印度-伊朗语；分布于印度北部，巴基斯坦，孟加拉，斯里兰卡；包括印地语，梵语）。词序 282

Indo-European 印欧语系（包括欧洲以及伊朗、阿富汗、印度次大陆北部大多数语言的语系；现存主要语支有阿尔巴尼亚语，亚美尼亚语，波罗的语，凯尔特语，日耳曼语，希腊语，印度语，伊朗语，意大利语，斯拉夫语；已消亡语支包括安那托利亚语）13、300。词序 276—83，和巴尔干语群 268—70，核心/从属语标记 66，性和性别 243

Indonesian, West 西印度尼西亚语（南岛语系一语支；分布于印度尼西亚苏拉威西岛以西，马来西亚及其他一些大陆地区，马达加斯加；包括马尔加什语，马来语）。关系小句 205、207、210，语态 207、210

Indo-Pacific 印度-太平洋语系（假定的语系，包括新几内亚语和安达曼语中的非南岛语）13

Iranian 伊朗语（印欧语系一语支，通常跟印度语归并为印度-伊朗语；诸近代语言分布于伊朗，阿富汗，伊拉克一些地区，巴基斯坦，土耳其，苏联高加索和苏联中亚一些地区，包括埃希特哈迪语，波斯语，罗夏尼语）。词序 282，格标记 164

Italian 意大利语（意大利的一种罗曼语）。代语脱落 67—8

Italic 意大利语（支）（印欧语系一语支，有时跟凯尔特语归并为意大利-凯尔特语；原先包括意大利半岛上的几种语言，后来都被一种意大利语即拉丁语取代）

Jamaican Creole 克里奥耳牙买加语（以英语为基础跟牙买加语混合的克

里奥耳语,一些类似的克里奥耳语还分布于加勒比地区其他一些讲英语的区域)298。代名词 303

Japanese 日语(日本最主要的语言和法定语;亲缘上明显跟琉球语有联系,但较广泛的亲缘关系如跟朝鲜语或(乌拉尔-)阿尔泰语系的关系还有争议)69。词序 10、26、118、281、285,格 162,话题 80、109,人称代词 40,施事性 75、109,使成式 75、223、238—40,形态和句法 110

Kalaw Lagaw Ya 卡劳-拉皋-亚语(又称西托雷斯海峡语;昆士兰和新几内亚之间托里兹海峡群岛上的一种澳大利亚语)。生命度和格标记 170,形态和句法 91、109

Kannada 卡纳达语(印度南部的一种达罗毗荼语)。使成式 75、238,施事性 75、109

Ket 克特语(又称叶尼塞奥斯提亚克语;西伯利亚西部叶尼塞河上一种孤立语言)13

Khalkha 柯尔克孜语(蒙古语的一种方言)285

Khoisan 克瓦桑语系(现主要分布于非洲西南部的语系,但个别语言分布很远,直至坦桑尼亚)13。吸气辅音 10、14

Kinyarwanda 金亚旺达语(卢旺达和邻近地区的一种班图语)。关系小句 207、209、215,语态 209

Korean 朝鲜语/韩国语(朝鲜/韩国的口语和法定语;亲缘关系如跟日语或(乌拉尔-)阿尔泰语系的关系还不清楚)。关系小句 197—9、215

Kpelle 克佩勒语(尼日尔-刚果语系曼丁哥语支的一员,分布于利比里亚和几内亚)。词序 115、134

Lak 拉克语(达格斯坦一带的一种东北高加索语)。生命度和格标记 171,语义角色 76、109

Latin 拉丁语(一种已消亡的意大利语,曾随罗马帝国的扩展取代意大利和欧洲南部许多地区的其他语言;诸罗曼语的母语)89。被动 20,词序 286,关系小句 200,核心/从属语标记 66,形态 89,性和性别 245

Latin, Vulgar 民间拉丁语(拉丁语后期的口语形式,诸罗曼语的母语)。和巴尔干语群 272

Lithuanian 立陶宛语(苏联立陶宛加盟共和国的一种波罗的语)。词序 279,词序和格 281

Ma'a 马阿语(又称姆布古语;坦桑尼亚东北部的一种<u>库什特语</u>)。借自班图语形态 274、296

Macedonian 马其顿语(南斯拉夫东南部及保加利亚和希腊一些邻接地区的一种<u>南斯拉夫语</u>;<u>巴尔干语群的一员</u>)。在巴尔干语群中 268—70

Malagasy 马尔加什语(马达加斯加的一种<u>西印度尼西亚语</u>)。词序(VOS)25、39、113、134,关系小句 204、207,语态 207—11

Malay 马来语(又称巴哈沙马来西亚语或巴哈沙印度尼西亚语;属<u>西印度尼西亚语</u>,原先分布于马来亚沿海,但现在马来西亚和印度尼西亚作为第一语言分布很广,作为第二语言分布更广)。词序 9,关系小句 117、206—7、210—1、214,音系 48—9,语态 210

Maltese 马耳他语(一种<u>闪米特语</u>,从北非民间<u>阿拉伯语</u>发展而来;马耳他的土著语和两种官方语言之一)。领属结构 288—96

Mandarin 汉语北方话(参看<u>汉语北方话</u>)

Mbabaram 姆巴巴拉姆语(昆士兰东北部一种<u>澳大利亚语</u>)。词项"狗"22、39

Mojave 莫哈韦语(加利福尼亚州-亚利桑那州边界的一种<u>尤马语</u>)。格标记 165、178

Mongolian 蒙古语系(这个语系常常被认为<u>(乌拉尔-)阿尔泰语系</u>一语支;包括<u>布里亚特语</u>,<u>蒙古语</u>)264。词序和语素次序 285—6,从属 267

Mongolian 蒙古语(<u>蒙古语系</u>的一员;蒙古最主要语言,中国一些邻接地区也广泛使用;地位高的方言是<u>柯尔克孜语</u>,它也是标准语的基础)。无动词一致 285

Mongolian, Classical 古蒙古语(<u>蒙古语系</u>已消亡的一种语言,仍常用作书面语,特别为中国操<u>蒙古语</u>的人所用)。词序 285

Na-Dene 奈-迪纳语系(假定的语系,分布于阿拉斯加和邻接地区,包括<u>阿萨巴斯加语系</u>,伊亚克语,海达语和特里吉特语;阿萨巴斯加语和伊亚克语的亲缘关系已被广泛承认,把海达语和特里吉特语包括进来还有争议)13

Navaho 纳瓦霍语(美国西南部一种<u>阿萨巴斯加语</u>)。生命度和语态 253、258、262

New Guinea, non-Austronesian, languages of 新几内亚语中的非南岛语(这些语言内部和外部的亲缘归属只是初步的,虽有人建议<u>印度-太平洋语系</u>包括所有这些语言,塔斯马尼亚语和安达曼语,但有争议;包括<u>阿拉佩希语</u>,<u>赫华语</u>)13

Niger-Congo 尼日尔-刚果语系(遍及非洲次撒哈拉沙漠大部分地区的语系;跟科尔多凡语归并为尼日尔-科尔多凡语系;主要语支和引证语言有:亚达马瓦-伊斯顿语支,贝努埃-刚果语支(包括班图语),果尔语支,克瓦语支(包括伊博语,伊乔语),曼丁哥语支(包括班巴拉语,克佩勒语),西大西洋语支(包括沃洛夫语))。词序 281、296

Niger-Kordofanian 尼日尔-科尔多凡语系(假设由尼日尔-刚果语系和科尔多凡语组成的语系,后者分布于苏丹科尔多凡)13

Nilo-Saharan 尼罗-撒哈拉语系(尼日尔-刚果语系以北横贯非洲东西狭长地带的语系;包括桑海语)13

Nivkh 尼夫赫语(又称吉尔雅克语;苏联远东阿穆河河口和萨哈林岛的一种孤立语言;较广泛的亲缘关系如归属欧亚语系还不请楚)。结果句 154、156、161,使成式 226、240

Old Church Slavonic 古教堂斯拉夫语(保加利亚-马其顿语中已消亡的一种南斯拉夫语,仍为东正教斯拉夫人礼拜仪式用语的基础)268

Persian 波斯语(属西南伊朗语;伊朗的法定语和苏联塔吉克斯坦的法定语(塔吉克语),阿富汗两种法定语之一(达里语))。词序 23、34、118、120、125、128、277,从属 266,定指直接宾语 173—7,关系小句 180、183、192—3、200、213—4,生命度和动词一致 249

Philippine 菲律宾语(南岛语系一语支,分布于菲律宾;包括哈努努语,他加禄语)。主语 157、160

Polish 波兰语(波兰的一种西斯拉夫语)。生命度和格标记 172、246、257

Polynesian 波利尼西亚语(南岛语系一语支,遍及波利尼西亚群岛,还用于新西兰;包括伊斯特岛语,夏威夷语,汤加语)

Portuguese 葡萄牙语(一种罗曼语,用于葡萄牙,经殖民化也用于巴西)。附着代名词位置 286

Proto-Indo-European 原始印欧语(构拟的诸印欧语的共同祖语)。词序 276—83

Proto-Niger-Congo 原始尼日尔-刚果语(构拟的诸尼日尔-刚果语的共同祖语)。词序和格 281

Proto-Slavonic 原始斯拉夫语(构拟的诸斯拉夫语的母语)。生命度和格标记 257

Proto-World 原始世界语(根据单一祖语说假设的所有人类语言的共同

祖语)29—30

　　Quechua 凯楚阿语(由于印加人的扩张而分布广泛,从厄瓜多尔南部到智利北部,但集中于秘鲁,是秘鲁两种法定语之一;亲缘关系不肯定,但跟艾马拉语的联系似乎极可能确定;各别"方言"间不是总能互通)。词序 126
　　Quechua, Imbabura 因巴布腊凯楚阿语(凯楚阿语的变种,在厄瓜多尔使用)。关系小句 190、199、213、215

　　Ritharngu 里撒恩古语(阿纳姆地的一种澳大利亚语)。生命度和格标记 170、178、257、262
　　Romance 罗曼语(有亲缘关系的一群语言,由(民间)拉丁语派生出来的所有语言构成,因而是意大利语支一分支;包括法语,意大利语,葡萄牙语,罗马尼亚语,西班牙语)。词序和附着代名词 279、282、286、296,和巴尔干语群 268
　　Romanian 罗马尼亚语(一种罗曼语,用于罗马尼亚;巴尔干语群的一员)。在巴尔干语群中 268—72
　　Roshani 罗夏尼语(分布于苏联-阿富汗交界两侧帕米尔高原的一种东南伊朗语)。格标记 178
　　Russian 俄语(一种东斯拉夫语;集中于苏联欧洲部分,但也遍及整个苏联用作第一或第二语言)。词序 99—108、114,从属 267,关系小句 194—5、211,句子结构 71、99—108,融合形态 55、60—2,生命度和格标记 172、246、255、287,生命度和其他形态 250,使成式 218—21、226,数词 140—4、160,形态和句法 90、110

　　Saibai 赛拜语(卡劳-拉皋-亚语的方言)91、170
　　Salishan 撒利希语系(北美洲西北沿海的语系)。鼻辅音 23、39
　　Sanskrit 梵语(已消亡,曾是印度史诗和经文使用的一种印度语,现仍在印度为宗教仪式用语和文化用语)。词序 282,使成式 233
　　Scandinavian 斯堪的那维亚语(有准亲缘关系的一群语言,包括丹麦语,挪威语和瑞典语,相当于尚存的北日尔曼语,古法罗语和冰岛语除外)。声调 265
　　Semitic 闪米特语(亚非语系一语支;包括阿姆哈拉语,阿拉伯语,阿拉姆语,季埃兹语,希伯来语,马耳他语)。词序 267、272—5
　　Serbo-Croatian 塞尔维亚-克罗地亚语(一种南斯拉夫语,用于南斯拉夫除西北和东南部以外的大部分地区)。附着语素居于第二位置27—8、39,和巴尔干语群265,声调269—70,生命度和格标记287

Sino-Tibetan 汉藏语系(遍及中国大部和东南亚许多地区的语系;包括缅甸语,汉语,唐古特语)13

Slavonic 斯拉夫语(印欧语系一语支,常与波罗的语支合并为波罗的-斯拉夫语支;由三个分支构成:南斯拉夫语(如保加利亚语,马其顿语,古教堂斯拉夫语,塞尔维亚-克罗地亚语),东斯拉夫语(如俄语),西斯拉夫语(如捷克语,波兰语)。词序和格281,和巴尔干语群268—9,生命度和格标记172、243—8、255—7、287,英语和意第绪语借用形态275

Songhai 桑海语(又称桑赖语;一种尼罗-撒哈拉语,分布于尼日尔,上沃尔特,马里以及尼日利亚和贝宁北部)。使成式229、241

Spanish 西班牙语(西班牙大部所讲的一种罗曼语,随殖民化也用于美国以南的美洲大部,巴西除外)。形态类型60,音系48—9,直接宾语格标记174

Swahili 斯瓦希利语(一种班图语;讲此语的本族人集中于肯尼亚和坦桑尼亚沿海地区,也作为混合语广泛分布于整个东非)。使成式220

Tagalog 他加禄语(一种菲律宾语,集中于马尼拉,为菲律宾两种官方语言之一)。格162,关系小句193,主语157—60

Tangut 唐古特语(一种已消亡的汉藏语,曾分布于中国西北地区)。生命度和动词一致250、262

Thargari 撒加里语(西澳大利亚中西部的一种澳大利亚语)。生命度和格标记170、247

Tiwa, Southern 南提瓦语(亚利桑那州和墨西哥邻接地区的一种塔努安语)。生命度和语态252、262

Tok Pisin 托克皮辛语(巴布亚新几内亚的一种以英语为基础的洋泾浜语)302—3

Tongan 汤加语(南太平洋汤加的一种波利尼西亚语)。关系小句207、215

Tosk 托斯克语(阿尔巴尼亚语的一种方言)269—71

Tsova-Tush 特索瓦-图斯语(一种中北高加索语,用于苏联格鲁吉亚加盟共和国北部)。施事性74、77、109、166、244

Tungusic 通古斯语系(西伯利亚东部一语系;通常认为属(乌拉尔-)阿尔泰语系)264。从属267

Turkic 突厥语系(分布从小亚细亚经中亚进入西伯利亚的语系;通常认

为属(乌拉尔-)阿尔泰语系;包括土耳其语)。词序 126,从属 267

Turkish 土耳其语(土耳其的一种突厥语)。词序 113、116—9、281—2、285,从属 266—7,定指直接宾语 172—3、175—7,关系小句 185—6、189、198、核心/从属语标记 66,粘着形态 54、60—3、65,使成式 65、217、219、230—4、236、239,音系 48—9

Uralic 乌拉尔语系(分布于欧洲北部和西伯利亚西部的语系;通常认为属(乌拉尔-)阿尔泰语系;包括爱沙尼亚语,芬兰语,匈牙利语)264。词序 126,从属 267

Uralo-Altaic 乌拉尔-阿尔泰语系(假定的语系,由乌拉尔语系和阿尔泰语系组成;阿尔泰语系本身也系假设,由蒙古语系,通古斯语系,突厥语系组成,也许还包括日语和朝鲜语;如再把一些语言包括进来则组成假设的欧亚语系)264

Vietnamese 越南语(越南所讲的语言;现在常被划归孟-高棉语;[参看澳斯特罗语系])。词序 51,孤立形态 51、53、58—9,声调 51

Walbiri 沃尔比里语(中澳大利亚的一种澳大利亚语)。关系小句 187—8、191、214

Wanggumara 旺古马拉语(昆士兰西南部的一种澳大利亚语)。三分的格标记 164、178、247

Warungu 瓦伦古语(昆士兰东北部的一种澳大利亚语)。生命度和格标记 245

Welsh 威尔士语(一种凯尔特语;英伦诸岛中威尔士的土著语)。词序 113、116—8,无人称被动 16,形态 280

West Africa, languages of 西非诸语言。声调 69

Wolof 沃洛夫语(属尼日尔-刚果语系西大西洋语支;分布于塞内加尔,冈比亚)。使成式 240—1

Yalarnnga 亚拉恩加语(昆士兰中西部的一种澳大利亚语)。无宾格 247

Yiddish 意第绪语(北欧犹太人讲的一种日尔曼语;以诸中部德语方言为基础,词汇上曾受希伯来-阿拉姆语相当大影响,后来又受斯拉夫语影响;与其他形式的德语不相通)。借自闪米特语和斯拉夫语形态 274—5

Yidiny 伊迪尼语(昆士兰东北部的一种澳大利亚语)。并列 92—3、110、

148—9、156，生命度 51—2、69、247、249—50、257、262，形态和句法 92—3、110

  Yuman 尤马语系（分布于加利福尼亚州南部、亚利桑那州和墨西哥邻接地区的语系；包括迪奎诺语，莫哈韦语）。主格标记 165

  Yupik 尤皮克语（参看西伯利亚尤皮克爱斯基摩语）

  Zürich 苏黎世语（参看苏黎世德语）

人 名 索 引

被"等人"(*et al.*)所包括而未见于正文的人名,本索引列出其合作者出现的页码(加括号表示)。另参看本书参考文献。

Allen, Barbara J. 262
Altmann, Gabriel. 69

Babby, Leonard H. 110
Bach, Emmon. 39
Baker, Mark C. 161、241
Bell, Alan. 12—3、38
Berlin, Brent. 46—47、68
Bickerton, Derek. 303
Bird, Charles S. 215
Blake, Barry J. 37、109、178、262
Browne, Wayles. 39
Butterworth, Brain. 40
Bybee, Joan. 38
Bynon, Theodora. 295

Campbell, Lyle. 296
Chafe, Wallace L. 109
Chomsky, Noam. 2、5、15、26、31、36—39、69
Cole, Peter. 215、241、296

Cologne(Kölner Universalien-Projekt) 37
Comrie, Bernard. 38—40(Butterworth)、69、109—10、160—1、178、205—6、214—5、241、262、296
Conklin, H. C. 68
Corbett, G. G. 160

Dahl, Östen. 40(Butterworth)
DeLancey, Scott. 178
Derbyshire, Desmond C. 38—9、68、134
De Rijk, Rudolf P. G. 214
Dixon, R. M. W. 39、69、110、134、160—1、178、262
Dryer, Matthew S. 38—9、109、134
DuBois, John W. 40

Fant, C. Gunnar M. 39(Jakobson)
Ferguson, Charles A. 37(Greenberg)
Fillmore, Charles J. 109
Firbas, Jan. 109

Foley, William A. 37,161
Frantz, Donald G. 262
Friedman, Lynn A. 301
Friedrich, Paul. 282,296
Frishberg, Nancy. 262

Gage, William W. 241(Nussbaum)
Gary, Judith Olmsted. 215
Gass, S. 302
Gilligan, Gary. 134
Givón, Talmy. 37、134、215、283、285,296
Goodwin, William W. 215
Gorbet, Larry. 215
Gordon, Lynn. 109
Greenberg, Joseph H. 2、5、15、26、36—7、39、43—4、49—50、68—9、111、116、118—24、126、128—34、165,277,280
Grimes, Barbara. 38

Haiman, John. 178
Hale, Kenneth. 214
Halle, Morris. 39(Jakobson)
Hampshire, Stuart. 38
Harbert, Wayne. 296(Cole)
Hawkins, John A. 40、70、110、130—4,296
Hawkinson, Annie K. 262
Heath, Jeffrey. 178,262
Hermon, Gabriella. 296(Cole)
Hetzron, Robert. 241
Hinds, John. 109
Hockett, Charles F. 37,39

Holisky, Dee Ann. 109
Hopper, Paul J. 178
Horvath, Julia. 109
Humboldt, Wilhelm von. 69
Hyman, Larry M. 69,262,296

Iwasaki,Shoichi. 109(Hinds)

Jacobson, Steven A. 69
Jakobson, Roman. 18—9,39
Johnson, David E. 39,160
Joseph, Brian. 295

Kaufman, Terrence. 296(Campbell)
Kay, Paul. 46—47,68
Keenan, Edward L. 39、68、134、160—1,205—6,214—5
Kepping, K. B. 262
Kiefer, Ferenc. 109
Kiss, Katalin E. 109
Konaré, Mamadou. 241
Kuno, Susumu. 40,109

Lambton, A. K. S. 214
Lehfeldt, Werner. 69
Lehmann, Christian. 214
Lehmann, Winfred P. 70、124—6、128—30、132—4、276、278、281—2,296
LeSourd, Philip. 178
Levi, Judith N. 214(Peranteau)
Li, Charles N. 109,296
Lyons, John. 40

McCawley, James D. 38
McDaniel, Chad K. 68
Mallinson, Graham. 36
Masica, Colin. 296
Mathesius, Vilém. 109
Maxwell, Daniel N. 215
Maynard, Senko K. 109(Hinds)
Moravcsik, Edith A. 37(Greenberg)、161,296
Munro, Pamela. 109,178
Muysken, Pieter. 303

Nedjalkov, V. P. 37,160—1,240—1
Nichols, Johanna. 65,67,69
Nussbaum, Loren V. 241

Otaina, G. A. 161(Nedjalkov)、241(Nedjalkov)

Payne, J. R. 178
Peranteau, Paul M. 214
Perlmutter, David M. 38,109,215
Phares, Gloria C. 214(Peranteau)
Plank, Frans. 160
Postal, Paul M. 39
Pullum, Geoffrey K. 39,68,134

Rosen, Carol G. 109
Ross, John R. 214
Ruhlen, Merritt. 38
Rutherford, William E. 302

Saksena, Anuradha. 241
Sampson, Geoffrey. 38

Sandfeld, Kr. 295
Sapir, Edward. 69
Schachter, Paul. 160
Schaller, Helmut Wilhelm. 295
Schlegel, August. 69
Schlegel, Friedrich. 69
Schuh, Russell G. 69
Shibatani, Masayoshi. 110,240—1
Shopen, Timothy. 70,241
Sil'nickij, G. G. 240
Silverstein, Michael. 178
Skorik, P. Ja. 69
Slobin, Dan Issac. 302
Smith, N. V. 134
Smith, Norval. 38,303
Smith-Stark, Thomas. 296(Campbell)
Sridhar, S. N. 241
Stanford (Language Universals Research Project)37

Tagashira, Yoshiko. 215
Thomason, Sarah G. 295—6
Thompson, Sandra A. 70,110,178
Timberlake, Alan. 39,262
Titov, E. G. 296

Van derAuwera, Johan. 215
Van Valin, Robert D. Jr. 37,161
Varre, Daniel. 241(Nussbaum)
Vennemann, Theo. 124—30、132—4,276,278,280,296
Voegelin, C. F. 38
Voegelin, F. M. 38

Wanner, Dieter. 296
Watkins, Calvert. 282,296
Weinreich, Uriel. 295

Xolodoviĉ, A. A. 37、161(Nedjalkov)、
　241(Nedjalkov)

Yar-Shater, Ehsan. 262
Yeoh, Chiang Kee. 215

Žirkov, L. I. 109

术语索引

A 89、144—61,另参看施事,作格,语法关系,主格,主语

被动,另参看语态
    类型 15—6、20、26、39、45
    无人称被动 15—6、39
    与使成式 234—8、241
    与语法关系 84—5、90、138、149、169、208
    与语义角色 95
    与语用角色 104—6

被使者 75、222—41
鼻化元音 22
比较结构 118、124、127、215
比较语言学,另参看历时,发生学关系,构拟
必要和充分条件 47、139—40、160、186
标记(性)26、37、165—8、200
宾格 136、144、162、247、287,另参看格,主格,宾格,P
    标记定指 P　169、172—7
    标记有生命 P　169—74、243—8
宾语 115、125—7,另参看语法关系,P,配价
    非直接 72、193、195、197、203—8、214、232
    间接 82—5、215、231—6,另参看与格,感受者,收受者
    旁接 83、231—6
    直接 82—4、87—91、107—8、114—5、230—7
宾语居首词序 10、12、23、25、39、43、69、114、120、134,另参看操作符—操作域,词序

术语索引

宾语-主语提升 96、104
并列 92、145—8、156
不定式消失 269—71
部分格 166

参项 4、67、69
操作符 127
操作符-操作域 125—30、277—96，另参看宾语居首词序，动词居尾词序，词序
操作域 127
操作域-操作符 125—30、277—96，另参看 SVO 词序，动词居首词序，词序
抽象（程度）2—6、15—8、36、133
  与关系小句 179、207—10
词的分界 59
词序 15、23、53、111—34、276—84，另参看配价，及各别词序参项和类型
  变化 155、266、272、277—84
  参项 116—8
  基本 43、116—8、134、285
  语用决定 78—9、105，另参看自由词序
  预测者 120—1、125、129—32
  整体类型 64、123—8、276—82
  自由 44、97—105、114、198、280
词缀次序 112、116、121、126，另参看词序
  与历时 283—6
从属语标记 65—7、297

代名词和生命度 247—8、249、255—6、259
代语脱落 67、68
单音节 54
等级
  定指度 170—6
  生命度 51、166—76、242、250—62
  颜色词 46—7
  与关系小句化 203—8、214、302

与使成结构 232—6
等名消除 102
典型 47、69、139—43、144、186、219
典型类型 57、121—6，另参看类型一致不变
定冠词后置 270
定义 139、185—8，另参看必要和充分条件，典型
　　　多重因素 139、160
定指度(有定性)81、167、261，另参看生命度
　　　等级 174—7
　　　与格标记 166—77、259、301
动词居首词序 112、121、125，另参看操作域-操作符，VOS 词序，词序
　　　作为预测者 67、124—5、130、133
动词居尾词序 9、112、123—4，另参看操作符-操作域，词序
　　　频率 10、12
　　　与历时 280—1、284—5
　　　作为预测者 23、125、128—30
动词一致，另参看生命度
　　　历时语源 282—4
　　　与代语脱落 67
　　　与语法关系 85—7、90、106、139
动作者 159—60
对比(焦点、话题)80、106
对比句法 94—106、109
多重综合 53、56—59、61、69

俄语数词 140—3、160

发生学关系 12—5、38、206、263
　　　不适用于类型学证据 263
反被动 52、149—51、166—7、247、249、252
反身代词 7、20、30、34—5
范畴 18、55、61、139—43
方位格 52、247—9，另参看格
非限定从属 186、266—7

分布共性 132
分析,参看孤立
附加语,参看操作符
附加语-中心语,参看操作符-操作域
附置词 118、129、139,另参看词序
  与动词词序 23
  作为词序预测者 130—2
附着 27—8、115、195、286
复合词 56
复写转换 182

感受者 73、77、101、237,另参看语义角色,配价
格(标记)19、45、51、72、89—105、162—78、243,另参看生命度,定指度,语法
  关系,配价,及各别格标记
  与句法 90—93、136、146、165
格标记和词序类型 280—1
格语法 71、109
个体化 260—2
工具 94、101、205、209、237,另参看语义角色,配价
工具格 237—41,另参看格,配价
构拟 252—3、272、276—83、295—6
孤立形态 51、53、57—61
关系小句 8、12、159、179—214
  词序类型 24、39、111—3、130、188—9、194
  代词保留型 33、39、183、192—4、195、213
  等同型 201—2
  定义 185—8
  动词标示型 209
  非缩略型 192、194
  非限定 186—7、193
  附接 188、191
  关系代词型 194
  空缺型 192—3、197—9、213
  类型 185—202、206、215

类型分布 193、213
　　　内置中心名词 189、191
　　　限制性和非限制性 179—80、186
　　　相关结构 190—1
　　　与处理 33
　　　中心名词内置型 190—1
关系小句化的可及性 184、199、202—13、232
　　　领属者,参看领属
　　　在从句中 207—10
　　　在简单句中 203—9
关系小句中的同化 200
关系语法 16—8、26、38—9、82—4、109、161

合成 53、56
核心标记 65—7、297
后置词,参看附置词
后缀,参看词缀
话题 80、99、109、160、158、244、259、261、292—5,另参看语用角色,主语,配价
话语 35,另参看解释,语用因素
回答(答句)78—81
回指关系 301

间接命令句 154
焦点 79—81、98—9、109,另参看语用角色
　　　菲律宾语言 157、160
角色与指称语法 161
接触,另参看借用,区域类型学
结构依赖 19、28
结果结构 154、156、161、299
解释 1、5、16、29—34、122、165—6、298—303
　　　处理的,参看解释,心理的
　　　功能的 29—36、40、67、165—6、202、257、297
　　　历时演变 265、277、294—95
　　　外部 30—5

心理的 25、47、68，另参看天赋(性)，显著性
　　　语用的 120、152—61、297
借用 263、266、279，另参看区域类型学
　　　形态 274—5
经受者 157—9
句法的语义制约 102
具体性和生命度 261
绝对共性 23—6、42—44
　　　词序 10—12、49、119、128—32
　　　关系小句化 204—6、214

克里奥尔语 302
可切分性 61—3
口语和手势语媒介 300
跨语言变异的限制 7、10、19、33、42、122、132、264
跨语言可比性 83、175—7
扩展的标准理论 9、25

类型变化 64、266
类型参项 15、43—52
类型概览(著作)69
类型一致不变 128、278—81，参看类型变化
类型和共性 41—48
历时 243、264—96、301
　　　共性 268、275
历时来源的粘着语素 283—4
历史语言学，参看历时，构拟
零形素 60
领属 51、66，另参看关系小句，词序
　　　词序 117、126
　　　谓语 290—95
　　　与关系小句化 32、184、206、211

命令句 152、154、161、299

末层1位法则 17
目的 121

逆向使成式 219
逆向形式 168
粘着形态 51、54、57—63、69,参看形态类型学

OV,参看操作符-操作域

P　89、90、144—78、299,另参看通格,宾格,语法关系,受事,配价
配价 71—110
　　句法和使成 216、217—41
　　语义和使成 216、237—40
　　增价和减价 239
评述 80,另参看语用角色,话题

前置词,参看附置词
前缀,参看词缀
切断转换 182—3、214
亲属称谓和生命度 245、247、256
倾向共性 24—8、39—41
　　词序 10、119—32
　　关系小句化 207
　　生命度 244
　　使成式 229、233、238—239
　　与构拟 265、285
区别特征 18—9、39
区域类型学 14、206、263—4、267—76、301
曲折 56
屈折 56

人称和生命度 252—6、260
人称指示 35、40,另参看人称
融合形素 56、60

融合形态 50—64、69
融合指标 58—64、69

S 89、91、144—78,另参看语法关系,主语,配价
SVO 词序 51、112、124、131—2、195、198,另参看操作域-操作符,词序
三分的格标记 91、163、170—1
社会区分和生命度 257
身势语 300
生成音系学 26
生成语法 2—5、9、18、19、26、29、38、72、115、133、161
生成语义学 216、227
生命度 51—2、69、77、237、242—62,另参看施事,自控,感受者
  与定指度 244、287
  与动词一致 244、248—52、262、286、301
  与格标记 91—2、166—75、246—7、259、262、299、301
  与数 245、248—9、254、261、298
  与形态类型 246、249—50
生物分类 50
声调 45、51、69、265
施事 25、71—3、121、153—6,另参看 A,自控,语义角色,主语,配价
实质共性 18—9、39
使成式(使成结构) 65、75、216—241
  词汇型 218、220、226
  分析型 218、229
  复用型 220
  居间形态型 222
  形式类型 218—24
  形态类型 218—23、226、239
  形态型 219、226、229—40
  语义分类 224—7
使成现象 216
  直接和间接 226—7
收受者 84—5、88、237、247、251,另参看与格,语义角色,配价
受事 52、72、75、88、144、157—9,另参看 P,语义角色,配价

受益者 85、245，另参看语义角色
属格，参看领属
属格-与格辐合 269、270—272
数据库 1—15、24—5、36、38、111、132、162、179、242、297—303
双向蕴含 120

that-语迹效果 215
天赋(性) 2—6、29—31、36、301
通格 74、136、145，另参看格、作格、P、S、主语
同义词 32
同音词 32
同质现象 11
统计共性 28

VO，参看操作域-操作符
VOS 词序 25、43、112、120、124、134、204，另参看动词居首词序、词序

X-标杆句法 9、26、38
吸气辅音 10、12
习得和学习 3—6、300—2
显著性 25、39、121、246、260
限定词词序 9、25、38
限制性小句 186—7
羡余率 28、39
小句内词序 44、112—6、130—1 另参看宾语居首词序、操作域-操作符、操作符-操作域、SVO 词序、动词居尾词序、动词居首词序、词序
新旧信息 77、81—2、179，另参看语用角色
形容词词序 120—34，另参看词序
形式共性 18—9、39
形态类型学 50、52—65、69、218—24
　　与历时 264—5
性别和生命度 256
修饰语，参看操作符

颜色词 45—7、68、140
演变(drift) 265、276—82
洋泾浜语 302—3
样本(取样、样品) 7—15、23、24、38
移位转换 182—3、214
疑问和词序 78—81、94、100、106、114
异干交替 61、63、221—3
意愿 121
有因失业法则 17
与格 52、237、247，另参看格，感受者，收受者
语法关系 71—108、158、162，另参看语用角色，语义角色，配价，及各别语法关系，尤其是主语
    与关系小句化 192、202—10
    在使成式中 222、231—6
语法限制 2—6、14、19、26、183—5、203、214
语群 269—71
语素顺序作为词序构拟之基础 265
语素形式不变 60—4
语态 149—50、208、251—2，另参看反被动，被动
语言描写 14、38、300
(世界)语言数量 11
语言(取样)数目 13
语义处理 32—4
语义角色 71—5、82、162、244，另参看自控，配价，及各别语义角色
语用角色 65、77—83、109、162，另参看对比(焦点、话题)，焦点，话题，配价
预测者，参看词序
元音 22、63
元音和谐 63
原始语言 278
允许(式) 225
蕴含共性 7—8、20、23、30、39、42、47、49、128—31、203、211
    历时 276、294—5

整体类型(学) 50—3、108、111、122、133—4

指代识别 177
中心语,参看操作域
  在关系小句的从属小句中 191—200
  在关系小句的主要小句中 189、191、200—202
中心语-附加语,参看操作域-操作符
中性格标记(系统)101、163、170—1
主格,另参看 A,格,S
  格 89—93、97—8、144、146、162—5
  (-宾格)句法 89、146—7、150—5、161
主使者 230
主语 67、135—61、286—95,另参看作格,语法关系,主格,关系语法,配价,语态,词序
  词序 43、68、120—4
  定义 15—6、25、39、83、85、114
  非强制性 16—8、138
  格 74—6、135
  关系小句化的可及性 32、200、204、208、212
主语-宾语提升 96—7、137
主语-动词换位和代语脱落 67
助动词词序 9、25—6、38、118、126
专有名词和生命度 243—4、248、256、259
自控 73—7、102、153、158、166、244,另参看施事,语义角色
  在使成式中 75—6、224、226、236—240
自然动力 72,另参看语义角色
综合指标 58—61、64
左右回文颠倒 19
作格 135—6、143—56、160—1、207、252—4,另参看格,语法关系,主语,配价
  格 74、76、89—93、145、163—6、170、178、244、249
  话语基础 35、40
  句法 92、145—51、154、156、252、299
  语义联系 161

译者后记

　　1989年我翻译的《语言共性和语言类型》由华夏出版社出版发行，当时的译本是根据原著1981年第一版加上作者寄给我的他在第二版确定增补的内容。十多年来语言类型学又有新的进展，作者在新版里又增补了不少内容。我发现自己已经缺少时间和精力来增补原来的译本并纠正一些错误，幸好有陆丙甫先生热心于这件事情，指导他的学生罗天华对原译本作了很好的增补和修正，丙甫先生还将全文校对一遍，使译文的质量更加保险。要是没有他们两位的热心和努力，这个新的译本就还不能和读者见面。希望读者能够得益于这个新译本。

沈家煊
2008年10月

　　《语言共性和语言类型》（第二版）2010年由北京大学出版社出版发行，现改由商务印书馆出版。趁此机会，译者对文本作了加工，修改了一些文字表述，调整了体例格式，例如章节编号用阿拉伯数字、例句的语法语素用楷体字，等等。

译　　者
2023年1月

图书在版编目(CIP)数据

语言共性和语言类型:第二版/(英)伯纳德·科姆里著;沈家煊,罗天华译. —北京:商务印书馆,2024
(2024.12重印)
(国外语言学译丛.经典著作)
ISBN 978-7-100-23205-0

Ⅰ.①语… Ⅱ.①伯…②沈…③罗… Ⅲ.①语言学 Ⅳ.①H0

中国国家版本馆 CIP 数据核字(2023)第 215409 号

权利保留,侵权必究。

国外语言学译丛·经典著作

语言共性和语言类型
(第二版)

〔英〕伯纳德·科姆里 著
沈家煊 罗天华 译
陆丙甫 校

商 务 印 书 馆 出 版
(北京王府井大街36号 邮政编码100710)
商 务 印 书 馆 发 行
北京虎彩文化传播有限公司印刷
ISBN 978-7-100-23205-0

2024年1月第1版　　开本 880×1230 1/32
2024年12月北京第2次印刷　印张 11⅝
定价:70.00元